María Gabriela Crespo Irigoyen

La Potestad Sancionadora de la Administración Tributaria

Especial referencia al ámbito local en España y Venezuela

Edición al cuidado de
Carlos Antonio Agurto Gonzáles
Sonia Lidia Quequejana Mamani
Benigno Choque Cuenca

editorial jurídica venezolana

Ediciones Olejnik

Título: La potestad sancionadora de la administración tributaria
Especial referencia al ámbito local en España y Venezuela

Huérfanos 611, Santiago - Chile
E-mail: contacto@edicionesolejnik.com
Web site: http://www.edicionesolejnik.com

ISBN: 978-956-392-945-4

Diseño de Carátula: Ena Zuñiga
Diagramación: Luis A. Sierra Cárdenas

La primera edición de Ed. Olejnik fue impresa en Argentina (2021)

La reimpresión en coedición entre Ediciones Olejnik y Editorial Jurídica Venezolana fue impresa por Lightning Source, an Ingram Company, para Editorial Jurídica International Inc., 2021

ÍNDICE

«Hay una fuerza motriz más poderosa que el vapor,
la electricidad y la energía atómica:
la voluntad»

A. Einstein

A mis padres

A Gustavo

Dedico

...ya Salamanca (que enhechiza la voluntad de volver a ella a todos los que de la apacibilidad de su vivienda han gustado)

Miguel de Cervantes Saavedra

Deseo manifestar mi agradecimiento a las personas que han colaborado con la realización de esta obra, de una u otra manera. Especial mención merecen: el profesor Juan Carlos Ferré Olivé, quien siempre tuvo una palabra de aliento y nunca le faltó un voto de confianza, profesor Pedro Nevado-Batalla Moreno, Director de este Trabajo de Investigación, Doctor Juan Francisco Freire Aurich, y el profesor Allan Brewer-Carías, por su incondicional apoyo para la publicación de esta obra.

PRESENTACIÓN

El lector que se acerque a esta modesta presentación de la autora de esta monografía puede tener la idea preconcebida que, sin duda, lo que va a leer es una loa de la autora. Este es mi caso, tengo que ensalzar la figura de la Profesora Crespo Irigoyen, pero no por el convencionalismo antes apuntado, sino por no faltar a la verdad. Y es que, lo cierto, lo verdadero, es la alta cualificación profesional de la autora de la obra que tienen en sus manos cuyo nivel académico y científico resulta brillante y sorprendente para una persona tan joven. Y esta calificación es objetiva como lo es su currículo extenso y lleno de referencias positivas.

El trabajo que tras estas palabras podrán leer, consultar y que a buen seguro para todos los interesados y estudiosos de la materia será una obra de referencia, es fiel reflejo de lo apuntado líneas atrás. Pero este trabajo no es solo manifestación de unas cualidades para el estudio y la investigación jurídica dignas de mención, es también muestra de constancia, de tenacidad, incluso de acertada tozudez y de lucha en un entorno muy competitivo donde la Profesora Crespo ha confirmado su vocación universitaria y su temple como investigadora.

Tiene usted en sus manos no solo un excelente trabajo de una magnífica profesional, sino el primer hito de una obra que a buen seguro será prolija, conocida y prolongada en el tiempo.

Pedro T. Nevado-Batalla Moreno
Profesor Titular de Derecho Administrativo
Universidad de Salamanca

PRÓLOGO

La más importante de las garantías constitucionales en relación con la aplicación del derecho por los órganos del Estado, además del acceso a la justicia y del derecho a la tutela judicial efectiva, es que la justicia se imparta de acuerdo con las normas establecidas en la Constitución y las leyes, es decir, en el curso de un debido proceso, cuyos principios, conforme se establece expresamente en la misma Constitución, se aplican no solo en las actuaciones judiciales sino también a las de carácter administrativo. Ello tiene, en consecuencia, una importante repercusión en relación con la potestad sancionadora de la Administración, la cual necesariamente está sometida a las garantías del debido proceso, sobre todo en materia tributaria.

Y aquí tenemos, precisamente dedicado a este tema, un excelente estudio elaborado por la abogado María Gabriela Crespo Irigoyen, joven profesional con experiencia tanto profesional como académica en el área fiscal. De ello dan testimonio su actividad como docente de Metodología de la Investigación, la publicación de artículos en prestigiosas revistas españolas, y los trabajos presentados para optar por la especialización y el Master, en particular trabajo de derecho comparado presentado para obtener el Grado de la Universidad de Salamanca y concluir el periodo de investigación de su doctorado en «Derechos y Garantías del contribuyente».

Me complace mucho no solo haber apoyado la edición en Venezuela de su trabajo elaborado en España, sino escribir estas notas a modo de prólogo de su estudio, el cual sin duda contribuirá a desarrollar el espíritu garantista que el procedimiento administrativo sancionatorio en materia tributaria necesita.

Las garantías del debido proceso que rigen la materia, como es sabido, se encuentran ampliamente reguladas en el artículo 49 de la Constitución de 1999, y han sido analizadas extensamente por el Tribunal Supremo de Justicia, calificándoselas como una «garantía suprema dentro de un Estado de Derecho»[1], de manera que «cualquiera sea la vía escogida para la defensa de los derechos o intereses legítimos, las leyes procesales deben garantizar la existencia de un procedimiento que asegure el derecho de defensa de la parte y la posibilidad de una tutela judicial efectiva»[2].

---

1 Véase sentencia N° 123 de la Sala Constitucional (Caso *Sergio J. Meléndez*) de 17 de marzo de 2000, en Revista de Derecho Público, N° 81, (enero-marzo), Editorial Jurídica Venezolana, Caracas 2000, p. 143.

2 Véase sentencia de la sala Constitucional N° 97 de 15 de marzo de 2000 (Caso: *Agropecuaria Los Tres Rebeldes en Revista de Derecho Público*, N° 81, (enero-marzo), Editorial Jurídica Venezolana, Caracas 2000, p. 148.

En particular, y para referirnos al meollo del tema tratado por la autora, en relación con el procedimiento sancionatorio, la jurisprudencia venezolana ha precisado las siguientes garantías derivadas del debido proceso: el derecho a que la decisión se adopte por el órgano competente (en materia judicial, el Juez natural: numeral 4 del artículo 49); el derecho a la presunción de inocencia (numeral 2 del artículo 49); el derecho a la defensa y a ser informado de los cargos formulados (numeral 1 del artículo 49); el derecho a ser oído (numeral 3 del artículo 49); el derecho a un procedimiento sin dilaciones indebidas (numeral 8 del artículo 49); el derecho a utilizar los medios de prueba pertinentes para su defensa (numeral 1 del artículo 49); el derecho a no confesarse culpable y no declarar contra sí mismo (numeral 5 del artículo 49); y el derecho a la tutela efectiva de los derechos e intereses del procesado (artículo 26 de la Constitución)[3].

Aplicados los principios del artículo 49 de la Constitución a los procedimientos administrativos sancionatorios, particularmente los de orden tributario, resulta entonces el siguiente régimen:

El ordinal 1° del artículo 49 comienza por establecer no solo el derecho a la defensa, sino a la asistencia jurídica (de abogado) los que considera como derechos inviolables en todo estado y grado de la investigación y del procedimiento. Adicionalmente, precisa que toda persona tiene derecho a ser notificada de los cargos por los cuales se la investiga, de acceder a las pruebas y de disponer del tiempo y de los medios adecuados para ejercer su defensa.

En particular, en relación con el derecho a la defensa el mismo ha sido amplio y tradicionalmente analizado por la jurisprudencia destacándose, por ejemplo, precisamente en materia tributaria que: En cuanto al procedimiento de determinación e imposición de sanciones por ilícitos tributarios, el derecho a la defensa se concreta en el derecho de los sujetos pasivos de la relación tributaria a ser debidamente notificados de cualquier acto administrativo que afecten sus derechos subjetivos o sus intereses particulares legítimos y directos; en la oportunidad que tiene el administrado para formular los descargos que le permita desvirtuar lo imputado por la Administración en el acta fiscal debidamente notificada; en el derecho del contribuyente o responsable para promover y controlar, en tiempo oportuno, la producción de cualquier prueba razonable y legalmente pertinente, antes de que la Administración adopte la decisión final sobre el fondo del asunto debatido; en el derecho a tener el libre acceso al expediente administrativo; en el derecho a conocer oportunamente las razones de hecho y de derecho que fundamentan el acto administrativo determinativo o sancionatorio, lo cual le permitirá accionar ante los organismos competentes; y en poder impugnar en la vía administrativa o judicial un acto administrativo emitido por la Administración tributaria, que afecte, en cualquier forma, sus derechos como contribuyente o responsables[4].

Por otra parte, ha sido por la prevalencia del derecho a la defensa, que la Sala Constitucional, siguiendo la doctrina constitucional establecida por la antigua Corte Suprema de Justicia[5], ha desaplicado normas que consagraban el principio *solve et*

---

3 Véase sentencia N° 224 de 24-02-2000, *idem*, pp. 136 y ss.

4 Véase la sentencia N° 3682 de 19 de diciembre de 1999, de la Sala Político Administrativa de la antigua Corte Suprema de Justicia en Revista de Derecho Público, N° 79-80, Editorial Jurídica Venezolana, Caracas 1999.

5 Véase en AlLlan R. Brewer-Carías, *La justicia contencioso-administrativa*, Tomo VII, Instituciones Políticas y Constitucionales, cit., pp. 196 y ss.

repete, como condición para acceder a la justicia contencioso-administrativa, por considerarlo inconstitucional[6].

En la Constitución de 1999, además, en forma explícita se estableció el principio de que «Toda persona se presume inocente mientras no se pruebe lo contrario» (ordinal 2° del artículo 49), conforme al cual «una persona acusada de una infracción, no puede ser considerada culpable hasta que así lo declare una decisión condenatoria precedida de un procedimiento suficiente para procurar su dimanación. El particular tiene entonces derecho a ser presumido inocente, lo que equivale a que su eventual condena sea precedida por «una actividad probatoria suficiente con la participación del acusado y con una adecuado razonamiento del nexo causal entre la norma y la situación concreta, sin que base la mera sospecha o conjetura»[7].

El ordinal 3°. del artículo 49, regula, además, el derecho de toda persona a ser oída en cualquier clase de proceso, con las debidas garantías y dentro del plazo razonable determinado legalmente, por el órgano administrativo competente e imparcial establecido con anterioridad. Este derecho comprende por supuesto, el derecho de formular alegatos y presentar pruebas en el procedimiento.

De acuerdo con el mismo artículo 49,1 de la Constitución, como parte del debido procedimiento se establece la garantía fundamental en materia probatoria, conforme a la cual se consideran como nulas las pruebas obtenidas mediante violación del debido proceso.

El mismo artículo 49,1 de la Constitución, también como manifestación del derecho a la defensa consagra el derecho de toda persona declarada culpable a recurrir de la decisión sancionatoria, con lo que se regula el derecho a la doble instancia que consiste en la efectiva posibilidad de revisión de las decisiones dictadas con ocasión de un procedimiento, esto es, de someter una la decisión al conocimiento posterior de un órgano de mayor jerarquía en la pirámide organizativa de la Administración. Con esta disposición, adquiere rango constitucional el derecho al recurso jerárquico en los procedimientos administrativos.

El ordinal 6° del artículo 49 recoge el principio tradicional de que ninguna persona puede ser sancionada por actos u omisiones que no fueren previstos como delitos, faltas o infracciones en leyes preexistentes; principio que por supuesto es aplicable a los procedimientos sancionatorios.

Además, en materia sancionatoria también tiene rango constitucional el principio *non bis in idem* que recoge el ordinal 7° del artículo 49 de la Constitución, al establecer que ninguna persona puede ser sometida a un procedimiento sancionatorio por los mismos hechos en virtud de los cuales hubiese sido sancionado anteriormente.

---

6 Véase la sentencia de la Sala Constitucional N° 321 de 22 de febrero de 2002 (Caso *Papeles Nacionales Flamingo, C.A. vs. Dirección de Hacienda del Municipio Guacara del Estado Carabobo*) en *Revista de Derecho Público*, N° 89-92, Editorial Jurídica Venezolana, Caracas 2002.

7 Véase sentencia de la Corte Primera de lo Contencioso Administrativo N° 315 de 19 de marzo de 2001, en *Revista de Derecho Público*, N° 85-88, Editorial Jurídica Venezolana, Caracas 2001, pp. 103 y ss.

Todos estos principios son desarrollados por la autora en el presente trabajo, comparando las regulaciones venezolanas particularmente con el ordenamiento jurídico español, en un estudio que, estoy seguro, va a contribuir a que en el país se afiance el respeto de la legalidad por parte de la Administración Tributaria y porque los límites a la potestad sancionadora que tiene sean efectivos, como garantía de los contribuyentes.

ALLAN R. BREWER-CARÍAS

ABREVIATURAS UTILIZADAS

AA.VV.	Autores Varios
AN	Audiencia Nacional
BOCG	Boletín Oficial de las Cortes Generales
BOE	Boletín Oficial del Estado
Bs.	Bolívares (Unidad Monetaria de Venezuela)
CBRV	Constitución Bolivariana de la República de Venezuela
CC	Código Civil
CCAA	Comunidades Autónomas
CE	Constitución Española
CEDH	Comisión Estatal de los Derechos Humanos
COT	Código Orgánico Tributario
CP	Código Penal
EA	Estatuto de Autonomía
EELL	Entes Locales
FJ	Fundamento Jurídico
FOB	Free On Board
IPC	Ingreso Per Cápita
LBRL	Ley de Bases de Régimen Local
LC	Ley de Cheques
LDGC	Ley de Derecho y Garantías de los Contribuyentes
Ley 30/1992	Ley de Régimen Jurídico de las Administraciones Públicas y del Procedimiento Administrativo Común
LGT	Ley General Tributaria
LODDTCPP	Ley Orgánica de Descentralización, Delimitación y Transferencia de Competencias del Poder Público
LOPA	Ley Orgánica de Procedimiento Administrativo
LOPJ	Ley Orgánica del Poder Judicial
LOPOT	Ley Orgánica para la Ordenación del Territorio
LORM	Ley Orgánica de Régimen Municipal
LPA	Ley de Procedimiento Administrativo
LRHL	Ley Reguladora de Haciendas Locales
LRJAPYAC	Ley de Régimen Jurídico de las Administraciones Públicas y del Procedimiento Administrativo Común
MARNR	Ministerio del. Ambiente y de los Recursos Renovables
NIF	Número de Identificación Fiscal
Op. Cit.	Obra Citada
RAE	Real Academia Española
RAP	Revista de Administración Pública

RD	Real Decreto
REDA	Revista Española de Derecho Administrativo
REDC	Revista Española de Derecho Constitucional
REDF	Revista Española de Derecho Financiero
RTC	Resolución del Tribunal Constitucional
SAN	Sentencia de la Audiencia Nacional
SENIAT	Servicio Nacional Integrado de Administración Tributaria
SIGECOF	Sistema Integrado de Gestión y Control de las Finanzas Públicas
STC	Sentencia del Tribunal Constitucional
STS	Sentencia del Tribunal Supremo
TC	Tribunal Constitucional
TEAC	Tribunal Económico-Administrativo Central
TEDH	Tribunal Europeo de Derechos Humanos
TF	Tribuna Fiscal
TRRL	Texto Refundido de Régimen Local
TS	Tribunal Supremo
UT	Unidades Tributarias

INTRODUCCIÓN

Este Trabajo de Investigación aborda aspectos del Derecho Sancionador Administrativo en materia tributaria, con especial referencia al ámbito local y desde una óptica de comparación paralela de las legislaciones española y venezolana.

Dentro del área de Derecho Tributario se desarrollan aspectos vinculados con el ámbito constitucional relativos al tema, por considerar pertinente una referencia de tal naturaleza en la primera fase de cualquier estudio que se oriente, como en este caso, al control de la actividad administrativa; habida cuenta de ser el Texto Fundamental el parámetro principal de creación, validez e interpretación del resto de normas, lo que se refuerza al considerar que se trata de una rama del Derecho que disciplina la actuación de la Administración Pública.

Una vez definidos los límites que observa esta potestad, se consideran las sanciones referidas a la materia que tratamos, las cuales representan los instrumentos a los que la Administración Tributaria recurre cuando intenta proteger el cumplimiento de la normativa que la ampara en un Estado de Derecho.

El propósito de esta investigación es plantear la consecución de mecanismos que permitan validar de modo eficaz las exacciones tributarias y la mejor manera de poner en práctica el sistema sancionador en dicha materia, dentro de un marco de respaldo a los derechos de los contribuyentes, para lo que se ha creído imprescindible ton inequívoco deslinde competencial entre las áreas del Poder Público y entre los niveles de gobierno que integran el Estado.

El problema que motiva esta investigación es la conducta del ciudadano frente a una Administración Tributaria a quien deben realizar aportaciones dinerarias con la rúbrica impositiva, y que no siempre ve reflejada su inversión. Es este mismo ciudadano quien, a manera de revelarse en contra del sistema, empieza por incumplir con los deberes a que le obliga el Estado de Derecho. Al restringirse la potestad del Poder Público, disminuye el campo de acción para reclamar el cumplimiento al que obliga la solidaridad del sostenimiento de las cargas públicas y comete por acción u omisión infracciones normativas; la consecuencia es una sanción que no siempre observa sus derechos fundamentales.

Justifica la elección de este estudio, la convicción que el establecimiento de una política de reducción de los márgenes de evasión tributaria se relaciona íntimamente con los medios que el ente acreedor del tributo pueda disponer para su control, y que no siempre es la vía represiva, el medio idóneo para obtener el cumplimiento oportuno por parte del obligado a la prestación tributaria.

La presente investigación ha seguido como metodología la lógica jurídica de carácter deductivo, de tipo documental, bajo un diseño bibliográfico, con la ayuda de una importante referencia doctrinal, legal y jurisprudencial. Encontrando limitaciones en el relativo desinterés doctrinal por la parte venezolana, y la dificultad de acceso a dicho material.

Resulta más eficaz una política tributaria sancionadora que establezca tarifas soportables por el contribuyente, una eficiente labor de recaudación, de control, y un honesto manejo de la administración de los fondos producidos por el aporte tributario, que revierta en beneficios tangibles por el contribuyente administrado. Igualmente una política tendente a promover en el sujeto pasivo de la relación tributaria, la conciencia de la necesidad del tributo, lo cual puede llegar a constituir un medio idóneo para obtener el cumplimiento voluntario de la obligación.

Entre los principales soportes doctrinales de esta investigación se encuentran los estudios de NIETO (2002), SUAY R. (1989), GARBERÍ (1998), ARVELO (2000), BREWER-CARÍAS (2000), entre otras obras, además del Derecho positivo en los dos países en estudio, combinado con aportaciones doctrinales, y pertinente apoyo jurisprudencial. El sustento documental español responde a un mayor interés por su especializada doctrina que, siendo aplicable en Venezuela, permite realizar algunos análisis con la ayuda de los métodos propios del Derecho, de donde se infieren las igualdades y diferencias de los respectivos ordenamientos jurídicos.

La referencia a la regulación que en el derecho sancionador se lleva a cabo en la Norma Fundamental española de 1978, permitirá entender de qué forma deben adaptarse a ella los textos normativos específicos que controlan la materia, como la Ley de Régimen Jurídico de las Administraciones Públicas y del Procedimiento Administrativo común o, más estrictamente, en la Ley Reguladora de las Bases del Régimen Local, tras su reforma por el Pacto Local en 1999, y la Ley General Tributaria de reciente data. Por la parte de Venezuela, es obligatoria la referencia a la Carta Magna, al Código Orgánico Tributario, y a la Ley Orgánica de Régimen Municipal, principalmente vinculadas con el objeto de estudio.

Para realizar una descripción analítica que permita realizar algunas aportaciones, se ha considerado pertinente tomar en cuenta su operatividad, para dividir los Principios que informan a la Potestad Sancionadora, tanto de España como de Venezuela, en Principios Formales de Legalidad, Reserva Legal y Tipicidad, y Principios Materiales de Proporcionalidad, Adecuación, Retroactividad in Bonna, Culpabilidad y *Ne bis in idem*, tratando de hacer una referencia al ámbito local español y venezolano.

A la delimitación constitucional que observa la Administración Tributaria, se pronuncia la respuesta para el cumplimiento de la legalidad.

Para ello, se explica de qué forma se aborda la competencia local sancionadora de la Administración en materia tributaria, en países con escalas político territoriales de relativamente poca juventud, ya que guarda íntima relación con la demarcación competencial de los órganos encargados de su operatividad.

Por esta razón, se ha considerado necesario aclarar la idoneidad municipal de autoprotección que les brindan las Cartas Magnas de los países en observación, a efectos de saber exactamente su ámbito de acción. Es la competencia el cardinal concepto que determina la esfera de aplicación de las herramientas con las que el

Municipio procura resguardar el cumplimiento de los deberes a que obliga el Estado en el ejercicio del *ius puniendi*, y ello es lo que permite la aproximación al régimen de la potestad municipal, tanto en España como en Venezuela.

Una vez aclarado quien ostenta la potestad de exigir la respuesta sancionadora para el cumplimiento de la legalidad tributaria, corresponde referir las figuras contra las cuales se dirige dicha potestad, de forma tal que se refiere el tratamiento español, y posteriormente el venezolano de los ilícitos tributarios.

El tratamiento genérico de las infracciones y las sanciones, permiten estudiar a estas figuras de manera separada, al efecto de establecer algunas consideraciones acerca de las primeras, conceptos y caracteres que observan, lo cual conlleva a las sanciones respecto de su contenido y estructura.

Este trabajo no pretende agotar el tema, ya que sería necesario un estudio más extenso y pormenorizado; la pretensión es la aproximación a una disciplina tan interesante como compleja, aunado al nivel de complejidad que representa un estudio que observe la perspectiva comparativa de dos países con caracteres similares, pero con aspectos culturales diferentes, mas aún cuando dirigimos la atención a la específica materia local.

El propósito de este trabajo ha sido abordar de la manera más explicativa posible cómo se clasifican y articulan las contravenciones tributarias, a través de algunos comentarios a las Leyes generales de la legislación española y venezolana: Ley General Tributaria y el Código Orgánico Tributario, respectivamente.

Una vez considerados los contenidos mencionados, se presentan las correspondientes.

La Potestad Sancionadora es una herramienta conveniente y necesaria, con la cual cuenta la Administración Tributaria en España y en Venezuela para alcanzar su fin último: obtener ingresos que permitan redistribuirlo a la población en servicios.

El ejercicio de esa potestad no siempre es transparente, en más de las ocasiones va aparejada de algunas irregularidades que comienzan con la arbitraria persecución al contribuyente, manifestada en una inmensidad de infracciones e ilícitos cometidos en un marco de confusas normativas que escapan a la comprensión y fácil observancia por parte del contribuyente que, además, no percibe una verdadera publicidad inteligible para el potencial infractor.

Ello, aunado al comportamiento consciente de los ciudadanos frente a la Administración Tributaria, a quien deben realizar aportaciones impositivas cuya correspondencia retributiva escapa a lo esperado; es entonces cuando se revela contra un sistema injusto, cometiendo por acción u omisión infracciones o hasta delitos, sin considerar que con su conducta a quien verdaderamente perjudica es a los demás contribuyentes.

Para NIETO (2002) el resultado es una interminable cadena que decanta en una descompensación presupuestaria para la administración, y afecta al colectivo; el perjuicio es de manera aún más directo para el contribuyente, a quien se imponen sanciones inobservantes de sus derechos fundamentales.

Esta situación, en vez de arrastrar al conformismo a quien conozca de cerca el funcionamiento del aparato sancionador, para GARBERÍ (1989) debe servir de impulso para salvaguardar los derechos y garantías de los ciudadanos.

La referencia, claro está, se dirige al ciudadano medio que nada tiene que ver con quien pueda permitirse el servicio de hábiles asesores, conocedores de esos entresijos legales; manejados por funcionarios públicos a veces carentes de experiencia, con poca habilidad y destreza, y desmotivados para el ejercicio de sus cargos.

La complejidad del tema, hace necesario encontrar respuesta a las siguientes interrogantes:

¿Hasta dónde debe llegar el régimen de intervención sancionadora de la administración tributaria en España y en Venezuela?

¿Cuál es la competencia municipal para poner en marcha el aparato sancionador español y venezolano?

¿Qué capacidad de respuesta tiene la Administración española y venezolana ante incumplimientos normativos?

¿Cómo es el régimen de la Potestad Sancionadora en el municipio español y en el venezolano?

¿Cuáles son las infracciones en España y los ilícitos en Venezuela?

¿Cuáles son las consecuencias de la violación normativa y qué caracteriza a las sanciones en España y en Venezuela?

¿Qué clases de infracciones y de ilícitos prevén las leyes tributarias de España y Venezuela?

Encontramos justificación a este estudio en tratar de poner remedio al divorcio existente entre el ciudadano común y el Estado. No es sencillo y sería una pretensión tanto ambiciosa como absurda abordar el extenso contenido del Derecho Sancionador, aplicable a la especial materia tributaria, sería incongruente con la dimensión de un solo trabajo de investigación.

Lo que queda claro es que comenzar cualquier investigación cuya atención se oriente al estudio del aparato sancionador, ha de pasar necesariamente, al menos en una primera fase, por tomar una referencia constitucional habida cuenta de ser el Texto Fundamental parámetro principal de validez y de interpretación del resto de normas, idea que viene reforzada en el orden que nos encontramos por cuanto se trata de una rama del Derecho que disciplina la actuación de las Administraciones Tributarias, la cualificación que ostentan y las herramientas que disponen ante posibles quebrantamientos normativos.

El principal aporte de la presente investigación es la realización de un estudio comparativo entre los ordenamientos jurídico-tributarios de España y Venezuela, observando sus semejanzas y diferencias, en un intento por conseguir relaciones jurídicas de represión más seguras, más eficaces y más satisfactorias que beneficiará a los profesionales del derecho, y en especial del área tributaria.

La especial atención que la autora presta a la Municipalidad, se debe a la inmediatez de este gobierno con el contribuyente. El mismo supedita sus facultades de sanción al deber de establecer un sistema tributario adecuado cuya esencia no se pierda al momento de implementarse y que no provoque en el contribuyente vías de evadir o eludir el pago, evitando a su vez la consecuencia de un daño irreversible, para todos.

Esta es una situación de deber ser, pero es necesario considerarse que, sin duda, cualquier sistema legislativo puede presentar fallas de coherencia, puesto que para SUAY R. (1989) éstos son hechos por personas en situaciones y contextos específicos, por legisladores que han realizado normativas adecuadas a circunstancias sociales que varían constantemente, y según GARBERÍ (1998) dejan sin basamento lógico lo que en un momento determinado pudo parecer conveniente.

Como soportes legales, principalmente y entre muchos otros textos normativos, las Constituciones de España y Venezuela, la Nueva Ley General Tributaria española, el Código Orgánico Tributario venezolano, la Ley de Derechos y Garantías del Contribuyente española, la Ley Orgánica de Procedimiento Administrativo de Venezuela, la Ley Reguladora de Bases del Régimen Local, y la Ley Orgánica del Poder Municipal venezolana.

El aspecto jurisprudencial, ha sido realizado tomando particular interés por las sentencias emanadas de los Tribunales Supremos de justicia de ambos países, Tribunal Constitucional Español y Tribunales Superiores español y venezolano.

La intención del presente trabajo de investigación es elaborar una herramienta útil tanto para la Administración como para los administrados al efecto de reducir riesgos y daños mediante la imposición de sanciones fácticas, con posibilidades reales de ser cumplidas, que respeten la delimitación nacida de los derechos y garantías de los contribuyentes, en igualdad de tolerancia, con una divulgación eficaz, es decir, fácilmente comprensible, y por último que, paradójicamente, presente un aparato sancionador que no que no sea necesario aplicar.

PRIMERA PARTE

APROXIMACIÓN AL TRATAMIENTO CONSTITUCIONAL DE LOS PRINCIPIOS QUE INFORMAN A LA POTESTAD SANCIONADORA

I. BREVE RESENA DE LOS PRINCIPIOS QUE INFORMAN LA POTESTAD SANCIONADORA

La intención de ésta nota, escapa a trazar algún recuento o narrativa del origen del reconocimiento de los Derechos del Hombre; aunque, resulta obligatoria una breve alusión, respecto al alimento de una vigorosa reacción contra el Estado absoluto, decantado en la famosa declaratoria de los Derechos del Hombre, como resultado del estallido social de la Revolución Francesa[8].

El origen de los derechos del hombre es un tema que ha sido férreamente debatido por importantes autores quienes, en su mayoría identifican su reconocimiento en la Revolución Francesa, aunque no es menos cierta la influencia de hechos que han alterado de manera decisiva en el resultado obtenido.

Quizá, será necesario remontarse a la Edad Media, período de la historia europea que transcurrió desde la desintegración del Imperio romano de Occidente en el Siglo V y hasta el Siglo XV[9], cuyos centros de poder asentados en el clero

---

[8] Este proceso social y político acaecido en Francia entre 1789 y 1799, cuyas principales consecuencias fueron el derrocamiento de Luis XVI, y la proclamación de la I República, fue la causa que puso fin al Antiguo Régimen en este país, y dio apertura a la configuración del Derecho Administrativo que conocemos hoy en día. Es descrito desde el punto de vista Administrativo en la obra monográfica de García de Enterría, E., *Revolución Francesa, Derecho Público y Justicia Administrativa,* El Poder Judicial en el bicentenario de la Revolución Francesa, Ediciones del Consejo General del Poder Judicial, Madrid, 1990, p. 25 y ss.

[9] No obstante, las fechas anteriores no han de ser tomadas como referencias fijas, ya que nunca ha existido una brusca ruptura en el desarrollo cultural del continente. Ningún evento concreto determina el fin de la antigüedad y el inicio de la Edad Media: ni el saqueo de Roma por los godos, ni el derrocamiento de Rómulo Augusto, último Emperador romano de Occidente, fueron sucesos que sus contemporáneos consideraran iniciadores de una nueva época. La culminación a finales del siglo V de una serie de procesos de larga duración, entre ellos la grave dislocación económica y las invasiones y asentamiento de los pueblos germanos en el Imperio romano, hizo cambiar la faz de Europa. Durante los siguientes 300 años Europa occidental mantuvo una cultura primitiva aunque instalada sobre la compleja y elaborada cultura del Imperio romano, que nunca llegó a perderse u olvidarse por completo.

y en la nobleza, constituyen una poliarquía que presentaba los mismos conflictos de competencia que hoy presentan los distintos órganos en los que se manifiesta el Estado[10].

La Edad Media se caracterizaba por la concentración real de todo el poder, y dentro de este período, se diferencian claramente la Alta Edad Media[11] y la Baja Edad Media. La primera de las subdivisiones, la Alta Edad Media[12] observa como único germen descentralizador, las decisiones que por su importancia consultaba el Rey con su Curia. Más evolucionada, aunque aún carente de un sistema de Derecho Público, aparece la Baja Edad Media[13]; quizá por la influencia de la repartición de poder entre nuevos grupos: el del Papado, del Imperio y de las nuevas monarquías; y por la importancia que se otorgaba al Consejo Real y a las Cortes como órganos de apoyo.

En esta etapa surgen disposiciones que afectan a todo el territorio, como las Partidas Reales de Alfonso X, o las que se dieron con los Fueros que se otorgaron en las ciudades[14].

Tanto en el medievo como en el antiguo régimen sería absurdo hablar de surgimiento de derechos fundamentales, descentralización o conceptos parecidos. En ambas, se observaba el monopolio de poder y el fuerte intervencionismo estatal, al margen de la organización política y administrativa de cada país ya que, pese a las diferencias geográficas, imperaba ésta concentración del poder en manos del Rey.

La génesis de la positivización de los Derechos del Hombre, categorizados constitucionalmente, se inician en la Europa Occidental, cuya ubicación cronológica data del Siglo XI, donde el Reino Unido juega un papel fundamental.

El elemento contundente para el paso a la democratización inglesa fue dado con el Bill of Rights del año 1689. Este documento es el resultado de una sucesión de

---

[10] Martín de la Fuente, P. *Proyecto Docente presentado en el primer ejercicio del concurso convocado por resolución de la Universidad de Salamanca de fecha 20 de julio de 2000, (BOE 28-VIII-2000) para la provisión de una plaza de Profesor Titular de Universidad en el Área de Conocimiento de Derecho Administrativo. Facultad de Derecho*, Salamanca, 2001, pp. 15 a 38.

[11] Hacia mediados del Siglo XI, Europa se encontraba en un periodo de evolución desconocido hasta ese momento. La época de las grandes invasiones había llegado a su fin, y el continente europeo experimentaba el crecimiento dinámico de una población ya asentada. Renacieron la vida urbana y el comercio regular a gran escala. Se desarrolló una sociedad y cultura que fueron complejas, dinámicas e innovadoras. Este período se ha convertido en centro de atención de la moderna investigación, que le ha llamado el renacimiento del Siglo XII.

[12] La Alta Edad Media estuvo caracterizada por la consecución de la unidad institucional y una síntesis intelectual.

[13] La Baja Edad Media estuvo marcada por los conflictos y la disolución de dicha unidad. Fue entonces cuando empezó a surgir el Estado Moderno, aún cuando éste en ocasiones no era más que un incipiente sentimiento nacional. La lucha por la hegemonía entre la Iglesia y el Estado se convirtió en un rasgo permanente de la historia de Europa durante algunos siglos posteriores. Los Pueblos y ciudades continuaron creciendo tanto en tamaño como en prosperidad. Comienza la lucha por la autonomía política. Este conflicto urbano se convirtió, además, en una lucha interna en la que los diversos grupos sociales quisieron imponer sus respectivos intereses.

[14] Ruiz de la Peña, J. «La Expansión del Fuero de Benavente», Archivos Leoneses, XXIX, León, 1970, pp. 299 a 317.

eventos trágicos y revueltas políticas, originada por los requerimientos del Parlamento al nuevo soberano, Príncipe de Orange, de la acreditación del Bill of Rights, que pasó a constituir una de las Leyes Fundamentales del Reino[15].

La importancia histórica del documento es su promulgación, un siglo antes de la Revolución Francesa, dada en una Europa renacentista, bajo el régimen político de una monarquía absoluta, donde todo el poder emanaba del Rey. A partir del año 1689 los poderes legislativos competen al Parlamento; por esa razón el ejercicio de las funciones parlamentarias está cercado de garantías especiales.

Sin duda alguna, un siglo después se produce un cambio total de las concepciones del antiguo régimen. Es allí donde surgen los Principios sobre los cuales se asienta el Estado liberal resultante de la revolución y que constituyen la base de los derechos del hombre[16], instituidos en las Cartas Magnas de los países democráticos en la actualidad.

Ahora bien, las leyes naturales de la sociedad que habían existido siempre y en cuya proposición y sostenimiento agota su función el poder político, son en cuanto a su contenido, normas que posibilitan la libertad[17] y el orden público.

De este modo las tres ideas básicas de la Revolución Francesa: Igualdad, Libertad y Fraternidad, se consagran para todos los ciudadanos. Establecen los fundamentos de derecho por los cuales se regirán, quienes «permanecerán libres e iguales en derechos», y serán libres de asociarse para «conservar los derechos naturales

---

15 The Bill of Rights, en fecha 13 de febrero de 1689. Documento que los Lores espirituales y temporales y los Comunes reunidos en Westminster, representando legal, plena y libremente a todos los estamentos del pueblo del Reino de Inglaterra, presentaron el 13 de febrero del año de NS (gracia) de 1688, a Sus Majestades, entonces conocidas con los nombres y títulos de Guillermo y María, príncipes de Orange, una declaración escrita, redactada por Lores y Comunes.

16 La Declaración de los Derechos del Hombre y del Ciudadano. Este documento que data del año 1789, inspirado en la declaración de independencia estadounidense del año 1776 y en el espíritu filosófico del Siglo XVIII, marca el fin del Antiguo Régimen y principio de una nueva era. Junto con los decretos de 04 y 11 de agosto de 1789, sobre la supresión de los Derechos Feudales, es uno de los textos fundamentales votados por la Asamblea Nacional Constituyente formada tras la reunión de los Estados Generales, durante la Revolución Francesa. En ella se definen los derechos «naturales e imprescriptibles», tales como la libertad, propiedad, la seguridad, la resistencia a la opresión. Asimismo, reconoce la igualdad de todos los ciudadanos ante la ley y la justicia y por último, afirma el principio de la separación de poderes; luego que los representantes del pueblo francés, constituidos en Asamblea Nacional, considerasen que la ignorancia, el olvido o el menosprecio de los derechos del hombre son las únicas causas de las calamidades públicas, y de la corrupción de los gobiernos, resuelven exponer, en una declaración solemne, los derechos naturales, inalienables y sagrados del hombre, de manera que esté siempre presente para todos los miembros del cuerpo social y les recuerde, sin cesar, sus derechos y deberes; a fin de que los actos de los poderes legislativo y ejecutivo, al poder cotejarse a cada instante con la finalidad de toda institución política, sean más respetados, y para que las reclamaciones de los ciudadanos, en adelante, fundadas en principios simples e indiscutibles, que redunden siempre en beneficio del mantenimiento de la Constitución y de la felicidad de todos.

17 García de Enterría, E. *Revolución francesa y Administración Contemporánea*, IV Edición, Editorial Civitas, Madrid, 1994, p. 28. Acerca del esquema simplificado de la estructura del Estado, propuesta por LOCKE, MONTESQUIEU Y ROUSSEAU.

e imprescindibles del hombre», ideas que, con ciertos matices se perpetúan hasta nuestros días, y condicionan las actuaciones de los gobernantes ajustadas a un texto fundamental, estarán dirigidas a trazar los principios que regirán la distribución, estructura, competencia y funciones de los más altos órganos del Estado[18].

II. EL BLOQUE DE PRINCIPIOS QUE INFORMAN A LA POTESTAD SANCIONADORA

Los límites que encuentra el Derecho Sancionador en el desempeño de su función, se traducen, para los ciudadanos en derechos subjetivos, de manera tal que, al estar previstos por las Cartas Magnas, se entienden como Principios Constitucionales. Estos mandatos constitucionales, a modo de principios, son creados como una garantía para el ciudadano[19].

Gran cantidad de autores han investigado acerca de los Principios constitucionales; y muchas son las documentadas y válidas clasificaciones que de ellos podemos encontrar, así como el desarrollo de éstas, según el autor que consultemos, su opinión, sus tendencias e incluso ubicación geográfica, ya que no todos los Principios se ordenan en todos los Textos Fundamentales, algunas veces por no considerarlos aplicables a la idiosincrasia de determinado Estado Democrático, y otras por entenderlos de manera y aceptación implícita, para lo cual juega un papel relevante la jurisprudencia. La Constitución presta al jurista la oportunidad de desarrollar las garantías que presenta e implícitamente engendra algunas otras.

Algunos estructuran los principios atendiendo al área del conocimiento por el cual se inclina el propio autor que los clasifica, según elementos tales como: la formación académica, profesional y la aplicación prevaleciente de algunos Principios frente a otros. El Derecho Sancionador Tributario, es un área nutrida por varias disciplinas, lo que hace sumamente complejo y delicado armonizar con un mismo criterio de clasificación la variedad de unidades del Ordenamiento Jurídico al que pertenecen.

Muchas veces son catalogados por la materia de la cual emana el Principio Constitucional en estudio. De acuerdo con la aplicación, mayor o menor, resulta lo más conveniente. Como resultado, se distinguen quienes consideran en sus clasificaciones a algunos principios cuyo origen se atribuye a la rama del Derecho Constitucional, Administrativo, Penal, Procesal y Tributario. En realidad no se trata de atribuir la paternidad del principio a alguna de las disciplinas jurídicas; se trata, empero, de observar un mismo axioma jurídico, desde el prisma que aporta el conocimiento, adquirido por el cultivo de la sapiencia de un área determinada del saber.

La subjetivización, otorgada por los elementos propios de la especialidad jurídica de quien observa, es sobradamente útil y necesaria en el momento de adecuar los Principios de Derechos básicos al área que le desarrolle, desde el aspecto formal y práctico.

El trasvase de una disciplina a otra no siempre se complementa sin fricciones al momento de adecuarla, lo cual provoca, en ciertos casos, que el intérprete de la

---

[18] Crespo Irigoyen, M. «El Principio de Capacidad Económica: Referencia a España y Venezuela», *Revista de General de Legislación y Jurisprudencia*, Tercera Época-Año CLI, N° 4, Octubre-diciembre, Editorial Reus, S.A., Madrid, 2004, p. 599-628.

[19] Crespo Irigoyen, M. *El Principio* (...), p. 601.

Norma deba pronunciarse con cierta frecuencia para salvar las lagunas y presuntas contradicciones que el legislador no ha sabido, o podido subsanar.

Resulta ya conveniente hacer alusión al conocido aforismo latino, «No hay crimen, no hay pena si no hay ley[20]» que a su vez tiene sus antecedentes históricos en la máxima: «No hay imposición sin representación[21]» (provocado por el suceso de la «Fiesta del Té[22]»); para adentrarnos en el convertido punto de la aplicación de ciertos Principios Fundamentales, que el Derecho Sancionador ha tomado originariamente del Derecho Penal, en cuanto sean de su incumbencia.

La práctica de aplicar los Principios Penales a la rama sancionadora del Derecho Tributario-Administrativo, goza de la aceptación casi unánime de la doctrina y la jurisprudencia, que se han pronunciado favorablemente sobre el acatamiento de los principios cuyo origen se atribuye a la ciencia penal.

Antes de continuar, son pertinentes dos previas aclaratorias:

1) En ningún momento serían, o deberían ser, objeto de aplicación las normas de otras ramas del Derecho. La referencia es a los principios, y, matizando aún más, a ciertos de ellos, y

---

20 *«Nullum crimen, radia poena, sine lege»*. El principio de Legalidad de los delitos, es una garantía individual, en virtud de la cual ningún acto u omisión voluntaria es considerado como delito, sin que una ley escrita, cierta, y anterior lo haya previsto como tal. En el ámbito internacional, estas declaraciones han sido sostenidas en: la Declaración Universal de Derechos Humanos: «(...) Nadie será condenado por acto u omisiones que en el momento de cometerse no fuesen delictivos (...).»; la Convención Americana sobre Derechos Humanos (Pacto de San José de Costa Rica): «(...) Nadie puede ser condenado por acciones u omisiones que en el momento de cometerse no fueran delictivas (...)» y, finalmente, el Pacto Internacional de Derechos Civiles y Políticos, Artículo 15 Apartado 1): «(...) Nadie será condenado por actos u omisiones que en el momento de cometerse no fueran delictivos (...)».

21 El lema «No taxation without representation» utilizado con gran éxito en el «Tea party» de Boston, remite al conocido pensamiento de Locke acerca del vínculo entre los impuestos y la representación. También explica el concepto limitado de democracia que defendía el filósofo inglés. Para Locke, como para muchos de sus seguidores, solo quienes poseían propiedades por las cuales pagaban impuestos, tenían derecho a elegir a los miembros de la Asamblea Soberana. Esto ocurría antes de la Revolución Industrial, y de la consiguiente aparición de grandes grupos de trabajadores asalariados, por lo tanto sujetos a impuestos. El constitucionalismo moderno está en deuda con esta teoría, que estableció las limitaciones del gobierno, en favor de la protección del individuo.

22 En el año 1765, las colonias americanas entran en guerra con la metrópoli como consecuencia de una subida en los impuestos, pero en el fondo, lo que subyace no es más que otro ritmo de entender el tránsito hacia la modernidad. El descontento de los colonos por la subida de impuestos les lleva a plantar cara ante la monarquía, para su protesta se constituyeron en una Asamblea. La Corona, acorralada, no ve mejor salida que ceder a las pretensiones de los colonos, retirando los impuestos en discordia; pero las necesidades económicas de la ciudad de Londres, obligan a implantar otros impuestos sustitutos sobre el té, plomo, vidrio y papel. Las protestas de los colonos frente a una monarquía que les es lejana (y un tanto ajena) se repiten. Las maniobras londinenses, consisten en ceder, pero conceder el monopolio del tráfico del té a una compañía, dicen los colonos, daña los intereses de los comerciantes coloniales. Un suceso trascendental ocurre en el gran puerto de la ciudad de Boston, consecuencia del cual, un cargamento de té es arrojado al agua de la bahía (conocido como el Boston Tea Party). La Corona, responde a esta provocación contra su autoridad con el envío de tropas. El enfrentamiento está servido. Un enfrentamiento entre unos colonos que defienden unos intereses y una Corona que intenta salvar su autoridad.

2) El trasvase debe tener en cuenta que el ajuste corresponde a una rama del derecho distinta a la que debe adaptarse, que se encuentra, por varios motivos, en un plano de evolución más elevado. Igualmente, en ningún caso debe aplicarse la analogía *in peius*[23]; debe mediar una declaración expresa de supletoriedad y una remisión positiva de la norma.

Causas explicativas del fenómeno de adopción de ciertos Principios del Derecho penal hay muchas. Las más resaltantes podrían ser: el factor tiempo que juega a favor del abundante desarrollo doctrinal y legal; el aumento que representan los Principios garantes del Derecho Penal en su pigmentación progresista, y la dogmática que se suma en el denominador común de Derecho punitivo de carácter público[24].

La coexistencia de la potestad administrativa sancionadora, y la potestad penal judicial ha llevado a la doctrina a estudiar las relaciones que existen entre ellas. Aunque, en un principio, la potestad penal judicial tenía rango originario y la administrativa poseía rango menor, auxiliar o complementario, la evolución habida de cada una de estas dos ramas ha permitido distinguirlas, otorgándoles identidad propia.

A la etapa de identidad sustancial entre el Derecho administrativo y el Derecho penal corresponden las viejas denominaciones de Derecho Penal de Policía y Derecho Penal Administrativo, adjudicadas a esta disciplina. Su utilización en el ámbito contencioso, ha justificado la aplicación de los Principios de origen penal en la actividad punitiva del Estado y, en lugar de invocar directamente los preceptos constitucionales que consagraban tales principios, se aplicaban leyes penales.

La Potestad Administrativa Sancionadora como derivación del Derecho Penal judicial y su aplicación supletoria, consecuencia indirecta de los Principios generales que rigen el Proceso penal, traducían una posición sumamente injusta para el administrado que enfrentaba un procedimiento administrativo, desde que la infracción de tales Principios generales se consideraba una infracción de Ley y, por tanto, no podía hacerse valer como una violación del orden constitucional, posición que evolucionaría hacia la que se mantiene en la actualidad.

Se señala así que la Potestad Sancionadora es una sola y se descompone en dos manifestaciones orgánicas: la potestad administrativa sancionadora y la potestad penal judicial.

Los Principios generales de rango constitucional que gobiernan la Potestad Sancionadora se aplican, por lo tanto, de manera directa a sus dos manifestaciones;

---

[23] El Principio de prohibición «*Reformatio in peius*», implica que el órgano revisor se encuentra impedido de modificar la resolución impugnada, empeorando la situación del apelante, salvo que exista apelación, o adhesión de la otra parte (el apelado). Este principio, prohíbe al Juez *Ad quem* pronunciarse en perjuicio del apelante y, a lo sumo, se limitará a no amparar su pretensión, quedando su situación invariada. Siendo la pretensión impugnativa diferente a la pretensión principal (objeto de la demanda), si el apelante realiza una actividad para tratar de mejorar su situación, frente a un pronunciamiento que le causó agravio, sería ilógico que su propia impugnación altere la decisión en su contra, máxime si la otra parte la consintió.

[24] Nieto, A. *Derecho Administrativo Sancionador*, III Edición, Editorial Tecnos, Madrid, 2002, p. 188. Ver también: Zorzona Pérez, J. *El sistema de infracciones y sanciones tributarias: Los Principios Constitucionales del Derecho Sancionador*, I Edición, Editorial Civitas, Madrid, 1992, p. 20.

de allí que tanto la Potestad Sancionadora de la Administración como la actividad penal judicial queden sujetas a los principios generales comunes y en ambos planos del poder punitivo del Estado, habrá que reconocer que tales principios tienen rango constitucional.

Las sanciones impuestas por ilícitos tributarios en el ámbito penal y en el fiscal tienen en común que son de carácter generalmente pecuniario y consisten en reprimir una infracción de las reglas de la base de cálculo, la liquidación o pago del impuesto. No obstante, son aplicadas por autoridades distintas y necesitan distintos tipos de protección a modo de principios.

En España, la Ley General Tributaria, al igual que en Venezuela el Código Orgánico Tributario, hacen patentes los objetivos de la Ley que adecúa la norma a la Constitución, su inclusión responde a una doble causa: el afán didáctico perseguido con los matices propios de esta disciplina; y reforzar la atención de éstos en el ámbito tributario, cuya aplicación no ha sido siempre regular.

Los principios que aquí se exponen, directamente aplicables al régimen sancionador municipal, clasificados en formales y materiales, según su carácter y operatividad, contando, entre los primeros, los Principios de Legalidad, Reserva Legal y Tipicidad; y entre los segundos los Principios de Adecuación, Proporcionalidad, Retroactividad *in bonna,* Unidad de Sanciones y Culpabilidad.

Como resumen del punto: los Principios Constitucionales que informan la materia sancionadora tienen un doble propósito, uno dirigido' a los ciudadanos que consiste en salvaguardar sus derechos ante la Administración, y otro, la delimitación que representan para la actuación del órgano administrativo en su actividad sancionadora.

1. *Principios formales*

A. *Principio de Legalidad*

Al centrarnos en el terreno jurídico-administrativo, un primer contacto nos informa que, para que pueda ser aplicada una sanción es preciso que el hecho (acción) o la dejación (omisión) cometidos, que constituyen la infracción por la que se pretende sancionar a su autor, deben estar previstos previamente como contrarios a derecho en la legislación. Sin embargo, una primera aproximación no permite captar la trascendencia de este principio que a la vez, tiene una dimensión subjetiva, de verdadero derecho invocable por los ciudadanos, por lo que hace falta saber si esa previsión puede ser más o menos genérica, especialmente, si la expresión «legislación» es comprensiva de Leyes y Reglamentos, como ocurre en otros pasajes del Texto Constitucional o solo se refiere a las leyes.

Es sabido, que la Ley en su sentido estricto o formalista se traduce en un instrumento normativo proveniente del Poder Legislativo. Dicha atribución le permite al legislador establecer o posibilitar el establecimiento de lo que es considerado como delito, falta o infracción, disponer el grado y, forma de sanción y aplicación de penas; definir las pautas a seguir por quien asume la tarea de llevarlas a cabo; e incluso, cómo debe llevarse a cabo la revisión y control posterior de los mismos. Esto es lo que constituye la idea clásica de legalidad en el derecho sancionador.

Alguna vez se ha dicho, acerca del contenido de las leyes, que son producto de la libertad de los ciudadanos, calificadas «característicamente leyes de libertad[25]», puesto que su cometido es posibilitar el desenvolvimiento de los miembros de la sociedad en plena libertad, con la tranquilidad que los dictámenes observados han sido los que ellos mismos han decidido, ya que son los ciudadanos quienes se reúnen, por sí o por medio de sus representantes para disponer acerca del nacimiento de una determinada Ley[26] de obligatoria observancia para todos.

Referido a la Potestad Sancionadora del Municipio, el Principio de Legalidad, se torna condición necesaria que haga posible la tan anhelada autonomía municipal. En este sentido es exigible en España, la existencia de la llamada «cobertura legal» para que los entes locales puedan establecer su sistema sancionador dentro del marco de sus propias competencias.

En el Principio de Legalidad es donde se experimentó una mayor repercusión de la Revolución Francesa. Luego del estallido social, la voluntad personal del Monarca es sustituida por la soberanía de la Ley, expresión objetiva del pueblo, estructurándose un «(...) instrumento directamente lanzado contra la estructura política del Estado absoluto: frente al poder personal y arbitrario, el ideal del gobierno por y en virtud de las leyes[27] (...)», según ha sido definido.

El Principio de Legalidad supone la ruptura definitiva del Estado liberal con el régimen anterior por establecer un límite al poder: la Ley[28].

Este Principio se concreta en la Declaración de los Derechos del Hombre y del Ciudadano[29], consiste en que los límites de los derechos de cada cual encuentran frontera con los derechos de los demás y que las prohibiciones deben estar previamente establecidas en las normas. Estas determinaciones no solamente alcanzan a las personas, sino que, también, establecen las pautas de la actuación de los Poderes Públicos[30].

La construcción del Principio de Legalidad influirá sobre todo el mundo del derecho. Así mismo, ha sido considerado técnica precisa, herramienta de utilización social con la que se ordena, manda, prohíbe, castiga trasgresiones, autoriza a actuar en su nombre y representación, al tiempo que supone una legalización completa de

---

25 García de Enterría, E. *Revolución francesa y Administración* (...), *op. cit.*, pp. 49 a 51.

26 García de Enterría, E. *La Lengua de los derechos. La formación del derecho Público Europeo tras la Revolución Francesa*, Ediciones Alianza Universal, Madrid, 1995, p. 115.

27 García de Enterría, E. *Revolución francesa* (...), *op. cit.*, p. 21. Ver también: Sainz de Bujanda, F. *Origen y Evolución del Principio de Legalidad*, Ediciones del Instituto de Estudios Políticos, Madrid, 1975. Para mayor profundidad conviene consultar: Ruíz de la Peña, J. *La Expansión del Fuero de Benavente*, Archivos Leoneses, XXIX, León, 1970.

28 García de Enterría E. Revolución francesa (...), *op. cit.*, pp. 49 a 51.

29 «La libertad consiste en poder hacer todo los que no perjudique a otro: así, el ejercicio de los derechos naturales de cada hombre no tiene más límites que los que aseguran a los otros miembros de la sociedad el goce de ésos mismos derechos. Estos límites no pueden establecerse más que por una ley». Artículo 4 del documento de Declaración de los Derechos del Hombre y del Ciudadano.

30 Nieto, A. *Estudios Históricos sobre la Administración y Derecho Administrativo*, Ediciones del Instituto Nacional de Hacienda Pública, Madrid, 1986, p. 152. «(...) la separación de poderes rigurosamente entendida, no supondría, sin embargo, un equilibrio sino un caos. (...) la piedra angular que garantiza el orden es la Ley (...)».

la acción pública[31]. Así lo expresa el Contrato Social de ROUSSEAU[32], cuya vigencia, con ciertos matices, se perpetúa aún en la actualidad.

Todo ello representa el inicio de la formulación de las características de la Ley: generalidad y abstracción, cuya evolución conceptual en las corrientes ideológicas, desde TOMÁS DE AQUINO hasta KANT, se consideran punto de partida para la formulación del ordenamiento jurídico. Un imperativo texto razonado y razonable, que gradualmente en la historia, refleja el sentido común y voluntad general, aunque HOBBES, manifieste inconformidad, aduciendo, desde su punto de vista que la Ley es un acto de autoridad, una manifestación de poder para quienes lo ejerzan[33].

Hay que insistir que, en el concepto del Estado de Derecho se encuentra implícita la Legalidad, como Principio Fundamental, cuya primera y principal manifestación consisten en dictar las pautas, en una normativa previa, con rango de Ley Formal, de la categoría de los hechos imputados como antijurídicos en cuanto a su calificación de delitos, faltas o infracciones administrativas.

La Ley se debe adecuar a la realidad que pretende regular, no al contrario. Especialmente debe erigirse en una inequívoca autoridad para regirse por ella, perfeccionada en el establecimiento de correctivos previsivos y consecuenciales de un incumplimiento indudablemente obligatorio ya que sin la delimitación de las faltas y la inclusión de las sanciones, el desarrollo social encontraría serios obstáculos para la consecución del tan anhelado bien colectivo.

En nuestra opinión, este Principio, no solo opera como una garantía del ciudadano frente a la Administración, sino que también debe ser .entendido como un límite al ejercicio de la Potestad Sancionadora, dado que la Ley viene a delimitar en forma precisa cómo, cuándo y por qué corresponde la aplicación de una sanción[34]. Configurado como un genuino derecho fundamental, en España, opera tanto como norma de derecho objetivo, limitante en la labor legislativa, como un derecho subjetivo que puede ser accionado por los particulares, en la medida, en que está inequívocamente ligado a la idea de dignidad humana, consagrado en el artículo 10.1 CE[35].

---

31 García de Enterría, E. Revolución Francesa (...), *op. cit.*, p. 53. En el mismo sentido, Nieto García, A. *Los Primeros pasos del Estado constitucional. Historia Administrativa de la Regencia de María Cristina de Barbón*, I Edición, Editorial Ariel, Barcelona, 1996, p. 20.

32 «(...) cuando la totalidad del pueblo legisla para sí solo se considera a sí mismo, y si entonces se establece una relación, es la del objeto entero considerado desde dos puntos de vista distintos sin ninguna división del todo. En este caso, el procedimiento legislativo es tan general como la voluntad legisladora. A este acto se le denomina Ley Rousseau, J. *El Contrato Social, Colección de Grandes Obras de la Literatura*, Editorial Alba, Madrid, 1996, p. 56.

33 Rivero Ortega, R. *Introducción al Derecho Administrativo Económico*, Editorial Ratio Legis Librería Jurídica, Salamanca, 2001, pp. 61 y 62.

34 «El llamado bloque de Constitucionalidad está dirigido, en primer término al legislador, quien debe construir el sistema tributario (...)» de la manera más justa posible. Crespo Irigoyen, M. El Principio (...), p. 559.

35 Martín Rebollo, L. *Leyes* (...), *op. cit.*, Constitución Española, Artículo 10.1: «La dignidad de la persona, los derechos inviolables que le son inherentes, el libre desarrollo de la personalidad, el respeto a la Ley y a los derechos de los demás son fundamento del orden político y de la paz social. (...)», p. 64.

De indiscutible aplicación y aceptable prevalencia, el Estado de Derecho en España se caracteriza no solamente por su elemento sustantivo, y por el reconocimiento y tutela de los derechos públicos subjetivos, sino también por la forma como se obtiene el sometimiento de la administración al ordenamiento jurídico. Este elemento formal, como hemos visto, es lo que se denomina Principio de la Legalidad, una de las consagraciones políticas del Estado de Derecho y al mismo tiempo la más importante de las columnas sobre las que se asienta el Derecho Administrativo. La Administración queda entonces sometida al bloque jurídico. Este Principio de Legalidad entiende un significado positivo y otro negativo.

El significado negativo establece algunas máximas acerca de la jerarquía legal:

A) Toda la actividad de la Administración debe desarrollarse sin violar los principios generales del Derecho.

B) La Administración en su actuación no debe exceder las normas que regulan la competencia de sus órganos.

C) Los actos individuales no pueden contradecir las leyes formales ni los reglamentos que les desarrollan.

D) Los reglamentos no pueden contradecir una Ley formal. Vale decir, no puede exceder sus límites.

Mientras que en sentido positivo, el Principio de la Legalidad significa:

A) Respeto de la Administración de la Reserva de la Ley. Esto es que la Administración no puede intervenir en cuestiones reservadas al legislador, en materias referentes a la libertad, la propiedad, la creación de impuestos, la aplicación de penas, etc. En resumen: la Administración, en su actividad, debe respetar siempre la denominada zona de Reserva Legal.

B) La actividad administrativa debe respetar los principios de justicia material.

C) El legislador puede habilitar a la Administración para que dicte reglamentos delegados o determinados actos concretos. La habilitación para los primeros no autoriza a realizar los segundos y viceversa.

El bloque jurídico al que se halla sometida la Administración está constituido, entonces, por los principios generales que integran el ordenamiento jurídico, por las leyes formales, y por los reglamentos que les desarrollan.

La CE consagra el Principio de Legalidad en su Artículo 25.1, conforme a su propio preámbulo[36], estableciendo que: «Nadie puede ser condenado o sancionado por acciones u omisiones que en el momento de producirse no constituyan delito, falta o infracción administrativa, según la legislación vigente en aquel momento (...)». Si bien no pretende regular el Principio de Legalidad en el Derecho Sancionador, condiciona todo el *ius puniendi* del Estado, y al referirse a las infracciones

[36] Martín Rebollo, L. *Leyes* (...), *op. cit.*, Constitución Española, Preámbulo: «La Nación Española, deseando establecer la justicia, la libertad y la seguridad y promover el bien de cuantos la integran, en uso de su soberanía, proclama su voluntad de: (...) consolidar un Estado de Derecho que asegure el imperio de la Ley como expresión de voluntad popular (...)», p. 60.

administrativas reconoce su existencia, resultando aplicables sus previsiones, tal como lo admite y lo regula la propia LGT[37].

Esta referencia obedece al contenido específico de la materia sancionadora[38].

El Principio de Legalidad, en el sentido estricto de la materia tributaria sancionadora se representa en la existencia previa de una Ley, una vez cumplidos todos los pasos que conllevan la formación de las leyes. Determina un derecho fundamental, observado por los poderes públicos que merece especial protección en materia de amparo constitucional, tanto en España[39] como en Venezuela[40], por ser considerado dentro del núcleo de sus principios básicos.

Por eso, es imprescindible conocer las precisiones que, al respecto, ha formulado el supremo intérprete de la Norma Fundamental que, adelantémoslo, se ha caracterizado por agudizar las exigencias en cuanto al modo de efectuar esa previsión[41] y en cuanto al cauce concreto formal para hacerlo[42], que solo puede por ser Ley o por Norma de rango equivalente.

---

37 Ley 58/2003, de 17 de diciembre, General Tributaria (...), de los Principios aplicables a la Potestad Sancionadora, el Artículo 178: «La potestad sancionadora en materia tributaria se ejercerá de acuerdo con los principios reguladores de la misma en materia administrativa con las especialidades establecidas en ésta ley (...)», y destaca el de legalidad. «(...) En particular serán aplicables los principios de legalidad (...)».

38 Nieto, A. *Derecho* (...), *op. cit.*, p. 188.

39 Casado Ollero, G. y otros: *Código* (...), *op. cit.*, p. 20. Artículo 53.2: «Cualquier ciudadano podrá recabar la tutela de las libertades y derechos (...)» de igualdad y los derechos fundamentales y de las libertades públicas, en atención preferente y de manera sumaria, en éstos casos, posibilita la utilización del amparo ante el Tribunal competente, el Tribunal Constitucional, con la objeción de conciencia prevista en el artículo 30.2., p. 34. En cuanto a la objeción de conciencia, es necesario aclarar que encuentra amparo la objeción fiscal en materia sancionadora, no así la objeción fiscal, propiamente dicha, ya que entrañaría la vulneración de la competencia de las Cortes Generales para la aprobación de los Principios Generales Económicos y la quiebra del Principio de no-afectación.

40 Brewer-Carías, A. *La Constitución* (...), op. cit. El Artículo 27 CBRV, consagra la protección de los derechos y garantías constitucionales, positiva o implícitamente merecedores de amparo judicial. Página 299.

41 Pues bien, de acuerdo con el Tribunal Constitucional, el Principio de Legalidad en el ámbito del Derecho Administrativo Sancionador, tiene una doble vertiente: «Una doble garantía: La primera, de orden material y alcance absoluto, tanto referida al ámbito estrictamente penal como al de las sanciones administrativas, refleja la especial trascendencia del principio de seguridad jurídica en dichos campos limitativos y supone la imperiosa necesidad de predeterminación normativa de las conductas ilícitas y de las sanciones correspondientes, es decir, la existencia de preceptos jurídicos (*lex previa*) que permitan predecir con suficiente grado de certeza (*lex certa*) aquellas conductas y que se sepa a qué atenerse en cuanto a la aneja responsabilidad y a la eventual sanción; la segunda, de carácter formal, relativa a la exigencia y existencia de una Norma de adecuado rango, y que este Tribunal ha identificado como Ley en sentido formal» (STC 61/1990, de 29 de marzo de-1990; misma doctrina en SSTC 62/1982 de 15 de octubre de 1982; 77/1983, de 3 de octubre de 1983; 42/1987, de 7 de abril de 1987; 3/1988, de 21 de enero de 1988; 22/1990, 15 de febrero de 1990; STC 234/1991, de 10 de diciembre de 1991; y STC 341/1993, de 18 de noviembre de 1993. Consecuentemente, por ejemplo, la pura «similitud formal de lenguaje no puede implicar una similitud material de significados» y, por ende, no valdría para prestar esa cobertura. STC 42/1994, de 15 de febrero de 1994.

42 Por otro lado, la cobertura de los preceptos reglamentarios sancionadores por Norma con rango de Ley, no puede ser aparente o puramente formal, requiere que «esa regu-

En su esfera aplicativa, la Potestad Sancionadora podrá ser ejercida por las Administraciones públicas, siempre que se faculte a través de una norma con rango de Ley y se cumplan los pasos de aplicación al procedimiento[43] (Artículo 127 de la Ley 30/1992). Esta preminencia legal se traduce también en el sometimiento del órgano administrador en sus actuaciones a la Ley[44].

El régimen sancionador de las Ordenanzas y Reglamentos locales, se halla profundamente afectado por la proyección del Principio Constitucional de Legalidad de las infracciones y sanciones establecidas por la Administración, sobre todo a partir de su exégesis por el Tribunal Constitucional. En el régimen local, la Potestad Sancionadora de las administraciones, como uno de los órganos que componen la administración pública, exige respaldo de las disposiciones contenidas en la Ley 7/1985, de 2 de abril, Reguladora de las Bases del Régimen Local.

Hay que aclarar que el Alcalde no puede dictar disposiciones de carácter general. De hecho, la legislación de Régimen Local desde 1812 hasta la actualidad, en ningún momento ha dispuesto su ejercicio por el Alcalde de la Potestad Reglamentaria independiente de la propia del Pleno de la Corporación, que ha sido siempre el órgano depositario de dicha potestad; el Alcalde, a través de sus Bandos, en el recto entendimiento del Derecho local, no ha hecho y no puede hacer sino llevar a la práctica determinaciones establecidas por el Ayuntamiento en Pleno a través de Ordenanzas y Reglamentos. Acotada esa observación, es procedente analizar, en primer lugar, cuál es ese principio ya enunciado y, sobre todo, qué alcance debe dársele hoy a la luz de la interpretación que del mismo ha llevado a cabo el Tribunal Constitucional.

Dotar de autonomía a los Ayuntamientos, supone otorgarles de instrumentos con los que pueda satisfacer las exigencias, y necesidades que la ciudadanía les reclama. Si bien la Potestad Sancionadora representa un apoyo para la unidad local, requiere de un desarrollo legislativo específico, más allá de las disposiciones normativas ¡estatales y de las Comunidades Autónomas, que facilite la adaptación a sus propias realidades, y permita la regulación-de Ayuntamientos eficaces y modernos[45].

El Principio de Legalidad está estrechamente relacionado con la seguridad jurídica, así lo ha reconocido el Tribunal Constitucional Español, quien ha señalado

---

lación debe realizarse, en sus elementos medulares, por Ley, pues, de no ser así, se degradaría la garantía esencial que el principio de reserva de Ley entraña como forma de asegurar que la regulación de los ámbitos de libertad que corresponden a los ciudadanos dependa exclusivamente de la voluntad de sus representantes» STC 6/1994, de 17 de enero de 1994

43 Martín Rebollo, L. *Leyes* (...), op. cit. Ley 30/1992, p. 486. Artículo 127: Principio de legalidad. 1) «La potestad sancionadora de las Administraciones públicas, reconocida por la Constitución, se ejercerá cuando haya sido expresamente atribuida por una norma con rango de ley (...)». El significado de esta disposición, escapa a la absurda pretensión de regular todas las disposiciones relativas a las sanciones; lo que no significa que no deben ser cubiertas con el manto de la legalidad que haya posibilitado la existencia de leyes con menor categoría.

44 González García, E. y otro: *Derecho Tributario*, II Edición, Tomo I, Ediciones Plaza Universitaria, Salamanca, 2001, p. 33.

45 Gomar Sánchez, J. «La regulación de la potestad sancionadora local, requisito indispensable para una segunda y auténtica descentralización». Publicado por *El Consultor de los Ayuntamientos y de los Juzgados*, Revista N° IX, Madrid, 2003, p. 1635.

en reiteradas ocasiones que el Principio de Legalidad de las infracciones y sanciones comprende una garantía de orden material reforzada por su alcance absoluto, al referir, tanto al ámbito penal como al sancionador, que demuestra la manifestación de la seguridad jurídica como limitante normativa; refiere la necesaria anterioridad legal de las conductas señaladas como infractoras y sus consecuencias[46].

Efectivamente, la seguridad jurídica es una manifestación del Principio de Legalidad, pues permite que el ciudadano conozca sus obligaciones fiscales con suficiente precisión. A su respecto, se sostiene que el Principio de Legalidad no es unívoco sino plural. Esto significa que la Ley exige el consentimiento de los ciudadanos a través del Parlamento, como representante de la colectividad puesto que garantiza que la exigencia de observar las normas será hecha de forma democrática, pues su discusión será establecida por el órgano que asegura la composición de intereses contrapuestos: el Parlamento[47].

De acuerdo con el Tribunal Constitucional, el Principio de Legalidad en el ámbito del Derecho Administrativo Sancionador, tal como se desprende del artículo 25.1, tiene doble vertiente, doble garantía, una de orden material y otra de carácter formal[48]. Lógicamente, la cobertura de los preceptos reglamentarios sancionadores por Norma con Rango de Ley no puede ser aparente o puramente formal. Requiere que «(...) esa regulación debe realizarse, en sus elementos medulares, por Ley, pues, de no ser así, se degradaría la garantía esencial ex (...) que el principio de reserva de Ley entraña como forma de asegurar que la regulación de los ámbitos de libertad que corresponden a los ciudadanos dependa exclusivamente de la voluntad de sus representantes[49]. Consecuentemente, por ejemplo, la pura «similitud formal de lenguaje no puede implicar una similitud material de significados (...)» y, por ende, no valdría para prestar esa cobertura[50].

---

46 Según lo ha interpretado la jurisprudencia: «(...) es decir, la existencia de preceptos jurídicos (*lex previa*) que permitan predecir con suficiente grado de certeza (*lex cert*a) aquellas conductas y se sepa a qué atenerse en cuanto a la aneja responsabilidad y a la eventual sanción; la segunda de carácter formal, relativa a la exigencia y existencia de una norma de adecuado rango y que este Tribunal ha identificado como ley en sentido formal (...)», *op. cit.* STC 61/1990, de 29 de marzo de 1990.

47 Pérez Royo, F., Derecho Financiero y Tributario: Parte General, XXII Edición, Editorial Civitas, Madrid, 2002, pp. 41 a 43. Ver también: Rodríguez Bereijo A. *Introducción al Estudio del Derecho Financiero*, Editado por el Instituto de Estudios Fiscales, Madrid, 1976, p. 20.

48 La jurisprudencia se ha pronunciado al respecto, con estas palabras: «(...) la primera, de orden material y alcance absoluto, tanto referida al ámbito estrictamente penal como al de las sanciones administrativas, refleja la especial trascendencia del principio de seguridad jurídica en dichos campos limitativos y supone la imperiosa necesidad de predeterminación normativa de las conductas ilícitas y de las sanciones correspondientes, es decir, la existencia de preceptos jurídicos (*lex previa*) que permitan predecir con suficiente grado de certeza (**lex certa**) aquellas conductas y que se sepa a qué atenerse en cuanto a la aneja responsabilidad y a la eventual sanción; la segunda, de carácter formal, relativa a la exigencia y existencia de una Norma de adecuado rango, y que este Tribunal ha identificado como Ley en sentido formal (...)» (Según las ya citadas SS STC 61/1990, de 29 de marzo de 1990; misma doctrina en SSTC 62/1982, de 15 de octubre de 1982 (RTC 1982, 62), 77/1983, de 3 de octubre de 1983; 42/1987, de 7 de abril de 1987; 3/1988 de 21 de enero de 1988, 22/1990, 15 de febrero de 1990; 61/1990, de 29 de marzo de 1990, STC 234/1991, de 10 de diciembre de 1991; y STC 341/1993, de 18 de noviembre de 1993).

49 Según la ya citada STC 6/1994,17 de enero de 1994.

50 Según la ya citada STC 42/1994, de 15 de febrero de 1994.

En Venezuela, y por mandato constitucional, las atribuciones de los órganos que ejercen el Poder Público deben sujetar sus actuaciones a la Constitución y a las leyes. Las actividades contrarias al derecho están sometidas al control tanto de la jurisdicción constitucional como de la jurisdicción-contencioso administrativa.

De esta forma ha sido interpretado por el más Alto Tribunal, quien se ha pronunciado acerca de la reiterada vigencia del Principio de la Legalidad en cuanto a su ámbito de actuación y la consideración doctrinal «(...) Sin duda, constituye la legalidad uno de los principios fundamentales que informan el Derecho Administrativo. Se entiende con ello que la Administración está obligada a someter todos sus actos a las prescripciones de la ley, a objeto de garantizar la posición de los particulares frente a aquélla. En esa perspectiva, encontramos que el sometimiento de la autoridad administrativa a la ley hoy trasciende de ser solo un principio, constatándose su consagración en texto expreso (...)»[51].

La validez en la creación de sanciones imponibles a los ciudadanos está condicionada al órgano competente, ya que al realizarse por otro órgano diferente, la Administración incurriría en un supuesto de nulidad absoluta. Nuevamente, la magistratura brinda su interpretación de la siguiente forma: «(...) todo acto administrativo para que pueda ser dictado, requiere: a) que el órgano tenga competencia (...)»[52].

Las disposiciones administrativas de carácter general, y el régimen sancionador de las Ordenanzas y Reglamentos locales se informan en gran medida de la proyección del Principio de Legalidad. Las ordenanzas son normas de aplicación general en el ámbito local que corresponda al municipio del que se trate, luego, por extensiva interpretación se le considera como Ley, circunscrita, eso sí, al campo de aplicación (CBRV, Artículo 175). Por cierto, de ésta forma se concreta el concepto de autonomía municipal.

En el criterio sostenido por jurisprudencia[53], la potestad de control que ejerce la Administración Central sobre los Municipios, es una función que puede ser ejercida mediante diversos mecanismos: interpelaciones, investigaciones, preguntas, autorizaciones, y «(...) cualesquiera otros mecanismos[54] expresión que deja abierta a algún o algunas otras posibles herramientas. De este modo, la potestad administrativa punitiva de los Municipios no solamente se encuentra limitada por la Ley, sino también por esta potestad de control que ejerce la Administración Central, en abierta violación de su autonomía.

Guardando las diferencias entre ambas legislaciones, es común a ambas la necesidad que para una Ley pueda ser considerada como tal debe someterse a un proceso, que garantice la observancia de ciertas formalidades para su puesta en vigor. En realidad, el Principio de Legalidad es reconocido en mayor o menor medida por las constituciones de los diferentes países y consagrado con más o

[51] Sentencia del Tribunal Supremo de Justicia de Venezuela (STSJV) Sala Político Administrativa (SPA) N° 330, de fecha 26 de febrero de 2002.

[52] STSJV-SPA N° 1705, de fecha 20 de julio de 2002. Por parte de la Doctrina, conviene ver: Sánchez Morón, M. *Discrecionalidad administrativa y Control Judicial*, Editorial Tecnos, Madrid, 1994, p. 20.

[53] STSJV-SPA N° 195, de fecha 04 de abril de 2000: «(...) Es necesario señalar que los Municipios tienen tinos límites en su potestad sancionatoria y éstos deben ser determinados por ley (...)».

[54] Brewer-Carías, A., *La Constitución (...)*, *op. cit.*, pp. 114 a 118.

menos rigor. El propósito de su existencia es que sea una manifestación de voluntad legítimamente constituida y expresada en forma solemne[55]; tal y como lo sostiene el Tribunal Constitucional Español, refiriéndose a las cautelas que garantizan los derechos de los ciudadanos, que estas: «(...) consisten en no sufrir sanciones sino en los casos legalmente prevenidos y de autoridades que legalmente puedan imponerlas (...)[56]», interpretación que coincide con lo que venimos sosteniendo.

La misma sentencia prevé las condiciones necesarias de efectividad exponiendo las consecuencias de premisa:

A) Se hace necesario un control «a posteriori» por la autoridad judicial de los actos administrativos mediante el oportuno recurso;

B) Es válidamente imposible que los órganos de la Administración lleven a cabo actuaciones o procedimientos sancionadores en aquellos casos en que los hechos puedan ser constitutivos de delito o falta según el Código Penal o las leyes penales especiales, mientras la autoridad judicial no se haya pronunciado sobre ellos; y

C) Existe la necesidad de respetar la «cosa juzgada[57]».

En Venezuela el alcance de la potestad reglamentaria de la administración tributaria en materia sancionadora, ha sido interpretado con un poco más de amplitud que en otros ámbitos, como el penal, para quien existe una reserva absoluta de Ley[58]. En efecto, el artículo 49 CBRV establece en el Artículo 49: «El debido proceso se aplicará a todas las actuaciones judiciales y administrativas y, en consecuencia: 6. Ninguna persona podrá ser sancionada por actos u omisiones que no fueren previstos como delitos, faltas o infracciones en leyes preexistentes

En síntesis, es indudable la jerarquía constitucional del Principio de Legalidad. De él que emanan casi todos los demás. La legalidad somete la actuación administrativa a exigencias y condicionantes que determinan su validez y eficacia, por lo que debe ser entendido y como un límite al ejercicio de la Potestad Sancionadora,

---

55 Ukcmar, V., *Principi Comuni di Diritto Constituzionale Tributario*, Edizioni Cedam, Padova, 1999. En su texto se encuentra la recopilación del Principio de Legalidad en más de cuarenta Constituciones, pp. 20 y 21.

56 STC 77/1983 (Sala Segunda), de 3 de octubre de 1983.

57 Para que pueda hablarse de doble conformidad de los fallos, es necesario que exista identidad de los medios sobre los cuales deban pronunciarse los tribunales y, consecuencialmente, la prohibición tanto de nuevos hechos, como de nuevas pruebas en la instancia superior, de lo contrario, ni el juez de la Primera Instancia ni el Juez de la segunda apelación juzgarían la causa como había sido decidida por el juez de primera instancia; lo harían sobre una causa modificada por los nuevos hechos y las nuevas pruebas, distinta de aquella que había sido discutida y decidida por el primer juez. Adicionalmente, el tribunal de tercera instancia podría dictar una sentencia disconforme con las dos primeras, en cuyo caso, no admitiéndose la cuarta instancia, la sentencia produciría ejecutoriedad, no obstante no haberse alcanzado la doble conformidad. Si el Tribunal de tercera instancia debiera elegir necesariamente entre las dos opiniones, aunque encuentre en ellas errores de hecho y de derecho, entonces se encontraría en la situación que, para servir al sistema y al principio vicioso que lo informa, el Tribunal deba disimular la propia opinión, y otorgar carácter de autoridad absoluta a una sentencia que reprueba.

58 Aguirre, L. «Las sanciones administrativas y los derechos fundamentales». AA.VV. «El Derecho Público a comienzos del Siglo XXI», *Estudios en homenaje al profesor Allan R. Brewer-Carías*, Tomo I, Editorial Civitas, Madrid, 2003, p. 1384.

dado que la Ley viene a delimitar en forma precisa cómo cuándo y por qué corresponde la aplicación de una sanción, es decir, opera tanto como norma de derecho objetivo, limitante en la labor administrativa, como un derecho subjetivo que puede ser accionado por los particulares.

B. *Principio de Reserva Legal*

Las actuaciones administrativas, en materia de sanciones tributarias, necesitan una vinculación positiva con la Ley, una Ley previa que le habilite para dictar sus propias normas en casos de contravención a la normativa por la cual se rige.

El contenido de la Legalidad en materia sancionadora se puede estudiar en dos de sus manifestaciones: la primera manifestación, condicionada a la preexistencia de una Ley formal dictada por el Parlamento, donde se encuentren definidos los delitos con sus correspondientes medidas correctivas, facultando su reglamentación posterior; y la segunda manifestación determina la normativa detallada de los elementos considerados como infracción o delito con la consecuente medida represiva[59].

En algunos casos se producen las lagunas de la. Ley que, en el Derecho Sancionador puede ser consecuencia de la inexistencia de preceptos, aplicables a la situación fáctica de que se trate o a la existencia de algún oscuro precepto, planteado de manera incorrecta, ya sea contradictoria o imperfecta. Con fundamento en el Principio de Reserva de Ley, es posible considerar que las mencionadas lagunas legales puedan incidir sobre materias reservadas a la Ley.

Cuando no sea posible la aplicación de fuentes no escritas, secundarias o subordinadas y existan lagunas la ley con necesidad de ser atendidas, serían admisibles dichas fuentes si, y solo si se manejan las hipótesis de inexistencia de preceptos que regulen materias no sujeta a la reserva legal o la existencia de preceptos imperfectos o contradictorios[60].

En salvaguarda de la garantía constitucional, la Legalidad Material despunta hacia la Reserva de Ley; en tanto y en cuanto a derechos fundamentales y a las potestades de esos derechos, se exige a las regulaciones reglamentarias un respaldo legal «explícito y directo»[61]. Incluso, afinando un poco más, distinguimos inmersas la Reserva Absoluta y Reserva Relativa de la Ley[62].

---

[59] Fuster Asencio, C., *El Procedimiento Tributario Sancionador*, Editorial Aranzadi, Pamplona, 2001, p. 44.

[60] Pérez Royo, F., «Las Fuentes del Derecho Tributario y el Principio de Legalidad», en *Revista de Derecho Financiero y de Hacienda Pública*, N° 121, V. XXVI, Madrid, Editorial de Derecho Financiero, Madrid, 1976, pp. 378-381. En el mismo sentido: Gavara de Cara, J., «Derechos fundamentales y desarrollo legislativo»: La garantía del contenido esencial de los derechos fundamentales en la Ley fundamental de Bonn. Publicación: Repertorio Aranzadi del Tribunal Constitucional N° XVI, Editorial Aranzadi, S.A., Pamplona, 2003, p. 20.
Ver También: Sainz de Bujanda, F. *Hacienda y Derecho: Estudios de Derecho Financiero*, Ediciones del Instituto de Estudios Políticos, Madrid, 1975, p. 25.

[61] García de Enterría, E., y otro: *Curso de Derecho Administrativo II*, XI Edición, Editorial Civitas, Madrid, 2002, p. 164.

[62] En definitiva, se llega a este resultado, porque la reserva de Ley es «(...) una manifestación potenciada en su intensidad, para el ámbito del *ius puniendi* del Estado y de la potestad sancionadora de las Administraciones Públicas, del principio de juridicidad que rige la actividad de éstas, sometidas plenamente a la Ley y al Derecho (artículo 106 CE), más allá de la mera legalidad (artículo 9 CE), diferencia trascendente que responde a la concepción del sistema como un Estado de Derecho (...)» STC117/1995, de 17 de julio de 1995.

En la reserva absoluta las innovaciones[63] o simples modificaciones al orden jurídica solo pueden ser introducidas por medio de Ley formal. Ya en la reserva relativa las innovaciones también pueden ser provenientes de reglamentos o actos normativos secundarios. Se exige también que la Ley contenga el criterio de decisión del órgano de aplicación del derecho en el caso concreto, de manera que quede excluida la libre valoración en el acto de aplicación.

Reserva relativa de Ley significa la necesidad de Ley formal como fundamento de la intervención de la Administración en las esferas de libertad y de propiedad de los individuos.

El contexto histórico del momento durante el cual se atribuye su asentamiento en España, ha sido descrito en alguna oportunidad como manifestación de libertad: «(...) Solo si arrancamos al Estado la función o competencia, por virtud de la cual todos los mandatos que representen limitaciones a nuestra libertad o nuestra propiedad tengan que ser establecidos por leyes elaboradas por nosotros mismos o por nuestros legítimos representantes, podremos considerarnos verdaderamente libres (...)»[64].

Muy ligado al Principio de Legalidad se encuentra el Principio de Reserva de Ley, tan íntimo, que son pocos los juristas que hacen distinciones válidas. Algunos estudiosos de la materia afirman que existe un solo y unívoco principio, y otros para quienes la separación es decididamente palpable.

Buena representación de la primera tendencia, sería PÉREZ ROYO, para quien «(...) jamás la reserva de ley ha sido más que el principio de legalidad o viceversa En realidad sería preferible encontrar en la legalidad el origen de la Reserva Legal, pero no asumirles identidad, ya que puede existir el Principio de Legalidad sin la concurrencia del Principio de Reserva Legal, pero no viceversa.

Se observa un límite en el encargo de poder, del Legislativo al Ejecutivo, cuando es necesario que prevea una mayor delegación de las funciones que le corresponden y, por último, como garantía de la funcionalidad, desempeñan un papel fundamental la separación de poderes con la debida coordinación entre órganos, en cuanto a competencias, y una instancia jurisdiccional adecuada[65].

Un planteamiento divisorio considera dos sentidos: positivo y negativo para las fuentes de producción jurídica; para el primero, en la porción protegida solo puede existir la Ley; y el segundo, consiste en el rechazo de alguna otra Potestad Tributaria Normativa distinta de las Cortes Generales o de las Asambleas Legislativas de las Comunidades Autónomas[66].

---

63 Hemos utilizado el vocablo «Innovación», para aludir al resultado de la ecuación: I=D+I (Invención más Transformación equivale a Innovación); que establece la diferencia entre la invención, determinada por el descubrimiento, de algo nuevo, y la innovación, determinada por la transformación de lo que se ha inventado, tanto en los procesos de fabricación como en el mercado.

64 De la Morena, L., «De nuevo sobre la Potestad Sancionadora de la Administración en materia de infracciones al régimen horario aplicable a los espectáculos públicos». Publicado en el *Boletín de Documentación de la Secretaría General Técnica del Ministerio del Interior,* N° 117, Madrid, 1989. Clásica definición citada por Nieto García, A., Derecho (...), *op. cit.,* p. 224.

65 Martín Queralt, J. y otros: *Curso de Derecho Financiero y Tributario,* IX Edición, Editorial Tecnos, Madrid, 1998, pp. 127 y 128.

66 González García, E. y otro: *Derecho* (...), *op. cit.,* p. 145.

Interesantemente y muy válida resulta la apuesta a la individualización de un concepto y otro. NIETO[67] se ubica por encima de la dialéctica; si bien, es capaz de diferenciar uno de otro, concibe Legalidad como corolario de Reserva Legal, positivamente referido en el Artículo 128.2 de la CE.

Como ya hemos dicho anteriormente, la Legalidad es el manto que recubre a una norma para ser considerada como tal y, para llegar a este punto, debe pasar por varias etapas y reunir varios requisitos; uno de ellos es haber sido confiada para ello al órgano competente.

Resulta conveniente aclarar que, en España, se entiende el término legislación, en el mismo sentido en el cual ha sido interpretado según una parte importante de la jurisprudencia, con un poco más de laxitud, que en el ámbito penal (sin llegar a la simple exigencia de cobertura legal), donde la Ley debe ser orgánica cuando se limiten derechos fundamentales. Esa es la acogida que tiene en la Materia Sancionadora y, en tal sentido, hemos de referirla.

Esta menor severidad para cubrir con el rango de Ley al articulado que regula la Potestad Sancionadora no excluye la «posibilidad de que las leyes contengan remisiones a normas reglamentarias», siempre que tales realicen un claro desarrollo subordinado a la Ley y no una regulación independiente; que en ocasiones ni siquiera es necesaria[68]. La jurisprudencia ha sostenido, acerca de la remisión a las leyes penales que: «(...) Extendiéndose las garantías del principio de legalidad penal a las infracciones administrativas, como previene el artículo 25.1 CE, ha de entenderse que toda infracción y sanción administrativa, como definidora de lo ilícito y de sus consecuencias es materia reservada a la ley formal (...)»[69].

Respecto de las entidades locales: las Ordenanzas, tanto en España como en Venezuela, son el correlativo (con ciertos matices) de las Leyes Básicas del Estado, de las Comunidades Autónomas españolas y las del Estado venezolano, a diferencia de las disposiciones de la Máxima Autoridad Civil y Administrativa de los Ayuntamientos en España y de las Alcaldías en Venezuela, el Alcalde; y de las Comisiones de Gobierno o Consejos Municipales[70].

Un importante sector de la doctrina apoya la teoría sostenida por NIETO[71]. En opinión del jurista, es provechoso para todos interpretar de manera flexible el Principio de Reserva de Ley en ésta materia y, para este efecto, considerando que las Corporaciones Locales, gozan en la misma dosis de representatividad que los órganos legislativos del Estado y de las Comunidades Autónomas.

---

67 Nieto, A., *Derecho* (...), *op. cit.*, p. 188.

68 Las normas extra-penales que pasen a configurar el delito de contrabando no requieren de la cualidad de ser o estar reguladas por Ley Orgánica, según se señaló en la STC 118/1992 (RTC 1992, 188), de 16 de septiembre de 1992 (Cuestión de inconstitucionalidad sobre la Ley reguladora del y uso de la bandera nacional y otras banderas y enseñas), con el precedente de las SSTC 122/1987 (RTC 1987,122), de 14 de julio de 1987 y 127/1990 (RTC 1990,127), de 5 de julio de 1990.

69 STSJ'de Madrid 288/2000, [RJCA 2000\2147], de fecha 21 de marzo de 2000 Contencioso Administrativo.

70 Como lo afirma el Artículo 55 del Texto Refundido de Régimen Local, aprobado por Real Decreto Administrativo 781, de 18 de abril.

71 Nieto, A., *Derecho* (...), *op. cit.*, p. 109.

En concordancia con esto, una solución interesante sería elaborar una Ley especial codificadora para las partes no cubiertas por las Leyes sectoriales, que permitiría a los entes locales ejercer su potestad al momento de sancionar infracciones en sus Ordenanzas y Reglamentos[72].

Fundamental resulta remitirnos a la jurisprudencia[73] cuando se refiere a la legal cobertura en estos términos: «(...) supone una regulación mínima en la ley de los tipos y sanciones y en concreto de los límites máximos de éstas (...)», ya que los caracteres predicables de las Normas legales habilitadoras, conectados a las exigencias de la seguridad jurídica, han de resumirse en que deben ser concretas y precisas, claras e inteligibles, sin posibilidad alguna de favorecer la incertidumbre, pues eso es lo que proscribe la expresión «lex certa» o la académica «taxatividad», sin admitirse formulaciones tan abiertas, por su amplitud, vaguedad o indefinición, que la efectividad dependa de una decisión prácticamente libre y arbitraria del intérprete y juzgador[74].

A este resultado se llega mediante la interpretación constitucional de los mandatos referidos a la Reserva de Ley, «(...) no es sino una manifestación potenciada en su intensidad, para el ámbito del *ius puniendi* del Estado y de la potestad sancionadora de las Administraciones Públicas, del principio de juridicidad que rige la actividad de éstas, sometidas plenamente a la Ley y al Derecho, más allá de la mera legalidad, diferencia trascendente que responde a la concepción del sistema como un Estado de Derecho (...)[75]».

Tanto el Tribunal Constitucional como el Supremo, han aceptado una flexibilización de las exigencias reseñadas del Principio Constitucional de Legalidad en las sanciones administrativas, cuando se suscitan controversias en el campo de las denominadas relaciones de especial sujeción[76], e incluso, en cuanto a admitir la pervivencia de normas sancionadoras de simple rango reglamentario, no sin limitaciones, ya que éstas mismas normas, deben actualizarse por la misma vía reglamentaria[77].

---

72 García de Enterría, E., «La Problemática puesta en aplicación de la Ley de Régimen Jurídico de las Administraciones Públicas y del Procedimiento Administrativo Común», *Revista española de Derecho Administrativo,* N° X, Madrid, 1998, p. 662.

73 STC 42/1987, de 07 de abril de 1987.

74 STC 105/1988, de 08 de junio de 1988.

75 STC 117/1995, de 17 de julio de 1995, Fundamento Jurídico 2°.

76 Así, las SSTC 21/1987, de 21 de enero de 1987, 69/1989, de 20 de abril (La Ley Juris, 899496/1989; y 219/1989, de 21 de noviembre de 1989 (La Ley Juris 1409-JF/0000). Concretamente, la última, reconoce: «Nos hallamos ante una muy característica relación constituida sobre la base de la delegación de potestades públicas en Entes corporativos dotados de amplia autonomía para la ordenación y control del ejercicio de actividades profesionales que tiene fundamento expreso en el artículo. 36 de la Constitución. De ahí que, precisamente en este ámbito, la relatividad del alcance de la reserva de Ley en materia disciplinaria aparezca especialmente justificada» Fundamento Jurídico 3°.

77 STC 177/1999, de 2 noviembre de 1999, (La Ley Juris 2043-TC/1992), pues lo que no puede hacerse por esa vía fraudulenta es mantener eternamente esas sanciones, sin cobertura legal, ver la STC 305/1993, de 25 octubre de 1993, (La Ley Juris 2401-TC/1993). Respecto de la Doctrina en Venezuela, ver: Legarza, J. La Actividad de Policía Administrativa, Cuadernos de la Cátedra Fundacional Alilan Brewer-Carías de Derecho Público, N° 4, Editorial Jurídica Venezolana, Caracas, 1977.

Si repasamos muy rápida y someramente la tipología de Ordenanzas y Reglamentos locales existentes, comprobaremos que no es demasiado amplia la proporción de Ordenanzas y Reglamentos locales que puede considerarse hoy respaldada por Normas de Rango Legal, a los efectos de poder establecer sus propios regímenes sancionadores, lo que, finalmente, no significa otra cosa que la carencia (por falta de cobertura legal) de esa carga de exigibilidad adicional que resulta de la posibilidad de sancionar al infractor por su incumplimiento.

Como conclusión podemos afirmar que el Principio de Reserva Legal en materia sancionadora en España, exige los cimientos de la Ley formal para detallar descripciones genéricas de conductas sancionables, clases y cuantías de sanciones, con la posibilidad de remitir a la Potestad reglamentaria la descripción pormenorizada de las conductas ilícitas o graduaciones al cuadro de sanciones establecidas legalmente, y siempre que se realice con la intención de identificar con mayor corrección y precisión la sanción que corresponda y con la intención de evitar caer en una ilegal analogía.

En Venezuela, las actividades que realicen los órganos del Poder Público deberán ajustarse a las definiciones de la Constitución y de la Ley[78], o a los lineamientos que ésta determine, so declaración jurisdiccional de ilegalidad e inconstitucionalidad, según el caso[79].

El hecho que no pueda abrirse proceso sancionador alguno por actos u omisiones no previstos como delitos en Leyes anteriores, involucra además de la exigencia de una Ley Habilitante o Reserva de Ley, una formalidad emanada de los cuerpos legislativos en materias de su competencia. A diferencia de España, donde el empleo de la palabra «legislación» se entiende como una reserva absoluta, y con categoría de orgánica en cuanto involucren derechos fundamentales, en Venezuela no es necesaria una cobertura de Ley, basta con la existencia de una cobertura normativa con rango legal[80]. La diferencia entre la Reserva absoluta de Ley (de aplicación en materia penal), y cobertura legal (aplicable a sanciones administrativas) radica para en el primer caso, en que la ley legitimadora debe cubrir por entero la previsión de la sanción por la conducta ilícita sin posibilidades de completar esa descripción por algún reglamento; y en el segundo caso, de la cobertura legal, solo exige cubrir con Ley formal una descripción genérica que remita a la potestad reglamentaria la descripción pormenorizada de conductas ilícitas; aún cuando se encuentren comprometan derechos y garantías.

Desde otro ángulo, hay quienes entienden el término estrictamente referido a las leyes estatales, emanadas de la Asamblea Nacional que niega a los parlamentos regionales y municipales toda posibilidad de aprobar normas sancionadoras administrativas, basando su argumento en la constitucional disposición de las competen-

[78] Brewer-Carías, A., *Constitudón* (...), en referencia al Artículo 137 CBRV, p. 308.

[79] Brewer-Carías, A., *El Derecho Administrativo y la Ley* (...), p. 166. «Ningún acto administrativo puede crear sanciones, ni modificar las que ya hubieran sido establecidas en las leyes salvo dentro de los límites determinados por la Ley (...)». Estarían viciados de ilegalidad e inconstitucionalidad, los actos administrativos que creen infracciones, y sanciones, o que modifiquen las establecidas en las leyes. Respecto de los Decreto Ley en Venezuela, es pertinente consultar la obra de Moles Caubet, A. *Dogmática de los Decretos-Leyes*, Publicaciones del Colegio de Abogados del Distrito Federal, Caracas, 1974, p. 20 en adelante.

[80] Aguirre, L., *Las sanciones* (...), p. 1385.

cias atribuidas al Poder Nacional[81]. Estos intérpretes olvidan sin duda que la Constitución, al decir toda «otra» materia atribuida al Poder Público Nacional, reconoce implícitamente que la previsión atañe solo a las competencias nacionales[82], dejando a salvo la autonomía normativa de los Estados Federados y los Municipios.

La determinación jurídica en la concurrencia de condiciones que forman parte del Principio de Legalidad, opera produciendo cuatro efectos correlativos: delimita el espacio donde tan solo puede intervenir la ley (legalidad); asegura el orden de prelación respecto de las normas subordinadas a la Ley (reserva legal); selecciona la norma o normas precisas que hayan de aplicarse al caso concreto (tipicidad); y por último, midiendo los poderes que la norma confiere a la administración (adecuación)[83].

Hay resaltar que en Venezuela se ha admitido (con serios y fundados cuestionamientos) que los Decretos Leyes pueden constituir, en algún caso, la norma de cobertura legal del régimen sancionador. El régimen constitucional de los Decretos-Leyes se configura mediante la preexistencia de una Ley genérica, en virtud de la cual, un órgano del ejecutivo está capacitado para emitir durante un cierto tiempo actos normativos que tienen o pueden llegar a tener valor de Ley y, asimismo, dictar actos plurales o singulares de aquellos dimanentes[84]. La jurisprudencia venezolana, acerca de la figura jurídica del Decreto-Ley, la entiende, mayoritariamente, como el medio, a través del cual, adquieren fuerza de Ley, y de forma excepcional las decisiones del más Alto Mandatario del Ejecutivo Nacional, en virtud de su investidura[85].

La autorización legislativa presenta algunas condiciones para autorizar tal excepción: debe realizarse para regir un hecho puntual, seguido de un conjunto de medidas excepcionales, válidas tan solo en el corto período en el que permanezcan, sin allanar la situación que las produjo, para no caer en la violación del Principio de la Legalidad. Sin embargo, para la legislación venezolana, todos los elementos esenciales, entre los que encuentran las sanciones correspondientes a contravenciones de la normativa, deben o deberían resultar de la Ley creadora y reguladora del tributo, donde debería incluirse la correspondiente sanción para el caso de incumplimiento; de modo que se cumpla con los presupuestos abstractamente contemplados en las normas generales contenidas en las Leyes[86].

---

[81] CBRV, Artículo 156: «Es de la competencia del Poder Público Nacional: 32. La legislación en materia de derechos, deberes y garantías constitucionales; la civil, mercantil, penal, penitenciaria, de procedimientos (...) la de organización y funcionamiento de los órganos del Poder Público Nacional y demás' órganos e instituciones nacionales del Estado (...)».

[82] CBRV, Artículo 156.3: «(...) Toda otra materia que la presente Constitución atribuya al Poder Público Nacional, o que le corresponda por su índole o naturaleza».

[83] Moles Caubet, A., *El Principio de Legalidad y sus Implicaciones*, Ediciones Universidad Central de Venezuela, Caracas, 1974, p. II;

[84] CBRV, Artículo 236: «Son atribuciones y obligaciones del Presidente o Presidenta de la República: (...) 8. Dictar, previa autorización por una ley habilitante, decretos con fuerza de ley (...).

[85] STSJV-SC N° 1397, de fecha 21 de noviembre de 2000.

[86] Romero-Muci, H., «La Garantía de la Reserva Legal Tributaria, Deslegalización y exceso reglamentario», *Libro Homenaje a la Dra. Ilse Van der Velde*, Editorial Fudena, Caracas, 1998, p. 20. Arvelo Villamizar, R., *El Estatuto del Contribuyente en la Constitución de 1999*, Paredes Editores, Caracas, 2000, p. 206.

Está excluido, en materia tributaria, el ejercicio ejecutivo de la potestad reglamentaria, a no ser para aquello que sea meramente adjetivo y no sustantivo. Todos los elementos del tributo deben estar contenidos en la Ley Tributaria ya que, si se remite a la Potestad Reglamentaria, se considera violada la Seguridad Jurídica.

Sin embargo, esto no ha sido obstáculo para atribuir al Poder Ejecutivo la posibilidad de dictar medidas extraordinarias en materia económica o financiera, cuando así lo requiera el interés público, con igual rango y categoría que las normas legales, y con todos los efectos jurídicos que ello conlleva, disposición que resulta preventiva al surgimiento de cualquier eventualidad[87].

El legislador usa las palabras «Ley Habilitante» cuando el constituyente establece que la Asamblea Nacional, mediante acuerdo de las tres quintas partes de sus integrantes, puede otorgarle al Ejecutivo Nacional la facultad de legislar sobre las materias que le so propias, limitándose simplemente a establecer las directrices, propósitos y el marco de las materias que delega, cosa que resulta, en efecto, de uso bastante continuado.

Así vemos que el dictamen legislativo es una base que delega al Ejecutivo sus propias funciones en determinadas materias y fijando lineamentos generales, encontrándose en presencia de un verdadero acto de delegación.

Parece una contradicción, en realidad lo es. En principio, la legislación se presentaba de manera rígida en lo atinente a delegar al ente encargado ejecutivo de las normas sancionadoras, por un absurdo miedo a la discrecionalidad de los mandatarios locales, al abuso su poder y a la seguridad jurídica del Municipio. Sin embargo, al Presidente de la República le son otorgadas las más amplias facultades de legislación, llegando incluso a exceder en ésta función, dictaminando «Decretos Leyes» sin mediar caracteres extraordinarios que ameriten tal excepción[88].

El anterior representa un tema delicado, digno de una más exhaustiva investigación que excede el propósito de este estudio, porque la delegación es realizada a escala horizontal entre dos Poderes del Estado, y no con propósitos descentralizadores.

La cuestión no debería plantearse en torno a cuál de los poderes de la división vertical debe desempeñar ésta función, sino en distinguir la importancia reglamen-

---

87 Brewer-Carías, A. *La Constitución* (...), Artículo 236, ordinal 8: «Son atribuciones y obligaciones del Presidente o Presidenta de la República... (...): 8) Dictar previa autorización por una ley habilitante, decretos con fuerza de ley (...)», p. 342. En cuanto a la delegación legislativa, mas desarrollada en cuanto a autorizar la sustitución vertical que la horizontal.

88 STSJV-SC N° 2164, de fecha 14 de septiembre de 2004. Acerca de la Naturaleza jurídica de Reserva de Ley y Legalidad-Decretos con Fuerza de Ley: «(...) Ahora bien, en virtud de lo previsto en el artículo 190, numeral 10 de la Constitución de 1961 -hoy, artículo 236, numeral 10 de la Constitución de la República Bolivariana de Venezuela- el Ejecutivo Nacional puede reglamentar las leyes que se dicten en materias que pertenezcan a la reserva legal, incluso cuando tengan carácter de leyes orgánicas; lo que permite la participación del Poder Ejecutivo en el desarrollo de los principios contenidos en la Ley, siempre que no altere su espíritu, propósito y razón, y sin que ello pueda significar, en modo alguno, el otorgamiento al Presidente de la República de la potestad de legislar en tomo a la materia o materias específicas que estén delimitadas por la Ley. Ver, también, voto salvado del Magistrado Rondón Haaz, Pedro.

taria en la inagotable lucha por el acercamiento al ciudadano común de las Leyes que les rigen, al posibilitar a los órganos municipales desarrollar la sanción correspondiente a la norma infringida en todos sus elementos y siguiendo, por supuesto, los lineamientos Legales[89].

La cultura tributaria es un punto que adquiere gran relevancia, a la hora de establecer una comparación entre una y otra forma de legislación. Sea rígida o flexible, surge el tema del nivel de desarrollo entre uno y otro país, por lo cual, lógico resultaría pensar que antes de existir una delegación de la potestad legislativa, debe estar presente una capacitación que vaya de la mano con la probidad necesaria para desempeñar sus funciones.

La principal idea que queremos resaltar, respecto del Principio de Reserva de Ley, es que exige un basamento de Ley formal, que permita reglamentar, y desarrollar, descripciones pormenorizadas de los tipos infraccionales, y las sanciones previstas en aquella. No debe tratarse de una Reserva de Ley Absoluta, puesto que la Ley puede remitir al reglamento, lo que se prohíbe es la reglamentación independiente.

C. *Principio de Tipicidad*

Legalidad Formal y Legalidad Material, en la vertiente de Reserva Legal, y especialmente en el campo de las sanciones e infracciones administrativas, condicionan que la calificación de la conducta tipificada como ilícita esté exactamente comprendida en una norma con referencia directa al hecho sancionado. Sin esta existencia previa, no es posible cometer un ilícito o infracción, con lo cual, tampoco es posible su sanción.

El supuesto típico es lo prescrito. Para adecuar o subsumir una determinada conducta en la norma considerada como ilícita (independientemente que el texto de la mencionada norma provenga de una Ley o dé su Reglamento). Se evita caer en la irrogación de facultades interpretativas no correspondientes a la Potestad Reglamentaria de la administración que la doctrina italiana planteara en su momento[90].

La normativa no debe contener redacciones oscuras, inciertas ni arbitrarias; nada debe permitir considerar los tipos de una manera tan abierta que no dependa de la decisión de quienes han de juzgar la infracción o la sanción, sin posibilidad de favorecer la incertidumbre ni admisión de formulaciones tan abiertas por su amplitud, vaguedad o indefinición, que la efectividad dependa de una decisión prácticamente libre y arbitraria del intérprete y juzgador.

En los preceptos jurídicos se debe encontrar, con un cierto grado de certeza y seguridad para el ciudadano, la predeterminación normativa, advertencia de las conductas ilícitas y sus correspondientes sanciones. Ello, sin llegar a caer en la utopía dogmática, que pretende elaborar una ley exhaustivamente enumerativa en infracciones y sanciones, buscando cubrir en la Ley absolutamente todos los tipos, de manera que no quede algún supuesto sin tipificar.

---

89 STSJV-SPA N° 1768, de fecha 18 de noviembre de 2003. Esta Sentencia, confirma el criterio el poder tributario derivado, en Venezuela, se desarrolla dentro de las previsiones legales y no puede ser sustraído al control jurisdiccional posterior, establecido en Ley Orgánica del Poder Público Municipal, de 08 de junio de 2005, Gaceta Oficial de la República Bolivariana de Venezuela N° 38.204.

90 Berliri, A., *Principios de Derecho Tributario*, Volumen I, Editorial de Derecho Financiero, Madrid, 1964, p. 135.

Para una correcta tipificación deben concurrir: el legislador, debe efectuar una correcta tipificación al momento de formular la norma sancionatoria; el ilícito, por acción u omisión; la mayor precisión en la determinación conductual ilegal o ilícita, so pena de calificarse como ley blanca, vacía de contenido; y en su fase aplicativa, el órgano encargado de encuadrar la conducta a la previsión legal, que la subsunción sea realizada de la manera más pulcra posible.

Los caracteres predicables de las Normas habilitadoras, conectados a las exigencias de la Seguridad Jurídica, han de resumirse en que deben ser concretas y precisas, claras e inteligibles, sin posibilidad alguna de favorecer la incertidumbre, pues eso es lo que proscribe la expresión «lex certa» o la académica «taxatividad», sin admitirse, como se dijo, formulaciones tan abiertas, por su amplitud, vaguedad o indefinición, que la efectividad dependa de una decisión prácticamente libre y arbitraria del intérprete y juzgador[91].

Igual que el Principio de la Reserva Legal, también la tipicidad encuentra en el Principio de Legalidad, su ascendencia. Circunscribir, delimitar, precisar y proporcionar rigurosamente las sanciones que conlleva una contravención tributaria no es función del órgano de aplicación; éste, al aplicarla, debe ceñirse exclusivamente a la Ley, exigencia que resulta poco menos que limitada.

El fin interpretativo es atribuir, al precepto jurídico, el valor que le es propio en la regulación coercitiva de la conducta, contraria al normal desenvolvimiento de las relaciones de la vida social que constituye su objeto, con el añadido de un máximo cuidado en el método de aplicación e interpretación de normas sancionadoras, máxime, cuando la sanción aplicable, como es el caso de algunos países, entre ellos Venezuela, incluye penas privativas de libertad.

La intención de exigencia de tipicidad, es servir de freno al arbitrio judicial mediante una norma suficientemente clara, precisa y determinada que deje un estrecho margen de libertad de apreciación al juzgador. Ello, además de satisfacer el requisito democrático de definición de los delitos y las penas, que corresponde principalmente al legislador, redunda en una aplicación igualitaria de la ley sancionadora, cuyo significado y alcance dependerá poco de las inclinaciones subjetivas de los órganos que hayan de aplicar la justicia.

Así entendido, es obvio que el requisito del tipo rígido está llamado a operar, sobre todo, como un mandato constitucional al legislador: las normas deben ser redactadas en términos suficientemente taxativos. De todos modos, la tipicidad absoluta resulta, sin duda, inalcanzable.

Una Ley penal tan precisa que convierta en puramente mecánicas las operaciones judiciales de aplicación de la misma no deja, en efecto, de ser una quimera. Ahora bien, es asimismo claro que sí debe existir un mínimo de claridad, precisión y determinación, que en ocasiones resulta constitucionalmente indisponible.

El fin de la labor del intérprete no es sencilla. No consiste en la investigación de la voluntad de los órganos que han elaborado la ley, ni la individualización del Derecho mediante la deducción del contexto popular en el que nace el precepto jurídico, sino en la aprehensión del verdadero espíritu, propósito y razón de la

[91] Tal y como ha sido señalado por el Tribunal Constitucional en STC105/1998, de fecha 08 de junio de 1988.

norma. La interpretación gramatical de la norma se considera comprendida dentro del elemento histórico y, dentro de él, la interpretación gramatical o literal, contrapuesto al elemento lógico en sentido estricto[92].

En su evolución, la metodología jurídica ha pasado por varias etapas, hasta llegar a la actualidad donde, sin desmerecer el literalismo, deben suplirse las posibles adolescencias, consecuencia de la escasa claridad de la norma aplicable, germinada en un clima de premura, con un añadido de deficiente atención y escaso estudio de sus efectos. Quizá, hasta fruto de la conveniencia política del momento.[93] Pareciera echarse en falta un método único para desentrañar el significado de la norma, por lo cual se han de utilizar un cúmulo de herramientas, las cuales podrá el intérprete utilizar en el momento que considere pertinente, llegando a definirlo como «(...) investigación sistemática del derecho (...)»[94].

La especialidad sobre la que versa la materia en estudio, respecto a interpretar normas, requiere el apego a la tipología normativa establecida en el mayor porcentaje de certeza posible, por lo que la tipicidad es un principio con una doble dirección: dirigido, primero al legislador[95] y, luego, a la persona encargada de aplicar la sanción. De ahí que, la tipicidad opera también como un límite al ejercicio de la Potestad Sancionadora, puesto que al igual que en materia penal, la analogía resulta inadmisible, no pudiendo ir más allá de la conducta reprochada.

Por lo tanto, son dos los momentos implicados; la exigencia de tipicidad implica tanto el momento de elaboración de la Ley, como el de su interpretación y aplicación. Excluye la analogía aplicada, en perjuicio del ciudadano, a supuestos normativos distintos de los previstos. La similitud con el supuesto expresamente previsto no es una razón para ampliar la esfera de aplicación de la norma.

Solo en un plano teórico, sería factible distinguir analogía e interpretación extensiva: la analogía aplica la norma a un supuesto semejante a la prevista; la interpretación extensiva adopta, de los significados posibles de la norma, el más amplio.

A efectos de la exigencia de taxatividad esta distinción teórica es importante porque en la interpretación extensiva el caso está previsto por la Ley y en la analogía, no lo está. Empero, puede resultar a menudo complicado en la práctica demarcar dónde acaba la interpretación extensiva y dónde comienza la analogía porque ambas tienen un sentido expansivo en la aplicación de la ley.

El aforismo latino «*Jura novit curia*[96]» recuerda la ardua labor del juzgador, quien debe conocer todo el derecho, para así aplicar, en cada caso la sentencia que mejor se adecúe y establezca una correlación con la situación fáctica en pro de

---

92 Para interpretación de las leyes tributarias, ver: Berliri, A. *Principios* (...), *op. cit.*, pp. 89-117; y Vanonni, E., *Natura ed interpretazione delle legge tributaria*, Editorial Dott. A. Giuffré, Milano, 1961, Traducido por Martín Queralt, J. *Naturaleza e Interpretación de las Leyes Tributarias*, Instituto de Estudios Fiscales del Ministerio de Hacienda, Madrid, 1973, pp. 241-253.

93 Checa González, C., *El Sistema Tributario Local*, Editorial Aranzadi, Navarra, 2001, p. 83.

94 González García, E. y otro: *Derecho* (...), *op. cit.*, p. 105.

95 El vocablo «legislador» ha sido tomado, a los efectos de ésta investigación, y en alusión expresa al caso de Venezuela, en su sentido lato, haciendo alusión a la persona que redacta la norma, con independencia del Poder Público para el cual realice sus funciones.

96 Cuyo significado es: «El legislador debe conocer todo el derecho».

salvaguardar la certeza del individuo y su seguridad jurídica respecto de un tema tan delicado como es la aplicación de sanciones[97].

La vulneración del Principio de Tipicidad se produce cuando existe una ausencia absoluta de norma tipificadora, normativas blancas, o por el hecho que la conducta del individuo tenga un mayor o menor encaje en el tipo sancionador, pero sin que se produzca la estricta adecuación en uno y otro sentido. En cualquiera de las dos situaciones planteadas, se produce la lógica consecuencia de la imposibilidad o la improcedencia de sancionar.

En España, la tipicidad aparece como un modo de realización del Principio de Legalidad, así lo ha definido la jurisprudencia, al afirmar que: «(...) se cumple con la previsión de las infracciones y sanciones en la Ley, pero, para la tipicidad, se requiere algo más, que es la precisa definición de la conducta que la Ley considere pueda imponerse, siendo en definitiva medio de garantizar el principio constitucional de la seguridad jurídica y de hacer realidad, junto a la exigencia de una *lex previa*, la de una *lex certa* (,..)[98]» Ésta descripción estereotipada de las acciones o de las omisiones incriminadas, con indicación de las simétricas penas o sanciones[99], a su vez, veda la aplicación analógica de las Normas penales y su interpretación extensiv[100].

El tratamiento conjunto de los ilícitos penales y los administrativos les sujetan a observar principios de básica identidad, especialmente, cuando el campo de actuación del Derecho Administrativo Sancionador ha ido recogiendo tipos de injusto procedentes del campo penal no subsistentes en el mismo en aras de preservar la mínima intervención.

La Ley 30/1992[101], lo estima en los siguientes términos:

A) Tipicidad de las infracciones: «Solo constituyen infracciones administrativas las vulneraciones del ordenamiento jurídico previstas como tales infracciones por mía Ley». Las infracciones administrativas se clasificarán por la Ley en leves, graves y muy graves.

B) Tipicidad de las sanciones: «Únicamente por la comisión de infracciones administrativas podrán imponerse sanciones que, en todo caso, estarán delimitadas por la Ley».

C) Límites de los reglamentos de desarrollo: «Las disposiciones reglamentarias de desarrollo podrán introducir especificaciones o graduaciones al cuadro de las infracciones o sanciones establecidas legalmente que, sin constituir nuevas infracciones o sanciones, ni alterar la naturaleza o límites de las que la Ley contempla, contribuyan a la más correcta identifica-

97 El referido aforismo refiere a la invocación o no-invocación de las normas jurídicas, que sirven de fundamento a las pretensiones esgrimidas por las partes, dentro de un proceso.

98 Tal y como ha sido asentado en la STC 219/1989, de 21 de diciembre 1989.

99 Al respecto, las SSTC 2/1981, de 30 de enero de 1981; 37/1982, de 16 de junio de 1982; 62/1982, de 15 de octubre de 1982; 102/1994, de 11 de abril de 1994; y 120/1994, de 25 de abril de 1994.

100 En este sentido se ha pronunciado la jurisprudencia en las SSTC 341/1993, de 18 de noviembre de 1993, 75/1984, de 27 de junio de 1984; 133/1987, de 21 de julio de 1987; 119/1992, de 18 de septiembre de 1982; y 111/1993, de 25 de marzo de 1993.

101 Ver el Artículo 129 de la Ley 30/1992.

ción de las conductas o a la más precisa determinación de las sanciones correspondientes»;

D) Prohibición de la analogía: «Las normas definidoras de infracciones y sanciones no serán susceptibles de aplicación analógica[102]».

El punto en discusión, respecto de la articulación del tipo, radica en determinar cuál sería el grado de precisión, en el caso qué se subsume la exacta y matemáticamente perfecta correspondencia del ilícito cometido a la norma, situación ideal que no siempre se logra y que hace, para algunos autores una de las distinciones emergentes de la aplicación de Principios.

Una garantía se funda en el Principio de Seguridad Jurídica, incardinada también en el artículo 25.1 CE. Exige cubrir con una descripción genérica las conductas sancionables y las clases y la cuantía de las sanciones[103].

La práctica hace alusión al rechazo por las cláusulas abiertas en defensa de una transparencia normativa predeterminada: «(...) Las cláusulas abiertas deben ser declaradas inválidas, ya que, para la efectividad en la aplicación de este principio es necesario que los comportamientos se hallen reflejados con suficiente claridad en la norma que les configura así ha sido sostenido por la interpretación jurisprudencial, que ha declarado: «(...) la imperiosa necesidad de predeterminación normativa de las conductas ilícitas y de las sanciones correspondientes, mediante preceptos jurídicos que permitan predecir, con suficiente grado de certeza, las conductas que constituyen una infracción y las penas o sanciones aplicables (...)[104]».

Otra interpretación que surge de la jurisprudencia presta un baremo, dentro del cual el encaje legal puede ajustarse hasta coincidir con el supuesto de hecho. En un primer momento encuentra un encuadre absoluto a la norma con rango formal de Ley, de las conductas procesadas por su presunta ilicitud y de las sanciones que acarrea, y posteriormente matiza: «(...) al menos en cuanto a su núcleo básico calificado como ilícito y los límites impuestos a la actividad sancionadora y que el reglamento desarrolle tales previsiones actuando como complemento indispensable de la ley (...)[105]».

Las remisiones en blanco también son aludidas por pronunciamientos jurisprudenciales, en cuanto: «(...) la jurisprudencia constitucional, no permite en esta materia una remisión en blanco, pero se aviene por lo expuesto, a tolerar cierta cuota de flexibilidad en la actividad reglamentaria de desarrollo, cuando la ley de cobertura aborda el núcleo esencial del régimen sancionador». Es necesario separar las cosas, y hacer válidas las excepciones en casos puntuales.

---

102 Martín Rebollo, L., *Leyes* (...), Op. Cit. Artículo 129 Ley 30/1992, p. 487.

103 Parada, Vásquez R., *Derecho Administrativo I*, Parte General, VII Edición, Marcial Pons, Ediciones Jurídicas, Madrid, 1995, p. 529. Igualmente, ver también: Santamaría Pastor, J., *Principios de Derecho Administrativo*, Volumen II, Editorial Ceuta, Madrid, 1999, p. 20 y ss.

104 Ver la STC 219/1989, de 21 de diciembre de 1989 la alusión a «(...) criterios lógicos, técnicos o de experiencia que recoge de Sentencias pronunciadas en idéntico sentido: SSTC 43/08 de abril de 1987; 3/1988, de 21 de enero de 1988; 101/1988, de 08 de junio de 1988; 29/1989, de 06 de febrero de 1989; y 69/1989, de 20 de abril de 1989.

105 La alusión es a la STC 7750/1992, de 01 de octubre de 1992. El Principio de tipicidad no queda infringido cuando «(...) la definición del tipo interpone conceptos cuya limitación permita un margen de apreciación especialmente si se protegen, o se tratan de proteger bienes cuya evolución es dinámicamente variable a través del tiempo.

De igual forma, en el ámbito local, respecto de la tipificación de infracciones y sanciones por Ordenanzas Locales, el Real Decreto 1398/1993, de 4 de agosto, por el que se aprueba el Reglamento del Procedimiento para el ejercicio de la Potestad Sancionadora que posibilita a los Ayuntamientos para regular su marco sancionador[106] con el debido respaldo legal; de la misma forma, es conocida ésta flexibilidad por los tribunales[107].

Sin embargo, en algunas ocasiones, la jurisprudencia se muestra en contra de dotar con estas facultades a la Administración Tributaria[108].

En efecto, la jurisprudencia del Tribunal Constitucional ha defendido que del Artículo 25 de la Constitución se desprende «(...) la imperiosa exigencia de la predeterminación normativa de las conductas ilícitas y de las sanciones correspondientes, es decir, la existencia de preceptos jurídicos que permitan predecir con suficiente grado de certeza dichas conductas (...)», añadiendo un requisito de carácter formal que hace referencia al rango necesario de las normas tipificadoras[109].

La tipicidad de las conductas sancionables exige, pues, una descripción de las acciones u omisiones constitutivas de infracción que cumpla las exigencias del Principio de seguridad jurídica, y que permita predecir con suficiente grado de certeza «(...) las conductas que constituyen infracción y el tipo y grado de sanción del que puede hacerse merecedor quien la cometá[110] (...)».

---

106 Ver el Real Decreto 1398/1993, de 4 de agosto, por el que se aprueba el Reglamento del procedimiento para el ejercicio de la Potestad Sancionadora, BOE 9 de agosto, establece el Artículo 2, es el estandarte de los Ayuntamientos, para regular su marco sancionador: «Quedan en vigor las ordenanzas locales que establezcan tipificaciones de infracciones y sanciones o procedimientos para el ejercicio de la potestad sancionadora, en lo que no se opongan o contradigan a la Ley 30/1992, de 26 de noviembre, de Régimen Jurídico de las Administraciones Públicas y del Procedimiento Administrativo Común, y se ajusten a lo previsto en el artículo en el artículo 2.2. del Reglamento que se aprueba por el presente Real Decreto (...)».

107 Criterio sostenido por el TSJ en las Sentencias RJ 1993/1766, de 16 de marzo de 1993; RJ 1998/8381, de 16 de julio de 1998; y, también, del TC con la Sentencia 132/2001, de 08 de junio de 2001.

108 Al respecto, se ha pronunciado el Tribunal Supremo, afirmando que: «(...), el matiz distintivo entre el principio de tipicidad del derecho sancionador, respecto del que rige en derecho penal, cabría encontrar atenuación en el rigor de la legalidad, para permitir un mayor grado de posible colaboración del reglamento en la concreción de tipos de infracción y sanción, pero resulta inaceptable qué en cuanto al rigor de la predeterminación, puedan hacerse concesiones para otorgar a la Administración márgenes de arbitrio superiores incluso a los que se conceden a los órganos judiciales cuando una y otro ejercen una función punitiva (...)». STS de lo Contencioso Administrativo, RJ 1992/777, de 29 de enero de 1992.

109 Máximas referidas en varias oportunidades. Entre otras, en las SSTC: 42/1987 (RTC 1987,42), de 7 de abril de 1987, Fundamento Jurídico 2°; 101/1988, de 08 de junio de 1988 [RTC 1988,101], Fundamento Jurídico 3°; 29/1989, de 06 de febrero de 1989 [RTC 1989, 29], Fundamento Jurídico 2°; 69/1989 [RTC 1989,69], de 20 de abril de 1989, Fundamento Jurídico 1°; 219/1989, de 21 de diciembre de 1989 [RTC 1989, 219], Fundamento Jurídico 2°; 61/1990, [RTC 1990,61], de 29 de marzo de 1990, Fundamento Jurídico 7°; 83/1990 [RTC 1990,83], de 4 de mayo de 1990, Fundamento Jurídico 2°; 6/1994, [RTC 1994,6], 17 de enero de 1994, Fundamento Jurídico 2°; 145/1995, [RTC 1995, 145], de 3 de octubre de 1995, Fundamento Jurídico 3°; y. 153/1996, [RTC 1996,153], de 30 septiembre de 1996, Fundamento Jurídico 3°.

110 Según se desprende de las Sentencias del Tribunal Constitucional Números 133/1987, de 21 de julio de 1987 [RTC 1987, 133] Fundamento Jurídico 4°; y 53/1994, [RTC 1994, 53], de 24 de febrero de 1994, Fundamento Jurídico 4°. En el mismo sentido, el Fundamento Jurídico 9° de la Sentencia 194/2000, de 19 de julio de 2000.

En esa línea se ha resuelto que, la descripción del tipo infractor del abuso de la norma tributaria a partir de la apreciación administrativa del negocio es «(...) notoriamente inusual o impropio (...)» no contempla los elementos de la conducta infractora con suficiente certeza y, al igual que ocurría con el supuesto anteriormente enjuiciado por otras sentencias del Tribunal Constitucional[111], vulnera los Artículos 3, 9 y 25,1 de la Constitución española por desconocer las exigencias de la certeza legal.

En la Nueva Ley General Tributaria, la tipificación de infracciones y el cálculo de sanciones es una de las novedades, ya que revisa con profundidad el régimen sancionador de la Ley 230/1963, de 28 de diciembre, General Tributaria, con el objeto de incrementar la seguridad jurídica en su aplicación.

Otro esfuerzo que se refleja de aproximación a la regulación del orden administrativo general, es la adopción de la clasificación tripartita de los tipos de infracciones, en leves, graves y muy graves de la Ley 30/1992. Con ello desaparece la distinción clásica entre la infracción grave, como generadora de perjuicio económico para la Hacienda Pública que es sancionada con multa porcentual, y la infracción simple, como aquella que no genera perjuicio económico y es sancionada con multa fija; el cambio se debe, posiblemente a lograr cierta uniformidad legal dentro de un sin sentido de diferentes posibles y hasta válidas clasificaciones.

También destaca la inclusión de nuevas consideraciones de conductas como tipos de infracciones, como la solicitud indebida de devoluciones omitiendo o falseando datos relevantes, aún cuando no se haya llegado a obtener alguna devolución, a diferencia de lo preceptuado en la anterior Ley, o el incumplimiento del deber de sigilo por parte de los retenedores y obligados a realizar ingresos a cuenta, de conformidad con el deber de confidencialidad y exigencia de información. Incluir sanciones regulares forma parte del conjunto de novedades que presenta la recién estrenada Ley, hasta ahora reguladas por Leyes especiales, tales como la comunicación incorrecta o la no-comunicación de datos al pagador de la renta sometida al régimen de retención o ingreso a cuenta.

En cambio, se elimina la tipificación genérica como infracción de cualquier incumplimiento de obligaciones o deberes exigidos por la normativa tributaria, en atención a la crítica doctrinal que le consideraba violatoria del principio en estudio.

Respecto de la especial consideración a las Corporaciones Locales, podemos hacer mención del Título XI de la LBRL[112] sobre «(...) tipificación de las infracciones y sanciones por las Entidades Locales en determinadas materias (...)». Trata de llenar la laguna legal existente en materia de Potestad Sancionadora Municipal en aquellas esferas en las que no encuentren apoyadura en la legislación sectorial.

Para cubrir este punto, la mencionada LBRL establece criterios de tipificación de las infracciones y las correspondientes escalas de sanciones, para que las funciones de esta naturaleza se desarrollen adecuadamente, de acuerdo con las exigencias del Principio de Legalidad adaptadas a las singularidades locales, y siempre en defensa de la convivencia ciudadana en los asuntos de interés local y de los servi-

---

111 Según lo ha señalado el Tribunal Constitucional en STC 194/2000, de 19 de julio de 2000, (RTC 2000,194). *Op cit.*

112 Ley 7/1985, reguladora de las Bases del Régimen Local.

cios y el patrimonio municipal, en conformidad con la doctrina establecida por la Sentencia del Tribunal Constitucional[113].

Hay que decir también, que la construcción jurisprudencial española se encuentra, tiempo después, en la doctrina del Tribunal Europeo de Derechos Humanos, donde se sostiene que la recalificación de un ilícito penal a un ilícito administrativo no puede servir para eludir las garantías establecidas en el Convenio de Roma[114].

Por parte de la legislación venezolana, el Artículo 49 de la CBRV, contempla, como se dijo, el Principio de Legalidad en materia punitiva, estableciendo de manera general que, «(...) Ninguna persona podrá ser sancionada por actos u omisiones que no fueren previstos como delitos, faltas o infracciones en leyes preexistentes Este precepto implica no solo la exigencia de una Ley Habilitante, o de Reserva de Ley, sino también la traslación a la actividad administrativa sancionadora del Principio de Tipicidad[115].

Como hemos mencionado, dentro de los principios tributarios podemos encontrar un desdoblamiento del bloque de principios-garantías[116]. En España, el Principio de Tipicidad, como manifestación del Principio de Legalidad se cumple cuando los preceptos jurídicos sancionatorios preexistentes permitan predecir, con suficiente grado de certeza (*lex certa*), aquellas conductas consideradas ilícitas y saber a qué atenerse en cuanto a la responsabilidad y eventual sanción; como consecuencia, existe la necesidad de que los presupuestos de la sanción o pena estén perfectamente delimitados en la ley. A este requisito responde el principio de tipicidad rígida o exhaustiva en Venezuela.

La legalidad persigue hacer operativa la conminación abstracta que subyace en toda norma sancionatoria de manera que el administrado conozca el hecho

---

113 Según lo ha manifestado en STC 132/2001, de 8 de junio de 2001. La citada Sentencia de la Sala Primera, en el Fundamento Jurídico 4°, acerca de la flexibilización de las ordenanzas locales establecida en la jurisprudencia constitucional sobre la Ley de Haciendas Locales no puede proyectarse sobre el Principio de Legalidad Sancionadora: La Reserva de Ley es más estricta que la del Artículo 133.1 CE ha establecido que: «(...) Es posible reconocer situaciones y relaciones jurídico-administrativas donde la propia Constitución o las leyes imponen límites en el disfrute de los derechos constitucionales, llámense tales relaciones de «especial sujeción», «de poder especial», o simplemente «especiales». Lo importante ahora es afirmar que la categoría «relación especial de sujeción» no es una norma constitucional, sino la descripción de ciertas situaciones y relaciones administrativas donde la Constitución, o la ley de acuerdo con la Constitución, han modulado los derechos constitucionales de los ciudadanos. Entre los derechos modulables en una relación administrativa especial se cuenta el derecho a la legalidad sancionadora del artículo 25.1 CE. Y aunque este precepto no contempla explícitamente ninguna situación o relación administrativa especial, de la concurrencia del mismo con otras normas constitucionales sí se puede concluir que la propia Constitución contiene una modulación del derecho a la legalidad sancionadora en el ámbito de ciertas relaciones administrativas especiales (...)».

114 Suay Rincón, J., *Sanciones administrativas*, Publicaciones del Real Colegio de España, Bolonia, 1989, especialmente en las páginas 174-176, donde comenta dos importantes casos: Caso Engel Tribunal Europeo de Derechos Humanos, Sentencia TEDH 3/1976 de 8 de junio de 1976 (de las Garantías Procesales), seguida del caso Campbell y Fell. TEDH 2/1984, de 21 de febrero de 1984. La Ley Juris: 1104149/1984. Derecho Penal y Derecho Administrativo: Aplicación del Artículo 6.3.b) del Convenio.

115 En este sentido, Aguirre, L., *Las sanciones* (...), *op. cit.*, p. 1385.

116 Crespo Irigoyen, M., *El Principio* (...), pp. 599-601.

sancionable y tenga oportunidad de evitarlo. En este sentido se ha expresado la jurisprudencia[117].

Tal como hemos venido señalando, la tipicidad puede presentarse con gradaciones en cuanto a mayor o menor rigurosidad, dependiendo de lo completo que produzca el encuadre de la conducta a la norma y sin incluir la posibilidad de plantear normas en blanco o de posterior interpretación.

En las vertientes de interpretación rígida, o interpretación extensa, que excluye la analogía como medio de creación de nuevos tipos legales[118]. La dificultad se manifiesta debido a que una línea muy fina separa la interpretación extensa de otra fuente de Derecho, que también soluciona un caso no previsto en la ley, recurriendo a una norma que regula un caso semejante. La analogía muchas veces presta a confusión, y es preferible preservar el «(...) ejercicio de la potestad punitiva realizada por los órganos del Poder Público (...)»[119].

Pero en el caso específico del Derecho Sancionador no tiene cabida la analogía, ni las presunciones,[120] tomando en cuenta las exigencias del Principio de Legalidad. Ya que no pueden crearse delitos ni penas por analogía, toda la materia está reservada a la Ley, en cualquiera de las manifestaciones de reserva, y las conductas antijurídicas y las sanciones deben estar expresamente previstos en ella.

La mayor fragilidad que encuentra la tipicidad exhaustiva es la consideración de algunos tipos referidos en el Código Tributario, que si bien son aplicables a las conductas descritas en clasificaciones de delitos e infracciones, resultan insuficientes, empero, frente a las nuevas necesidades de la colectividad, y, además, dado que en Derecho Sancionador está expresamente prohibida la aplicación analógica de los tipos debido al reconocimiento del Principio de Legalidad; de no producirse la creación de nuevas figuras, numerosas conductas a pesar de su contenido continuarían quedando sin la aplicación de sanciones.

---

117 Así lo ha expresado la jurisprudencia venezolana en STSJV-SPA N° 242, de fecha 13 de febrero de 2002, cuando señala: «(...) Forma parte de este fundamental derecho y garantía, constatar que la actividad del funcionario, en el ejercicio de su potestad sancionatoria y disciplinaria, se ajustó a los principios fundamentales y superiores que rigen esta materia, es decir, al principio de legalidad formal, mediante el cual, la facultad de sancionar se atribuye a la Administración Pública con suficiente cobertura legal; al principio de legalidad material, que implica la tipicidad referida a la necesidad de que los presupuestos de la sanción o pena estén perfectamente delimitados de manera precisa en la ley; el principio de proporcionalidad de la sanción administrativa; el principio de la tutela efectiva; el derecho a la presunción de inocencia, entre otros (...)».

118 López Pellicer, J., «Sobre la legalidad y tipicidad de la potestad sancionadora en el ámbito municipal». Publicación: *El Consultor dé los Ayuntamientos y de los Juzgados,* Revista N° IX y XXIV, Madrid, 2003, p. 2530.

119 STSJV-SPA N° 4238, de fecha 16 de agosto de 2005. Acerca de la tipificación de infracciones y sanciones administrativas en Venezuela. La cuestión trata la posibilidad del desarrollo, y la especificación del supuesto general por incumplimiento. Aplicado a las Ordenanzas Locales, manifiesta la notable necesidad de la Administración de contar con «(...) mecanismos coercitivos paira cumplir sus fines, ya que de lo contrario la actividad administrativa quedaría vacía de contenido (...)».

120 A menos, claro, que se trate de elementos probatorios a favor del contribuyente, tal y como lo ha radicado la jurisprudencia venezolana en STSJV-SPA N° 6306, de fecha 27 de abril de 2005. En el mismo sentido de aplicar la garantía del *indubio pro actione,* la Sentencia STSJV-SPA N° 318, de fecha 07 de marzo de 2001.

Cuando se trata de adecuar las conductas antijurídicas de nuevas infracciones, o infracciones de nueva generación, como las nuevas consideraciones delictuales en materia tributaria, producidos mediante la utilización de medios informáticos, a los tipos existentes, se presenta en la mayoría de los casos una atipicidad relativa.

Esto se debe a que la evolución tecnológica ha permitido la aparición de nuevos tipos en las conductas ilícitas que, por recaer en un objeto material particular, hace lejana su adecuación a los tipos tradicionales con lo cual, los vigentes textos legales no pueden adaptarse a las novedosas conductas delictivas, sin violar el principio de prohibición de la analogía.

La solución no es, desde luego, creación de normas en blanco, que en lugar de definir de manera cierta la conducta sancionable, consideran como tales cualquier violación de la totalidad de una Ley o un Reglamento, son contrarias al Principio de Legalidad de las infracciones[121] sino definir, lo más acertadamente posible, el tipo delictivo y su correspondiente sanción. En último caso, la violación de cualquier norma legal o reglamentaria, será la autoridad administrativa la encargada de aplicar la sanción quien adecuará, en cada caso, el hecho sancionable al tipo.

Las ideas principales en cuanto al Principio de tipicidad, son:

- El Principio de tipicidad exige una correcta y detallada descripción del tipo constitutivo de infracción tributaria, ya sea mediante Leyes o Reglamentos, a fin de encuadrar una conducta de la manera más hermético posible, y con la finalidad de atribuir, al precepto jurídico, el valor que le es propio, máxime, cuando la sanción aplicable, como es el caso de Venezuela, incluye penas privativas de libertad.
- En cuanto a su operatividad, el órgano sancionador debe sujetarse a lo establecido en la norma, ya, que la analogía resulta inadmisible, no pudiendo ir más allá de la conducta reprochada.

2. *Principios Materiales*

A. *Principio de Adecuación*

Otra de las herramientas de control que representa una limitación al *ius puniendi* del Estado, es el Principio de Adecuación a los hechos y circunstancias influyentes en el individuo que transgrede una norma, especialmente relacionada con el tema en estudio. Consiste en el acomodamiento de la realidad fáctica a la normativa aplicable.

Esta herramienta ha sido utilizada para determinar la eliminación de desarrollo normativo de los derechos fundamentales, en el control de constitucionalidad de decisiones legislativas que supongan una restricción o limitación de los derechos fundamentales, cuando éste sea inadecuado, innecesario o irracional en relación con la ratio legis[122].

---

[121] Brewer-Carías, A., *La Constitución* (...). Artículo 49, Ordinal 6 de la Constitución: «El debido proceso se aplicará a todas las actuaciones judiciales y administrativas, en consecuencia: (...) Ninguna persona podrá ser sancionada por actos u omisiones que no fueren previstos como delitos, faltas o infracciones en leyes preexistentes (...)», p. 283.

[122] Alusión latina que refiere la razón del Derecho. De acuerdo con ella, es prudente considerar que el control jurídico es diferido, según se aplique a la actividad del legislador o a la

Supone encontrar la precisa correspondencia entre la trascendencia y la gravedad de la acción a sancionar, considerando la influencia de todos los elementos vinculados y la disposición correctiva a la vez que propone técnicas de control discrecional.

Podría considerarse como la acción de sujetar una conducta antijurídica al supuesto de hecho que mejor le ajuste, analizando todas las variables que influyan en esa decisión, y así tomar las medidas correspondientes a fin de salvaguardar los derechos fundamentales ya que determinan relaciones de prioridad y posibles restricciones tanto en el ámbito Administrativo puro, como en la especializada área del Contencioso-Administrativo. Se diferencian en que, la actividad judicial, responde con mayor consistencia al carácter más amplio de la adecuación, debido a su mayor perímetro de acción, lo cual le permite aumentar la discrecionalidad de su actuación.

El empleo de la práctica discrecional, tiene ventajas y desventajas. En un primer momento, parece mejor conservar este término para la actividad de intervención y restricción de los derechos fundamentales, realizada por órganos judiciales pero, al tomar en cuenta los beneficios que para el ciudadano representa la celeridad procesal, aunque sería del todo preferible, tratar de disminuir la acumulación de expedientes y procurar no contribuir a un, ya saturado congestionamiento de los tribunales; para así dejar un espacio de mayor movilidad al área Administrativa; lo cual no implica, dejar de ejercer el correspondiente control, mediante criterios normativos destinados a comprobar la correcta utilización de la Reserva de Ley, debido a la existencia de una finalidad constitucional que justifica la restricción y permite la realización de exámenes sobre su racionabilidad y proporcionalidad, que en última instancia es el elemento básico en la decisión de admisibilidad constitucional de la restricción.

El órgano competente para aplicar la medida sancionadora, debe respaldar su actuación con una bien fundamentada motivación donde se justifique cada una de las razones de su proceder; al tiempo que informa al interesado, hace constar en el expediente que vaya a ser objeto de revisiones posteriores. Constituye, por tanto, ese infaltable requisito de forma y fondo de la motivación; que junto con las exigencias materiales de aplicación normativa idónea para la consecución del fin perseguido en su adopción, en la certeza que la medida es la necesaria por no existir ninguna otra menos gravosa, siendo ésta justamente adecuada[123] a las circunstancias fácticas del hecho que se sanciona.

El Principio de Tipicidad, como se dijo anteriormente, no es la única herramienta que tiene la autoridad de aplicación en la interpretación del texto normati-

---

de los otros poderes públicos, encargados de interpretar y aplicar las leyes. El Tribunal Supremo de Justicia se ha centrado principalmente en la aplicación de la Ley, con posterioridad al control de la actividad legislativa restrictiva de derechos. Al respecto se ha pronunciado la jurisprudencia, en STC 66/1995, de 8 de mayo de 1995, (RTC 1995, 66), Fundamento Jurídico 5: Control de Resolución Administrativa, 55/1996 de 28 de marzo de 1996 (RTC 1996, 55), Fundamentos Jurídicos. 6, 7, 8 y 9. En dicha Sentencia, es interesante consultar el voto salvado del Conde Martín de Hijas, acerca de la diferenciación en la utilización por la jurisprudencia constitucional, acerca de la aplicación del Principio de Proporcionalidad. Igualmente, conviene consultar también la STC 136/1999, 20 de julio de 1999, (RTC 1999, 136).

123 Puster Asencio, C., *El procedimiento* (...), *op. cit.*, p. 54.

vo a su alcance; también se encuentran otros instrumentos que se complementan entre sí para lograr una correcta subsunción de la conducta irregular a la normativa. Es el caso del Principio de Adecuación, en conjunción con sus elementos integrantes, a saber: la idoneidad y la necesidad. De igual forma, podría decirse que es la tipicidad, en su etapa operativa, a la vez que significa la prueba de que la labor tipificadora ha logrado su cometido.

El Principio de Adecuación podría no suponer un principio autosuficiente, en realidad ninguno lo es del todo. Para observar un correcto ajuste es necesario tomar en cuenta todos los elementos que han influido y sopesar cuál interés jurídico amerita una tutela o tina mayor tutela y, una vez analizado, tomar la decisión más justa posible. Para cumplir con este Principio, el reproche jurídico en forma de sanción debe, entre otras características, ser necesaria y apropiada a la infracción cometida[124]. Alguna vez, inferido del Principio de Legalidad[125], no se ha hecho constitucional por las Cartas Magnas de todos los países y, aunque no pueda ser motivo de amparo, goza de la aceptación que le proporcionan doctrina y jurisprudencia.

Con un respaldo positivo de importantes textos constitucionales como la Declaración de los Derechos del Hombre y el Convenio Europeo de los Derechos Humanos[126], merece para otra corriente doctrinal, categoría constitucional por defecto.

¿Cómo saber si la sanción es adecuada a la infracción cometida? ¿Se pretenden aplicar las penas estrictamente necesarias?. Algunas cuestiones deben ser respondidas en la verificación del Principio de Adecuación:

A) La relación entre la regulación y la finalidad es eficaz,

B) La finalidad de la normativa no puede ser alcanzada de una forma que suponga una menor protección para los derechos fundamentales de los individuos, y,

C) El derecho fundamental es desarrollado en una norma racional con relación a la finalidad perseguida por dicha medida.

---

124 Berdugo Gómez de la Torre, I. y otro, *Manual de Derecho Penal, Parte General I, Instrumentos y Principios básicos del Derecho Penal*, I Edición, Ediciones Praxis, Barcelona, 1994, p. 57.

125 Garberí Llobregat, *El Procedimiento Administrativo Sancionador*, I Edición, Editorial Tirant Lo Blanch, Valencia, 1988, p. 93 y ss. Según este autor, el principio de proporcionalidad constituye un principio general de la totalidad del ordenamiento jurídico, corolario del principio de legalidad. Se encuentra comprendido en los artículos contentivos de derechos fundamentales, de forma que deben supeditar sus exigencias a la razonabilidad que implica el principio de proporcionalidad.

126 Declaración de los Derechos Humanos y del Ciudadano, emanada de la Asamblea Constituyente francesa, en fecha 26 de agosto de 1789, prefacio a la Constitución de 1791, Artículo 8: «La Ley no debe establecer otras penas que las estricta evidentemente necesarias»; en concordancia con el Artículo 18 del Convenio Europeo de Derechos Humanos «Las restricciones que (...) se impongan a los (...) derechos y libertades (...) no podrán ser aplicadas más que con la finalidad para la cual han sido previstas (...)». De 04 de noviembre de 1950, ratificado por España con fecha 26 de septiembre de 1979, y publicado en el Boletín Oficial del Estado de 10 de octubre de 1979. Revisado en conformidad con el Protocolo N° 11 (Fecha de entrada en vigor 1 de noviembre 1998).

En España, su constitucionalización parte de la consideración implícita en los artículos 1.1, 9.3 y 10.2 de la Carta Magna[127], sin embargo, se encuentra expresamente reconocido por la Ley 30/1992. En el Artículo 131.1 *ejusdem* prohíbe expresamente sanciones que conlleven privación de libertad y ordena la adecuación en nivel superior de la sanción a la comisión del delito y la adecuada ponderación[128] entre la gravedad del hecho sancionado y su consecuencia, aplicando la escala relativa a la clase de infracciones que preceda inmediatamente en gravedad a aquella en que se integra la considerada en el caso de que se trate.

De allí que el órgano sancionador puede apreciar con cierto margen de discrecionalidad los casos donde la culpabilidad y la antijuridicidad resulten sustancialmente atenuadas[129].

Pronunciamientos de la jurisprudencia, han tomado en cuenta la necesidad de adecuación, otorgándole relevancia, en tanto y en cuanto, su deber de guardar un contraste entre el medio y el fin concreto de congruencia, razonabilidad, y equilibrio entre los intereses afectados, que impide sacrificar en exceso uno de ellos en privilegio de otros[130].

No siempre ha sido así, en alguna ocasión el Tribunal Constitucional ha indicado como admisibles solo las finalidades incluidas en la Carta Magna, aduciendo la necesidad de un rango superior respecto de los derechos fundamentales que se deben restringir, de forma que la superioridad debe resultar de la propia Constitución[131]. Consideramos, sin embargo, con apoyo en la jurisprudencia, que nada impide que las restricciones a los Derechos Fundamentales respondan a finalidades u objetivos no enunciados por la Constitución, siempre que tampoco sean prohibidos por ella misma[132].

La relación entre la decisión normativa limitativa de derechos fundamentales y la finalidad de la decisión implica, con carácter previo, un análisis de reconoci-

---

127 Casado Ollero, G. y otros: *Código Orgánico* (...). Constitución española, corrobora la condición de estado de derecho a la Nación española, el Artículo 1.1: «España se constituye en un Estado social y democrático de derecho (...)», p. 22. Preservando la interdicción de arbitrariedad, el Artículo 9: «La Constitución garantiza (...) la interdicción de la arbitrariedad de los poderes públicos», p. 28. Respecto a la manera de interpretar los derechos fundamentales, y libertades reconocidas por la Constitución, Artículo 10.2: «Las normas relativas a los derechos fundamentales y a las libertades que la Constitución reconoce, se interpretarán de conformidad con la Declaración Universal de Derechos Humanos (...)», p. 24. En tal sentido, alude al CEDH/1950, ratificado por España el 26 de noviembre de 1979, y sus Protocolos, que han sido ratificados por España en fecha 13 de abril de 1977.

128 Entendemos que la diferencia entre el Principio de Adecuación, y el Principio de Proporcionalidad consiste en que el primero es un análisis, una comparación entre bienes, derechos o valores jurídicos, enlazados por el ordenamiento jurídico, se consideran los elementos en conflicto, y sus interacciones, lo que permite identificar cada una de las partes en juego; por su parte, el Principio de Proporcionalidad solo se fijaría en la relación costes-beneficios, siendo una especie o variante de la ponderación de bienes e intereses.

129 Sentencia de la Audiencia Nacional, Recurso Número 185/2001, Sala de lo Contencioso-administrativo, Sección 1ª, de 25 de octubre de 2001, en ponencia de García Fernández-Lomana, M.

130 De esta manera ha sido afirmado por el Tribunal Constitucional en STC 62/1982, de 15 de octubre de 1982.

131 Al respecto, ver la STC 22/1984, de 17 de febrero de 1984, Fundamento Jurídico 3.

132 Según ha sido señalado en STC 83/1984, de 24 julio de 1984, Fundamento Jurídico 3 y STC 18/1999, de 22 de febrero de 1999, Fundamento Jurídico 2.

miento constitucional al ámbito de decisión legislativa. Primero debe existir un control formal y material que asegure que el Poder Legislativo ha actuado dentro de las previsiones constitucionales. En este sentido, el artículo 53.1 de la CE[133] opera como norma de autorización al establecer que solo se permite regular mediante Ley el ejercicio de los Derechos Fundamentales.

Mientras que en Venezuela, este Principio es principalmente invocado en los casos donde existe una mayor discrecionalidad para salvaguardar una posible arbitrariedad administrativa. Se trata, como hemos señalado, de lograr la adecuación al supuesto de hecho tomando en consideración todos los elementos que influyan en el caso.

El Principio de Adecuación limita el Poder Sancionatorio, exigiendo la idoneidad en las medidas adoptadas, tomando en cuenta todos los aspectos influyentes al momento de tomar alguna decisión de carácter sancionador. La medida adoptada a modo de sanción, debe estar precedida de un conjunto de actos destinados a permitirle al interesado conocer con precisión los hechos que se le imputan, y las disposiciones legales aplicables a los mismos, de forma tal que pueda esgrimir en su defensa la no-concurrencia de la infracción administrativa que se le imputa, o en su caso, incongruencia en la sanción que pretende aplicársele.

Forma parte de este fundamental derecho y garantía, constatar el ajuste a los Principios Fundamentales y superiores que rigen la materia sancionadora, el ejercicio de la Potestad Sancionatoria, con la que ha obrado el funcionario encargado.

La actividad sancionadora de la Administración, también debe estar sujeta a los principios de proporcionalidad, razonabilidad entre otras exigencias que hacen necesario tui examen para determinar, ciertamente si es preciso, o en su caso, urgente, adoptar un determinado reproche[134].

Se establece una diferenciación entre dos maneras de considerar la inadecuación o la denuncia por el vicio de falta de adecuación, y se produce cuando la decisión impugnada descansa sobre circunstancias:

A) Representadas en hechos, en acontecimientos o situaciones antijurídicas que no ocurrieron: figura conocida con el nombre de falso supuesto,

B) Los hechos controvertidos ocurrieron, pero de manera diferente a aquella que el órgano administrativo aprecia o dice apreciar: conocida como falso supuesto de hecho; o bien,

C) El fundamento jurídico del acto es denunciado como erróneo: falso supuesto de derecho[135].

Como resumen del Principio de Adecuación:

- Consideramos al Principio de Adecuación, como la correcta subsunción de la conducta infractora a la norma aplicable que contempla el supuesto de hecho.

---

133 Casado Ollero, G. y otros.: *Código Orgánico Tributario*, Novena edición: Constitución española, (...), Artículo 53.1: «Los derechos y libertades reconocidos en el Capítulo Segundo del presente Título vinculan a todos los poderes públicos. Solo por ley (...), podrá regularse el ejercicio de tales derechos y libertades (...)», p. 34.

134 En tal sentido, la STSJV-SPA N° 4913, de fecha 13 de julio de 2005.

135 Ver al respecto de este punto la STSJV-SPA N° 1131, de fecha 24 de septiembre de 2002.

- Determina y evalúa la articulación del mencionado Principio de Tipicidad, que se concreta en el Principio de Adecuación, dirigido al órgano competente de su aplicación mediante motivados razonamientos de hecho y de derecho.
- Toma en cuenta la influencia de elementos vinculados a las circunstancias del hecho constitutivo de la infracción.
- Su inclusión constitucional y legal es implícita tanto en la legislación española como en la venezolana.

B. *Principio de Proporcionalidad*

Este Principio trata de la conformidad, entre la medida sancionadora y la gravedad de la infracción, dentro del criterio de mejor selección de las posibles graduaciones represivas, como consecuencia de un comportamiento contrario a derecho. Tratando de lograr un grado de precisión tal que aparten al operador jurídico de cualquier de cualquier analogía, e incluso, de cualquier desviación de la letra de la ley[136].

Es importante realizar la diferenciación terminológica, ya que podría prestarse a confusión con el anterior Principio de Adecuación. Ambos principios son dirigidos al órgano encargado de aplicar la sanción tipificada en la norma, pero, mientras el primero alude a ubicar la disposición adecuada al caso, tomando en cuenta las circunstancias del hecho constitutivo de la infracción, la proporcionalidad consiste en aplicar, dentro de la normativa seleccionada, los criterios de graduación de las sanciones que puedan ser aplicables; de modo que exista una apropiada relación entre la infracción y sus consecuencias.

Una posibilidad se encuentra en utilizar la cuantificación del daño al margen de la reparación que corresponda ya que, si bien es cierto que son cuestiones diferentes, no lo es menos que la norma no provee de técnicas más concretas y directas para mejorar la utilización de razones objetivas.

La Administración Tributaria, cuando ejerce la Potestad Sancionadora, en algunos aspectos le supone equiparar su labor a las de carácter jurisdiccional. La discrecionalidad con la que esta actúa se podría comparar con la Administración de Justicia en un Juzgado, en cuanto a las limitaciones mínima y máxima, en atención y valoración de todas las condiciones, tanto objetivas como personales, siempre que influyeren en el caso.

Se concreta en la previa fijación de los criterios de graduación en materia sancionadora que la discrecionalidad administrativa debe mantenerse al margen de la valoración, por lo que se toma imperativa la sujeción del servidor público actuante, limitando su libertad y preservándole de figuras como la desviación de poder, manifestada en el abuso.

A través de un ejemplo práctico, intentaremos explicar como entendemos el Principio Constitucional de Proporcionalidad: Si una fábrica, durante el proceso de producción expele humo cuyas características no han sido probadas, la Administración, antes de tomar una decisión debe hacer constar los elementos contaminantes y la medida en la cual perjudiquen al medio ambiente.

---

136 Nieto, A., *Derecho Administrativo* (...), *oip. cit.*, p. 172.

En supuesto que se constate la efectiva emanación de sustancias tóxicas, deberá reflejar esta situación en el expediente, acompañado con consignación de los medios permitidos que han servido para: probar las circunstancias para así satisfacer la carga de la prueba que, en este caso, pertenece al ámbito de la actividad administrativa.

Por el contrario, y a pesar del humo que sale a la atmósfera, se demuestra que no contamina, podría ser motivo para adoptar alguna medida preventiva o sancionadora de menor gravedad, como imponer el uso de especializados filtros adicionales.

El control posterior, es un elemento del procedimiento sancionador, muy significativo en la limitante que significa la adecuación del hecho al tipo. En todo caso, deben aplicarse las elementales medidas de análisis y, una vez evaluados todos los elementos, corresponde adoptar la resolución del tema, respaldada de una motivación razonada, tan clara que no dé lugar a impugnaciones bajo los alegatos de vicios por comprobación de los hechos, o por sustentarle en falsos supuestos.

Para la legislación española, el Principio de Proporcionalidad no tiene, individualmente, categoría positiva de Principio Constitucional, aunque debería. Sin embargo, tiene el rango de «Principio de Ordenación y Aplicación del Sistema Tributario[137]» en la Nueva LGT, y mencionado como criterio de medición de las sanciones en forma positiva en el Aparte Único, Artículo 178 de la Ley General Tributaria: «(...) serán aplicables los principios de (...) proporcionalidad (...)[138]».

La mencionada Ley General Tributaria aporta, además, ciertos criterios de graduación de sanciones, como la intención, antecedentes y naturaleza del daño causado[139], entre los que se considera especialmente el elemento volitivo de la intención, si tiene antecedentes y si ha sido reincidente, la gravedad del daño, con el objeto de establecer en cada caso los criterios de graduación aplicables y el porcentaje fijo que representan, de modo que la suma de todos los concurrentes coincida con la sanción máxima que se puede imponer[140].

Cada situación se mide en forma de relaciones y proporciones de diferentes magnitudes. Concretarlas y calcularlas debe estar dispuesto en función de dirigir las actuaciones administrativas en el cálculo de las sanciones. Para el particular régimen sancionador resulta especialmente necesario, debido a que en una misma regulación pueden coexistir partidas que determinen una mayor deuda tributaria no siendo objetos de sanción ni de ajustes que supongan minoraciones, lo que constituirá la base de la sanción.

Habrá entonces que considerar algunos elementos cuya utilidad permita el aporte de patrones medidores de gravedad, tanto de la acción como de su conse-

---

137 Artículo 3.2. LGT: «La aplicación del sistema tributario ge basará en los principios de proporcionalidad (...)». Sobre el punto, ver: Martín Fernández, J., «Una visión general del anteproyecto de la nueva Ley General Tributaria», *Revista Jurídica de la Comunidad de Madrid*, N° XXV, Madrid, 2003.

138 Artículo 131. Ley 58/2003, de 17 de diciembre, General Tributaria.

139 Martín Rebollo, L. Leyes (...), *op. cit.*, Ley 30/1992. Artículo 131: «Principio de proporcionalidad p. 130.

140 Ubicado en la LGT, Sección 3. Cuantificación de las Sanciones Tributarias Pecuniarias, Artículo 187. Criterios de graduación de las sanciones tributarias.

cuencia jurídica. Incluso está indicado en la norma el deber para el servidor público de tomarle en cuenta y menciona expresamente los términos: «(...) En la determinación normativa del régimen sancionador, así como en la imposición de sanciones por las Administraciones Públicas se deberá guardar la debida adecuación entre la gravedad del hecho constitutivo de la infracción y la sanción aplicada (...)[141]».

En este sentido se pronuncia la jurisprudencia: «(...) al principio de legalidad formal, mediante el cual, la facultad de sancionar se atribuye a la Administración Pública con suficiente cobertura legal; al principio de legalidad material, que implica la tipicidad referida a la necesidad de que los presupuestos de la sanción o pena estén perfectamente delimitados de manera precisa en la ley; el principio de proporcionalidad de la sanción administrativa; el principio de la tutela efectiva; el principio a la presunción de inocencia, entre otros (,..)[142]».

La mayoría de las leyes, algo a lo que no escapa la LGT, al prever incumplimientos a sus propias disposiciones, dejan determinado campo de actuación para que el funcionario encargado pueda aplicar, medidas consecuentes, ya sean referidas al peculio o la suspensión de derechos, considere cuál o cuáles sería o serían la medida sancionadora o las medidas sancionadoras más convenientes ante determinado supuesto en particular. Dentro de esta actuación administrativa que ejerce la Potestad Sancionadora, además de la presencia del Principio de Proporcionalidad, estarán presentes tina serie de criterios determinados en la propia Ley, con lo cual, podemos observar como en ningún caso existe una autonomía absoluta de decisión, aún cuando adecúe la sanción a los márgenes dentro de los que se maneje prevista la sanción correlativa a la conducta antijurídica[143].

Las dos vertientes que componen el Principio de Proporcionalidad, constituyen un doble mandato que vincula tanto al legislador. En el ámbito abstracto, debe establecer la correlación entre la tipificación legal de las infracciones y la determinación de las sanciones que le corresponden, y otro mandato, dirigido a la Administración, que en ejercicio de su Potestad Sancionadora debe establecer la exacta correspondencia entre la conducta cometida y la infracción estipulada, con el grado de la sanción que merezca. A ello se refiere el mencionado Artículo 131 de la Ley 30/1992[144].

El Principio encuentra diferentes formas de operatividad según la situación que se manifieste. El legislador, además de ejecutar la CE, se manifiesta en la inducción a la aplicación del Principio, lo que supone una actuación e intensidades cualitativamente distintas respecto de las funciones de otros órganos de la Admi-

141 Martín Rebollo, L., *Leyes* (...), *op. cit.*, Constitución Española, p. 489. Artículo 131.3.

142 STSJ de Galicia 221/2002, de 7 de febrero de 2002.

143 Sobre el Principio de Proporcionalidad en el ámbito sancionador, ver Tomos Mas, J., «Infracción y sanción administrativa: El tema de su proporcionalidad en la jurisprudencia contencioso-administrativa», Revista Española de Derecho Administrativo, N° VII, Madrid, 1975, p. 93 y ss.; *Derecho Administrativo Sancionador*, III Edición, Editorial Tecnos, Madrid, 2002, p. 243 y ss.; Rebollo Puig, M., *Potestad sancionadora, alimentación y salud pública*, Ediciones Instituto Nacional de Administración Pública, Madrid, 1989, p. 739 y ss.

144 Artículo 131.3 de la Ley 30/1992: «(...) En la determinación normativa del régimen sancionador, así como en la imposición de sanciones por las Administraciones Públicas se deberá guardar la debida adecuación entre la gravedad del hecho constitutivo de la infracción y la sanción aplicada (...)».

nistración encargados de la interpretación y la aplicación de éstas. Pese a su falta de recepción por la Constitución[145], la jurisprudencia constitucional ha resuelto que, la actuación del legislador puede ser enjuiciada con arreglo a dicho principio[146].

Resulta aplicable aquí contradecir la conocida máxima que esboza «El fin justifica los medios». El innecesario y excesivo sacrificio de los Principios Constitucionales, que implica la falta de proporción entre el fin perseguido, y los medios empleados para alcanzarlo, pueden o deberían dar lugar al enjuiciamiento, desde una perspectiva constitucional, que evite el exceso de punición.

La cuestión es distinta si el papel debe desempeñarlo la Administración, quien tiene cierta movilidad entre las delimitaciones establecidas en márgenes legales, pudiendo llegar incluso al límite máximo impuesto por el legislador. El ejercicio discrecional de su actuación, también encuentra limitación en los principios generales del derecho, especialmente en el que venimos estudiando (el de Proporcionalidad), que representa la más efectiva frontera de la Potestad Sancionadora, según reiteradas interpretaciones de carácter jurisprudencial por parte del Tribunal Constitucional[147].

Es importante tener en cuenta, que la administración goza de una libertad condicionada en el establecimiento de la sanción, por límites que le ha impuesto el

---

145 En relación con el Principio, se ha pronunciado la jurisprudencia al afirmar que: «(...) el Principio de Proporcionalidad no constituye un derecho fundamental (...)», en STC 03/1988, de 21 de enero de 1988.

146 STC 55/1996, de 28 de marzo de 1996. El máximo intérprete constitucional, manifestado que, «(...) el principio de proporcionalidad no constituye en nuestro ordenamiento constitucional un canon de constitucionalidad autónomo cuya alegación pueda producirse de forma aislada respecto de otros preceptos constitucionales. Es, si quiere decir así, un principio que cabe inferir de determinados preceptos constitucionales, y en particular de los aquí invocados (artículos 1.1, 9.3 y 10.1 CE), y, como tal, opera esencialmente como un criterio de interpretación que permite enjuiciar las posibilidades vulnerables de concretas normas constitucionales. Dicho con otras palabras, desde la perspectiva del control constitucionalidad que nos es propio, no puede invocarse de forma autónoma y aislada el principio de proporcionalidad, ni cabe analizar en abstracto si una actuación de un poder público resulta alegarse primero y enjuiciarse después en qué medida ésta afecta al contenido de los preceptos constitucionales invocados: solo cuando la desproporción suponga vulneración de estos receptos cabrá declarar la inconstitucionalidad (...)». En esta Sentencia, recuerda el TC que, como ha señalado en otros pronunciamientos anteriores, el principio de proporcionalidad deriva del «valor justicia», del principio del «Estado de Derecho», del principio de «interdicción de la arbitrariedad de los poderes públicos» o de la «dignidad de la persona».

147 Por ejemplo, la STC de 20 de diciembre de 1994 (STC 9801) «(...) la discrecionalidad que se otorga a la Administración en la imposición de sanciones, dentro de los límites legales previstos debe ser desarrollada considerando en todo caso las circunstancias concurrentes al objeto de alcanzar la necesaria y debida proporcionalidad entre los hechos imputados y la responsabilidad exigida (...) el Principio de Proporcionalidad tiene en el ámbito del derecho sancionador una función relevante, no solo en cuanto expresión de unos abstractos poderes de aplicación de la Ley en términos de equidad, sino por la circunstancia de que las sanciones a imponer por la realización de los comportamientos típicos se encuentran recogidas de forma sumamente flexible, lo que permite al órgano sancionador realizar una labor de adaptación a la mayor o menor gravedad del comportamiento, pero que también permite a los órganos jurisdiccionales controlar el uso correcto que se haya hecho de la potestad».

legislador entre un mínimo y un máximo; esa delegación en la graduación de las sanciones lo ha hecho en el marco de una confianza y de una mejor identificación de la concreta infracción y posterior sanción a las circunstancias del caso concreto. La discrecionalidad de la actuación administrativa dentro de los márgenes legales, por tanto, no puede erigirse en arbitrariedad.

Como hemos dicho, no se trata de una descontrolada toma de decisiones, pues estas encuentran su límite, por vía de recurso en la jurisdicción contencioso administrativa, dado que esta ponderará la correcta aplicación del principio, y evaluará si la sanción impuesta guarda relación con las circunstancias que rodean e influyen en el caso. En otros términos, el órgano jurisdiccional enjuiciará, en cada caso concreto si al hecho cometido le corresponde la sanción[148].

La discrecionalidad se ve, no obstante, sensiblemente delimitada al tomar en cuenta los criterios de graduación de las sanciones: intencionalidad, gravedad, trascendencia del hecho, naturaleza de los perjuicios causados, y otros elementos. En cuanto a los referidos criterios de graduación de las sanciones, aparecen regulados con alcance general, en el precitado Artículo 131.3 de la Ley 30/1992, a tenor de la cual, para la graduación de las sanciones a aplicar, las Administraciones Públicas deberán tener en cuenta los siguientes criterios: «(...) a) la existencia de intencionalidad o reiteración; b) la naturaleza de los perjuicios causados y; c) la reincidencia por comisión en el término de un año de más de una infracción de la misma naturaleza cuando así haya sido declarado por resolución firme (...)». Tales criterios son perfectamente compatibles con los factores de graduación que introduce el Artículo 187 de la nueva LGT.

La prohibición de aplicar más de una sanción a una misma acción u omisión, es utilizada como circunstancia que determina la calificación» de una infracción como infracción independiente[149], criterio este que se une a los criterios de graduación de sanciones que versan acerca de la comisión repetida de infracciones tributarias, perjuicio económico causado a la Hacienda Pública, incumplimiento sustancial de la obligación de facturación o documentación, o un posible acuerdo o conformidad del interesado; cualesquiera de los anteriores, condicionan la simultaneidad en la aplicación de sanciones.

La primera observación que hay que hacer respecto de Venezuela, es que, este Principio no se encuentra expresamente contemplado en el COT, aunque puede inferirse implícitamente de los Principios constitucionales que proscriben el exceso

---

148 De esta forma la STS, RJ 1996/2258, recurso número 3345/1992, de 7 de marzo de 1992, afirma que: «(...) al ámbito jurisdiccional corresponde no solo la calificación para subsumir la conducta del tipo legal, sino también, por paralela razón, en adecuar la sanción al hecho cometido, ya que en uno y otro caso el tema es de aplicación de criterios valorativos en la norma escrita o inferibles de principios integradores del ordenamiento jurídico, como son, en este campo sancionador los de congruencia y proporcionalidad entre la sanción e infracción (...)». En el mismo sentido, (aunque niega el carácter discrecional de la aplicación de las sanciones) la Sentencia del mismo Tribunal del 16 de febrero de 1998, tras señalar que «(...) la actividad Sancionadora de la Administración Pública, no es una actividad discrecional, sino una actividad típicamente jurídica o de aplicación de las normas, lo que permite un control del presupuesto de hecho, que, en cada caso en particular, es objeto de enjuiciamiento, realizado fundamentalmente a través del principio de proporcionalidad (...)».

149 LGT, Artículo 180. Acerca del Principio de no-concurrencia de sanciones tributarias.

de punición, como contrarios al ideal de justicia y al Estado de Derecho. Si bien positivamente se hace referencia a la graduación de las sanciones entre un máximum y un mínimum, el órgano competente goza de una discrecionalidad en la aplicación de la normativa que no es recomendable en ésta materia, puesto que es permeable al abuso y a la arbitrariedad.

En virtud de la posición asumida por el Tribunal Supremo de Justiciare Venezuela, deben agruparse las sanciones a que haya lugar: «(...) cuando exista una conducta continuada o repetida, es de obligatorio proceder, según las reglas del concurso continuado previstas en el Código Penal, que a los solos efectos de la pena, dichos incumplimientos se consideran como un delito único (…)». La sanción la Administración Tributaria, considera la concurrencia de infracciones y sanciones, y aplica la sanción que proporcionalmente presente mayor gravedad, aumentada con la mitad de las otras[150], a manera de guardar conformidad o proporción de unas partes con el todo a que obliga la LOPA[151].

Acerca del quiebre del Principio de Proporcionalidad, destacan en la práctica jurisprudencial los alegatos en los cuales se demanda un incremento desmesurado de la sanción[152].

El más Alto Tribunal de Justicia declaró la nulidad por inconstitucionalidad del Parágrafo Único del Artículo 59 del Código Orgánico Tributario, publicado en la *Gaceta Oficial de la República de Venezuela Extraordinario,* Número 4.727, de 27 de mayo de 1994. Establecía como sanción la aplicación de intereses por mora en el pago de la obligación tributaria sobre la actualización de la deuda (intereses compensatorios y actualización monetaria) en caso de ajustes provenientes de reparos[153], lo que genera una indebida capitalización de intereses y por ende un incremento desmedido de los intereses punitivos como sanción.

- El Código Orgánico Tributario actual, presenta algunas falencias en cuanto a la proporcionalidad de las sanciones, ejemplos de ellos son: la imposición de sanciones pecuniarias con una desmedida sanción para quienes incumplan el deber formal de declaración informativa de inversiones; cargo adicional al cálculo de intereses por retraso en el pago del uno por ciento (1%) del tributo; sanciones privativas de libertad para quienes realicen la defraudación a través de la ocultación de inversiones mantenidas en jurisdicciones de baja imposición fiscal[154], de modo que las sanciones no son uniformes y varían según objetivos fijados en la política fiscal y no generalmente en la mayor o menor gravedad de las conductas sancionables.

---

150 STSJV-SPA N° 5567, de fecha 11 de agosto de 2005.

151 LOPA, Artículo 12: Artículo 12: «La actividad de la Administración Pública se desarrollará con base en los principios de economía, celeridad, simplicidad administrativa, eficacia, objetividad, imparcialidad, honestidad, transparencia, buena fe y confianza. Asimismo, se efectuará dentro de parámetros de racionalidad técnica y jurídica.

152 Material Disponible en Internet: http://www.badellgrau.com/opicot.html. «(...) irracional y desproporcionado el prever el incremento de la sanción cuando el particular estaría actuando apegado a derecho y en ejercicio de mecanismos que el propio ordenamiento le brinda (...)».

153 Criterio que puede observarse en STSJV-SPA N° 2330, de fecha 02 de octubre de 2002; STSJV-SPA N° 581, de fecha 22 de abril de 2003; y STSJV-SPA N° 816, de fecha 26 de julio de 2000. Cabe señalar que aclarar que el cobro del interés moratorio surge siempre y cuando se trate de créditos líquidos y exigibles, o de plazo vencido.

154 COT, Artículos 103, numerales 7; 109 y 119, p. 205.

Como conclusiones al Principio de Proporcionalidad:

- Una vez ubicada la norma aplicable, el Principio de Proporcionalidad, significa que el quantum de la sanción que pretende aplicarse debe guardar relación con la infracción cometida.
- Este Principio puede concretarse con la previa fijación de los criterios de graduación en materia sancionadora de modo que exista una apropiada relación entre la infracción y sus consecuencias. Para ello, la nueva LGT aporta criterios entre los que se consideran especialmente el elemento volitivo de la intención, con limitaciones mínimas y máximas que determinan el baremo dentro del cual el órgano administrativo desempeña condicionadamente su función.
- Proponemos la implementación explícita del principio de Proporcionalidad para la legislación venezolana, y no conformarse con un basamento por interpretación en contra de prohibición al exceso de punición que solamente prescribe los criterios de valoración penales, cuyo resultado se evidencia en la imposición de sanciones desmedidas.

C. *Principio de Retroactividad in bonna*

Ahora corresponde hacer alusión a la delimitación temporal de la aplicación normativa en materia sancionadora. En general, la norma aplicable debe ser preexistente al ilícito, y será esa norma la aplicable de manera principal cuando se juzgue el presunto hecho irregular. Habrá que atender, por tanto, al tipo de ilícito a fin de evaluar si la normativa aplicable es la vigente para el momento en que se realizan los actos que lo configuran, tal es el caso de ilícitos por acción u omisión, o la vigente al momento en que se produce el resultado dañoso.

La sanción debe continuar existiendo al momento en el cual el órgano competente pretenda aplicarla; ya que no podría aplicarse sanción alguna si para la fecha en que se dicta la decisión respectiva, el hecho que se pretendía sancionar ha dejado de ser ilícito. Este aspecto del principio de preexistencia no es más que un reflejo de la garantía, también de rango constitucional, evidenciada en la excepcional aplicación retroactiva de normas sancionatorias más favorables.

El Principio de Retroactividad va más allá del Principio de Proporcionalidad, puesto que, su vulneración por parte de la Potestad Sancionadora conlleva no solo la posibilidad que su lesión por parte de los órganos administrativos sea objeto de tutela constitucional por vía de amparo. Tampoco basta que el legislador concrete en las anteriores normas sancionadoras los criterios que han de servir para la graduación de la sanción, si la conducta merecedora de reproche según la nueva Ley ha dejado de ser ilícita o es apreciada con menor gravedad[155].

La adopción del Principio supone convertir la multiplicidad de soluciones entre una amplia gama de sanciones aplicables, en función de aplicar la más benéfica posible[156], y ello aún cuando requiera establecer una excepción a la

155 STS 89/1983, de 02 de noviembre de 1983.

156 Torno Más, J., «Infracción y sanción administrativa: el tema de su proporcionalidad en la jurisprudencia Contencioso Administrativa», en *Revista Española de Derecho Administrativo*, N° 7,1975, pp. 616 y 621.

irretroactividad normativa. Representa la utilización supletoria del Derecho Penal Material, de manera que pueda ser utilizado en presencia de la necesidad de tutela de los bienes jurídicos necesarios para la vida de las personas. De tal forma que la finalidad político-criminal perseguida a través de la pena, o de los efectos positivos producto de la incriminación, se puedan equiparar con el sacrificio de los derechos fundamentales del autor, quien ante la desproporción de estos términos, se verá en la obligación de desdeñar la represión penal, y preferirá la administrativa. Insistimos, salvando la posibilidad de revisión posterior, tanto en lo relativo a la propia sanción como en lo relativo a su calificación en vía jurisdiccional.

En nuestra opinión, este Principio encuentra nacimiento en la excepción al Principio de Irretroactividad de las normas penales. La exigencia normativa alude al respeto cronológico de Ley previa a la comisión de ilícitos, de allí resulta la prohibición de leyes con efectos retroactivos. Para que el ciudadano tenga acceso a la información acerca de cuáles son las conductas que acarrean responsabilidad, debe estar previamente prohibida, de esta manera tendrá acceso a la norma, para acomodar su conducta y disfrutar de seguridad jurídica.

Por el carácter garantista de la prohibición de retroactividad, resulta legítimamente constitucional la excepción que presenta la retroactividad de las normas más favorables, es decir, las que despenalizan una conducta o reducen su penalidad.

El Principio de la excepción a la retroactividad o la retroactividad *in bonna,* será aplicado si concurren los requisitos esenciales, que se prescriben en la posterior normativa, consecuente con el cambio de valoración en la conducta anteriormente contraria a derecho, y con la imposición de la carga coactiva menos lesiva posible, para que la intervención administrativa en la esfera jurídica del infractor sea la mínima necesaria.

La retroactividad de las disposiciones sancionadoras favorables tiene su fundamento en la Constitución Española[157], que declara la retroactividad de las normas más favorables[158]. El carácter constitucional de la excepción al principio de prohibición de retroactividad, no siempre ha sido pacíficamente aceptado por la doctrina ni por la jurisprudencia, en parte, para evitar que la excepción se convierta en regla general.

En cuanto a la doctrina, ha puesto en duda el carácter de la retroactividad, afirmando que, «(...) en el principio de irretroactividad de las normas desfavorables contemplado en el artículo 9.3 de la Constitución no va implícito el mandato constitucional de que se den efectos retroactivos a los favorables por el contrario significa que «(...) las normas sancionadoras favorables «pueden» ser tanto retroactivas como irretroactivas (...)». Concluye en afirmar el rango legal, y no constitucional de la aplicación de normas retroactivas.

La consecuencia devenida, es la posible derogación o excepción por cualquier otro precepto de rango legal, sin que exista una vulneración constitucional[159].

---

[157] CE, Artículo 9.3: «La Constitución garantiza el principio de (...) irretroactividad de las disposiciones sancionadoras no favorables (...)».

[158] Martín Rebollo, L. Leyes (...), *op. cit.*, Constitución Española, p. 63. Artículo 9.3.: «La Constitución garantiza la irretroactividad da las normas sancionadoras no favorables o restrictivas de derechos individuales (...)».

[159] Nieto, A. Derecho (...), *op. cit.*, pp. 238 y 239.

Incluso, interpretado a contrario sensu, el Artículo 9.3 CE[160] garantiza también la retroactividad de la Ley penal más favorable[161]; interpretado juntamente con el artículo 25.1 CE[162], posibilita su aplicación por el Derecho Administrativo Sancionador. Sumemos a ello las disposiciones del Pacto Internacional de Derechos Civiles y Políticos[163] (La Ley, 18276/1966), ratificado por España, que expresamente prevé el derecho a la retroactividad de la norma más benéfica.

En principio, es obligatoria la aplicación de normativa vigente, al momento de producirse el hecho constitutivo de infracción, de sustancial importancia en materia de prescripción tributaria, en donde debe tomarse en cuenta el cómputo del plazo de prescripción desde el día en el cual finalice el plazo reglamentario, conforme a la Ley de Derechos y Garantías de los Contribuyentes, que rebaja el plazo general de prescripción de cinco a cuatro años[164].

Acerca de la concurrencia de sanciones, el Real Decreto por el que se aprueba el Reglamento del Procedimiento para el ejercicio de la Potestad Sancionadora, establece en sus Artículos 5.1 y 5.2 que: «El órgano competente para resolver la no-exigibilidad de responsabilidad administrativa en cualquier momento de la instrucción de los procedimientos sancionadores en que quede acreditado que ha recaído sanción penal o administrativa sobre los mismos hechos, siempre que concurra, además, identidad de sujeto y fundamento (...)», y el 5.2: «(...) El órgano competente podrá aplazar la resolución del procedimiento si se acreditase que se está siguiendo un procedimiento por los mismos hechos ante los órganos comunitarios europeos. La suspensión se alzará cuando se hubiese dictado por aquellos resolución firme. Si se hubiera impuesto sanción por los órganos comunitarios, el órgano competente para resolver deber tenerla en cuenta a efectos de graduar la que, en su caso, deba imponer, pudiendo compensarla, sin perjuicio de declarar la comisión de la infracción (...)[165]».

---

160 CE: 9.3. «La Constitución garantiza el principio de legalidad, la jerarquía normativa, la publicidad de las normas, la irretroactividad de las disposiciones sancionadoras no favorables o restrictivas de derechos individuales, la seguridad jurídica, la responsabilidad y la interdicción de la arbitrariedad de los poderes públicos».

161 En este sentido, las SSTC15/1981, de 07 de mayo de 1981 (La Ley Juris 6471- JF/0000); 62/1982 de 15 de octubre d 1982 (La Ley Juris 7232-JF/0000); 226/1990, de 04 de junio de 1990 (La Ley Juris 823067-JE/1990).

162 CE, Artículo 25.1. «Nadie puede ser condenado o sancionado por acciones u omisiones que en el momento de producirse no constituyan delito, falta o infracción administrativa, según la legislación vigente en aquel momento». Al respecto, García Morago, H. «Principio de tipicidad y potestad sancionadora local». Publicado por *El Consultor de los Ayuntamientos y de los Juzgados (El Consultor de los Ayuntamientos y de los Juzgados)* Revista N° XIX, Madrid, 1998.

163 Pacto Internacional de Derechos Civiles y Políticos, hecho en la ciudad de Nueva York, en fecha 19 de diciembre de 1966. En España, el Instrumento de Ratificación data del 13 de abril de 1977. BOE 30 abril 1977, Artículo 15.1. «Nadie será condenado por actos u omisiones que en el momento de cometerse no fueran delictivos según el derecho nacional o internacional. Tampoco se impondrá pena más grave que la aplicable en el momento de la comisión del delito. Si con posterioridad a la comisión del delito la ley dispone la imposición de una pena más leve, el delincuente se beneficiará de ello».

164 Huesca Boadilla, R., «La retroactividad del nuevo plazo de prescripción tributaria de la Ley 1/1998». Publicación de *Revista la Ley,* N° 24, pp. 392 a 415.

165 Artículos 5.1 y 5.2 de la mencionada Ley de Derechos y Garantías de los Contribuyentes.

Es interesante citar aquí un caso jurisprudencial, donde la proporcionalidad lleva a tomar en cuenta un cambio normativo que permite interpretar la Ley más benigna a contrario sensu.

Desaparece la tipicidad de la conducta, y entran a operar las ya mencionadas disposiciones, referentes a favorecer con carácter retroactivo al administrado. Estamos, pues, ante el supuesto en que el carácter más favorable de las modificaciones, es aplicado a una situación antes prohibida se resolvió pues, que al desaparecer la infracción, las sanciones deben ser levantadas y dejadas sin efecto alguno[166].

En dicha Sentencia, el Tribunal Supremo, si bien aplicó los Principios que resultan de los Artículos 128.2 de la Ley 30/1992 y 4.1 del Segundo Párrafo del Real Decreto 1398/1993, en cuanto a que «(...) Las disposiciones sancionadoras no se aplicarán con efecto retroactivo, salvo cuando favorezcan al presunto infractor (...)»; efectuó una interpretación del Artículo 9.3 de la CE referente a la «(...) irretroactividad de las disposiciones sancionadoras no favorables que a nuestro juicio no se concilia con las garantías constitucionales.

En efecto, el más Alto Tribunal sostuvo que: «(...) en el principio de irretroactividad de las normas desfavorables contemplado en el artículo 9.3 de la Constitución no va implícito el mandato constitucional de que se den efectos retroactivos a los favorables (...)», sino que ello pueda significar que «(...) las normas sancionadoras favorables «pueden» ser tanto retroactivas como irretroactivas (...) Entiende que «(...) la regla de la retroactividad de las normas sancionadoras favorables tiene rango legal y no constitucional. Lo que significa que puede ser derogada o excepcionada por cualquier otro precepto de rango legal sin que ello vulnere la Constitución (...)».

Como se advierte en la citada Sentencia, el Tribunal Supremo se adhiere a la teoría que niega el carácter constitucional del Principio de Retroactividad in bonna (reconocido constitucionalmente por casi todos los países que viven en Estado de Derecho). Con las graves consecuencias que ello implica para el administrado, toda vez que lio solamente lo priva de la vía del Recurso de Amparo, sino que, además, permite que el legislador pueda dejarlo sin efecto violentando el Principio de Igualdad y Seguridad jurídica al sectorizar los efectos de la Ley con relación al tiempo. De todos modos, no obstante su carácter legal, no existe el elemento discrecional para quien imponga la sanción, mientras el legislador no disponga lo contrario. Por tanto, la autoridad deberá aplicar la Ley más favorable mientras expresamente no se disponga lo contrario.

Tanto la doctrina como la jurisprudencia, han aclarado que el juicio de benignidad de la nueva Ley, debe efectuarse de manera integral, sin fraccionamientos. En aquellos casos en que el nuevo régimen legislativo contenga partes favorables y partes desfavorables, lo, correcto será determinar si, en bloque, se trata realmente de una regulación más benigna.

De ésta manera ha afirmado la jurisprudencia la aplicación unitaria del precepto que favorece al administrado: «(...) No se puede aplicar a retazos una y otra ley (la anterior y la posterior) debiéndose de aplicar la nueva cuando sea más favorable al reo, en bloque, no fragmentariamente, porque si se procediera a selec-

---

166 Hacemos alusión a la STS 860/1993, de 05 de mayo de 1997.

cionar la normativa precedente y la que modifica lo más beneficioso de una y otra, se estarían usurpando tareas legislativas que no corresponden a los Tribunales como sería la creación de una norma artificiosa e indebidamente elaborada a partir de lo entresacado de la antigua y la nueva (...)[167]».

En la práctica actual, por la recomendación de asesores fiscales, se ha producido el retiro ante la Administración Tributaria de un gran número de recursos, con vistas a su resolución a la luz de la Nueva LGT, que prescribe el derecho de los contribuyentes a solicitar que se les aplique la fórmula más favorable para ellos, la mera retirada de esos recursos les reportará un descuento del veinticinco por ciento (25%) sobre la cantidad con que les penalizó el fisco. Disposición establecida con el propósito de agilizar trámites y procedimientos.

Por último, hay que agregar que imponer sanciones por hechos que merezcan un correctivo, no solo requiere que estos se encuentren contemplados y sancionados por la normativa vigente en el momento de su comisión, sino también cuando el órgano competente aplique la norma sancionadora a dichos hechos.

De conformidad con la Constitución venezolana, las disposiciones sancionatorias deben estar previstas en leyes preexistentes[168], sin posibles excepciones[169]. Y aunque la Disposición Transitoria Quinta *ejusdem* ordena la eliminación a esta excepción, esta es amparada legalmente por el Artículo 8 del COT, cuando dispone que: «(...) Ninguna norma en materia tributaria tendrá efecto retroactivo, excepto cuando suprima o establezca sanciones que favorezcan al infractor (...)». Si alguna persona ha realizado, por medio de su acción u omisión, mi acto contrario a derecho, debe estar estipulado en una normativa que haya estado en vigencia al momento de realizarse la contravención.

El principio de preexistencia se refiere tanto a las infracciones como a las sanciones y así se ha encargado de aclararlo la jurisprudencia, en pronunciamientos como:

A) Respecto a la consideración de la falta: «(...) la garantía que exige la ley preexistente para la sanción necesariamente se extiende a la falta. La falta debe estar definida también por ley preexistente, de lo contrario no podría siquiera hablarse de la posibilidad de la existencia de un verdadero Estado de Derecho (...)[170]».

B) En cuanto a las infracciones y penalidad correspondiente, en el sistema jurídico venezolano rige el principio de la legalidad en materia de infrac-

---

167 González Pérez, J. y otro.: *Comentarios a la Ley de Régimen Jurídico de las Administraciones Públicas y Procedimiento Administrativo Común*, II Edición, Tomo II, Editorial Civitas, Madrid, 1999, p. 255.

168 Brewer-Carías, A., *La Constitución* (...). De conformidad con el Artículo 49, ordinal 6: «Ninguna persona podrá ser sancionada por actos u omisiones que no fueren previstos como delitos, faltas o infracciones en leyes preexistentes». Entendiendo el concepto de «Ley» en sentido amplio, para que la norma tenga el carácter ejecutorio, debe atravesado todo el proceso de formación normativa correspondiente, p. 283.

169 CJ3RV, Disposición Transitoria Quinta: «En el término no mayor de un año a partir de la entrada en vigencia de esta Constitución, la Asamblea Nacional dictará una reforma del Código Orgánico Tributario que establezca, entre otros aspectos: (...) 2. La eliminación de excepciones al principio de no-retroactividad de la ley (...)».

170 STSJV-SPA N° 91, de fecha 19 de enero de 2006. Ver también voto salvado del Magistrado Rondón Haaz. En el mismo sentido, STSJV-SPA N° 3388, de fecha 26 de mayo de 2005.

ciones y penas, lo que conduce a exigir, la previa tipificación legal de los hechos que puedan calificarse como ilícitos, y también se hace imprescindible la anticipada determinación legal de la correspondiente medida sancionatoriá[171].

La existencia de las sanciones en normativas anteriores a la comisión la infracción constituye una manifestación concreta del Principio General de Irretroactividad. En este sentido, el Principio de preexistencia de las penas produce ciertas consecuencias fundamentales:

A) Rechazo efectivo a la sanción de comportamientos cometidos antes de plasmarse su concreta tipificación en el ámbito legislativo.

B) La pena debe ser preexistente a la comisión del hecho que se pretende sancionar.

La infracción de este aspecto del Principio se produce siempre que se pretenda castigar una conducta no tipificada como punible para el momento de su ocurrencia. Al mismo tiempo, en desconocimiento de la garantía constitucional de Irretroactividad de la Ley[172].

Para imponer sanciones por hechos que merezcan un correctivo, no solo han de estar contemplados y sancionados por la Ley vigente en el momento de su comisión, sino también cuando se juzga o determina por el órgano competente la aplicación de la norma sancionadora a dichos hechos. La pena debe continuar preexistiendo para el momento en que el órgano competente pretenda aplicarla. Por lo tanto, no podría aplicarse sanción alguna si para la fecha en que se dicta la decisión respectiva, el hecho que se pretendía sancionar ha dejado de ser ilícito. Este aspecto del Principio de preexistencia no es más que el reflejo de la garantía de aplicación retroactiva de las normas sancionatorias más favorables; retroactividad in bonná[173].

En principio, la Ley aplicable para el enjuiciamiento de un ilícito administrativo es la vigente al momento en que ocurre la infracción. Habrá que atender, por tanto, al tipo de infracción a los fines de establecer si la Ley aplicable es la vigente para el momento en que se realizan los actos que lo configuran, ya sea por infracciones de acción u omisión e igualmente si se trata de infracciones de resultado, pues será aplicable la Ley vigente en el momento en que se produce el resultado previsto en la norma. Como hemos señalado anteriormente, la norma aplicable debe ser preexistente al ilícito, y debe aplicarse esa Ley de manera principal cuando se juzgue el presunto hecho irregular.

En Venezuela, la situación que se plantea es la misma, ya que, luego de haberse realizado un hecho sancionable según la Ley preexistente, se produce una modificación legislativa, y la nueva Ley es, en su consideración integral, más benigna

171 STSJV-SC N° 488, de fecha 30 de marzo de 2004. Ver también voto salvado del Magistrado Rondón Haaz. En el mismo sentido, STSJV-SPA N° 6226, de 16 de noviembre de 2005.

172 Brewer-Carías, A., *La Constitución* (...), Artículo 24 «Ninguna disposición legislativa tendrá efecto retroactivo, (...)», p. 274.

173 Brewer-Carías, A. *La Constitución* (...), Artículo 24 «Ninguna disposición legislativa tendrá efecto retroactivo, excepto cuando imponga menor pena (...) Cuando haya dudas se aplicará la norma que beneficie al reo (...)», p. 274. Respecto la última frase, el vocablo «reo», por extensiva aplicación, también alude al débil jurídico, en este caso al contribuyente incurso en algún proceso sancionador.

para el administrado, bien porque elimina el carácter punible al hecho, bien porque establece una sanción de menor efecto dañino para el sujeto pasivo, entonces será ésta última la aplicable al hecho que se juzga, aún cuando no hubiere estado en vigencia para el momento en qué se configuró el ilícito administrativo[174].

Como síntesis del Principio, que hemos llamado retroactividad *in bonna*:

- La seguridad jurídica de los administrados, se cristaliza mediante la aplicación de la normativa vigente (*lex praevia*). Por vía de excepción, se adopta del régimen penal la retroactividad de las leyes favorables al sujeto pasivo, incurso en una infracción, con el objeto que la intervención administrativa sea la menos lesiva posible, considerada de manera integral.
- Debido a su condición procede, siempre y cuando concurran los requisitos indispensables para su aplicación, destacando especialmente la oportunidad en su alegato.
- En nuestra opinión, el Principio de Retroactividad *in bonna* tiene reconocimiento constitucional, por interpretación a contrario sensu de lo que dispone el Artículo 9.3 de la Constitución Española, pese a que su implementación precisa la interpretación del legislador. Respecto de Venezuela hay que destacar que, aún cuando se admite la utilización excepcional con carácter general de la retroactividad *in bonna*, se dispone expresamente que las excepciones al Principio de Retroactividad de la Ley deben ser eliminadas por la Ley en la especial materia tributaria; remisión legal que acoge su aplicación.

D. *Principio de Culpabilidad*

El proceso de asimilación material de las sanciones administrativas al régimen penal se proyecta también sobre los aspectos subjetivos de la conducta infraccional y sus resultados, mediante la exigencia en mayor o menor medida, de los elementos subjetivos que permiten un juicio de reprochabilidad sobre los responsables[175].

Ahora bien, el hecho de la exigencia concurrente de los extremos de reprochabilidad exigidos al autor de un hecho típico y antijurídico en materia penal, tales como: el autor, como causante de la acción u omisión que supone la conducta ilícita implicado directamente como autor, cómplice o encubridor de los hechos ilícitos; y la imputabilidad de éste; que no concurran en él causales de inimputabilidad que alteren su capacidad de obrar; y por último, que haya tenido conciencia, voluntariedad a título intencional o culposo de los hechos, determina que ha actuado con «culpa».

La falta de regulación en Leyes administrativas sobre estos temas que pueden regir en el Derecho Administrativo Sancionador, no obsta para la aplicación de los mismos elementos incriminadores del Derecho Penal y consecuentemente, no puede ser impuesta la sanción al autor y a los partícipes indirectos sin una gradación para cada uno.

---

174 En cuanto a Tratados Internacionales, aplicables, incluso por encima de la Constitución, el Artículo 9 de la Convención Americana sobre Derechos Humanos: que «(...) Si con posterioridad a la comisión del delito la ley dispone la imposición de una pena más leve, el delincuente se beneficiará de ello (...)».

175 Aguirre, L. *Las sanciones* (...), *op. cit.*, pp. 1386-1388.

¿Existe una edad mínima para la imputación de responsabilidad u otras circunstancias que excluyen de imputabilidad tales como la enajenación mental, la legítima defensa, el estado de necesidad, etc.? Suponemos correcta la igual sustancia entre el Derecho Penal y el Derecho Sancionador Administrativo, y la interpretación restrictiva aplicable a todo el derecho punible, en tanto y en cuanto sean aplicables a favor y beneficio del sancionado. A falta de previsión expresa, solo puede ser administrativamente incriminado en calidad de autor, y no como cómplice o encubridor, y también serán aplicables excepciones de responsabilidad por enajenación mental, minoría de edad, legítima defensa, estado de necesidad, etc.

En el Derecho Sancionador, es una exigencia previa al juicio de reproche abierto a una persona, que ha cometido una acción antijurídica; es decir, para procesar a cualquier persona debería haber culpa en el acto repudiado, su voluntad inconsciente dirigida a ejecutar un hecho, conocido como dolo, o tan solo haber tenido la intención de ejecutarlo aunque fuera ilícito, pero hasta una vez terminado el proceso, siempre será inocente, mientras no se demuestre lo contrario. La medida de la culpa, en sus dos vertientes deberá ser determinada según la infracción o el delito del que se trate.

Podría confundirse con la antijuricidad, otro concepto afín que consiste en la actuación de un sujeto que, sin estar autorizado, ataca un bien jurídico protegido, mediante la realización por acción u omisión de un tipo contenido en la norma; y culpablemente actúa quien comete un acto antijurídico, pudiendo actuar de un modo diferente[176], ya sea no empleando la diligencia necesaria para evitar el mal, o por alguna otra causa. La antijuridicidad es presupuesto de la culpa.

Sistemáticamente, el Principio de Culpabilidad, está integrado por dos proposiciones: no hay pena sin culpa, y esta pena no puede sobrepasar la medida de la culpabilidad, lo que lleva a suponer que «(...) junto a la idea negativa de que la pena no puede sobrepasar la medida de la culpabilidad, la idea positiva que ha de ser proporcional a la medida de la culpabilidad (...)». Consecuencia de ello, se erigen límites al reproche del quantum concreto de la pena, echando en falta la determinación positiva[177].

La culpa podría presentar la forma de imprudencia, originada en el descuido evitable y ausente de voluntad; la impericia, o de inobservancia de alguna normativa, y como entienden los penalistas, también es posible su gradación en grave o en culpa leve, según se omita la diligencia de la persona menos cuidadosa[178].

El análisis no tiene cabida sin la consideración abstracta y objetiva de la responsabilidad, en consecuencia, sería incompatible una violación normativa culpable cuando no concurra la presencia de la imputabilidad y el dolo porque coloca en entredicho la vigencia del Principio.

Aflora la dificultad con la que se encuentran los órganos administrativos y judiciales, en determinar la concurrencia del elemento intencional, o la omisión del

[176] Muñoz Conde, F. y otro: *Derecho Penal. Parte General*, IV Edición, Editorial Tirant lo Blanch, Valencia, 1993, p. 317. Explica que la doctrina penalista entiende el Principio de Culpabilidad como un juicio de reprochabilidad dirigido al autor de un hecho típico y antijurídico.

[177] Muñoz Conde, F. y otro: *Derecho* (...), *op. cit.*, p. 407.

[178] García Gómez de Mercado, F., *Sanciones Administrativas: Garantías, derechos y recursos del presunto responsable*, II Edición, Editorial Comares, Granada, 2004, p. 77.

deber de cuidado en la conducta del sujeto agente, más aún si para ello se parte solamente del análisis subjetivo del mismo expresado a través de su conducta.

Por lo anterior, podría deducirse que la culpa es elemento intrínseco a la condición humana, sin embargo, cabe destacar que la reprochabilidad de las conductas contrarias a derecho, también alcanza a las personas jurídicas, ya se traten de individuos o de organizaciones, precisamente, ésta es una de las particularidades del Derecho Sancionatorio.

La culpabilidad es principio y circunstancia concurrente del doble carácter en el hecho: ilícito y antijurídico, adolescente de causas que le eximan de correspondiente sanción al autor que ha cometido la infracción, teniendo plena capacidad de obrar y actuar, que estaba en conocimiento de la antijuridicidad de aquello que iba a cometer y eligió la vía jurídicamente castigada, pudiendo haber empleado la diligencia debida y elegir otra conducta distinta, que no hubiera causado perjuicio a ningún bien jurídico protegido.

Estamos ante un estudio de gran trascendencia para el Derecho Administrativo Sancionador al poner de relieve que la infracción administrativa requiere, en todo caso, la concurrencia del elemento subjetivo de la culpa o el dolo[179].

Considerar a la culpabilidad como un Principio constitucional, aplicable a la materia constituye uno de los puntos centrales a debatir en el régimen de contravenciones tributarias, tomarla en consideración para calificar de infracción o delito una contravención normativa, ha sido motivo de controversia entre las áreas penal y administrativa del Derecho Público. Ello se debe a la subjetividad de la culpa y la gradación que de ella se desprende.

La construcción normativa del concepto de culpabilidad, entiende que quien actuaba de «esa» forma, tuvo la oportunidad de elección, pudiendo haber tomado una actitud distinta y actuar de otra manera, pero procedió a quebrantar la norma. El peso de la racionalidad hacía caer la demostración de esta teoría, la capacidad de haber podido actuar de una manera contraria es posible creerlo, pero difícil demostrarlo.

En fin, que por motivos de imprecisión se popularizó en la doctrina el llamado «concepto material» de la culpabilidad. Para la doctrina penal se dirigía a individuos capaces de motivarse en su comportamiento por los mandatos normativos, lo importante es que la norma sancionadora le motiva a través de sus mandatos y prohibiciones, bajo la amenaza de sanción. Parte de esta idea: es muy difícil, que no exista variedad de opciones y resulta complicado que la única salida sea realizar aquello que la norma prohíbe[180]. Precisamente, es esta una de las aristas que presenta, el Principio de la Culpabilidad en su aplicación, cuando hay que aplicarla a una persona jurídica.

Desde la aplicación del Derecho Romano, es sabido que la culpabilidad está ausente en las infracciones cometidas por las personas jurídicas (*societas delinquire non polest*), aunque lo esté en los titulares de sus órganos de gobierno o en sus empleados. Constituye una excepción a la necesidad de concurrencia del elemento culpabilidad propia del Derecho punitivo, y conforma, una singularidad notable del Derecho Administrativo Sancionador con respecto al Derecho Penal.

---

179 Nieto, A., *Derecho* (...), *op. cit.*, pp. 292 a 334.
180 Muñoz Conde, F. y otro: *Derecho* (...), *op. cit.*, pp. 320 a 322.

A la culpabilidad, como Principio Fundamental delimitador de la Potestad Sancionadora de la Administración, son la doctrina y la jurisprudencia quienes le han otorgado respaldo en la Carta Magna española[181]. La dignidad de la persona como condición de valor, impide atribuir una consecuencia jurídica, a título de mera responsabilidad objetiva[182], y es tanta la evolución apreciable, que se ha llegado a incorporar el concepto de responsabilidad compartida[183].

Uno de los aspectos relevantes de la nueva Ley General Tributaria es que como consecuencia de la revisión de la Ley 230/1963, de 28 de diciembre, General Tributaria, se potencia el aspecto subjetivo de la conducta de los obligados en la propia tipificación de las infracciones, de modo que las sanciones más elevadas queden reservadas a los supuestos de mayor culpabilidad.

Se abandona así la tradicional tendencia a «objetivizar» la conducta infractora en el ámbito tributario, prefiriendo determinar tanto el tipo infractor, como la cuantía de la sanción en el grado de culpabilidad atribuida al imputado; en la misma línea de considerarle inherente a la infracción. Ya se trate de una infracción administrativa o penal, ésta no puede configurarse sin el elemento subjetivo de la culpabilidad, a título de dolo o negligencia que llega incluso a trascender en el plano sustantivo cuando el caso refiere la determinación de la presunción de inocencia, ya que para condenarse a algún infractor en la falta de esta, debe demostrarse su ausencia. Así lo ha reconocido el Tribunal Constitucional, cuando señala que: «(...) toda resolución sancionadora sea penal o administrativa, requiere a la par certeza de los hechos imputados, obtenidos mediante pruebas de cargo y certeza del juicio de la culpabilidad sobre esos mismos hechos (...)[184]». Es esta la razón que nos impulsa a sostener la necesaria consolidación de la doctrina constitucional relativa a la exigencia de culpabilidad, en las materias administrativas y tributarias.

Para establecer la responsabilidad en la culpa, resulta preciso analizar muchas variables cuando se produce un ilícito. Nos encontramos ante circunstancias determinantes[185] de tal calificación, entre las cuales observamos que hay que evaluar: si

---

181 Por interpretación *lato sensu* de la CE, Artículo 10.

182 Borja Jiménez, E., *Algunas reflexiones a raíz de la nueva formulación del principio de culpabilidad en el Anteproyecto de Código Penal de 1992*, Ediciones Actualidad Penal, N° 34, Madrid, 1992, p. 339. También la STC 55/1982, de 26 julio de 1982, STC 35/1984, de 13 marzo de 1984; las SSTC 219/1988, de 22 noviembre de 1988, y de 76/1990, de 26 abril de 1990 (Jurisprudencia Constitucional Tributaria, Marcial Pons, Instituto de Estudios Fiscales, Madrid, 1993, p. 210. En igual sentido, Cobo del Rosal, M. y otro, *Derecho Penal, Parte General*, V Edición corregida, aumentada y actualizada, Editorial Tirant Lo Blanch, Valencia, 1999. Para quienes el silencio en proclamación expresa del principio de culpabilidad con rango constitucional «(...) no quiere decir que no pueda ingerirse de los principios de legalidad y prohibición de exceso o de requerimientos generales del Estado de Derecho (...)», p. 414.

183 Ver el pronunciamiento del Tribunal Supremo en STS 539/2003, de 30 de abril de 2003. Se trata de valorar la posibilidad de aplicar en materia de delito fiscal el concepto técnico de la autoría. Sentado lo cual el Tribunal considera admisible la posibilidad que el extraneus en el delito especial propio contra la Hacienda Pública, dado que no ostenta la condición necesaria de sujeto pasivo, se constituya en inductor o cooperador necesario del intraneus. Porque el partícipe no infringe la norma que respalda el tipo penal de la parte especial, sino la prohibición contenida en las reglas de participación que amplía el tipo penal.

184 La Sentencia aludida es la STC 55/1982, de 26 de julio de 1982.

185 LGT. Artículo 179.2. «Las acciones u omisiones tipificadas en las leyes no darán lugar a responsabilidad por infracción tributaria en los siguientes supuestos: (...)». Cabe destacar que la última revisión de la antedicha Ley, trajo consigo una necesaria cláusula donde la responsabilidad es absorbida por la Administración Tributaria, en hechos imputables a ésta.

se trata de personas carentes de capacidad en materia tributaria[186]; que el hecho se haya producido por fuerza mayor, que la responsabilidad sobrevenga de una decisión colectiva, en la que no ha sido partícipe, que haya producido bajo alguna causa de exclusión que se base en el desconocimiento, que medie una diligencia necesaria correctamente motivada, o que exista analogía con criterios anteriores de la Administración.

Respecto a la interpretación jurisprudencial, el Tribunal Supremo se ha pronunciado en uno y otro sentido. Ha considerado que la distinción en el nivel de culpa resulta intrascendente para eximir de responsabilidad[187], aunque no exista dolo, la intencionalidad directa, la simple existencia de culpa grave o negligencia simple, es suficiente para producir la imposición de una sanción; aunque también ha venido a indicar que al echar en falta este elemento, se puede considerar al sujeto exento de sanción[188], máxime si toma en cuenta las diferencias de criterio respecto de la compleja interpretación de las normas tributarias[189]. En lo que ninguna Sentencia entra en desacuerdo es en afirmar que todo contribuyente debe tener una diligencia media en su actuar ante la Administración y de ésta forma se ha pronunciado de forma reiterada.

Para la determinación de culpabilidad, el elemento fundamental es el sujeto pasivo. En principio, la Ley establece que los contribuyentes, sus sustitutos, los retenedores y los obligados a practicar ingresos a cuenta, los obligados al cumplimiento de obligaciones tributarias formales, la sociedad dominante en el régimen de consolidación fiscal, entidades que estén obligadas a imputar o atribuir rentas a sus socios o miembros, y el representante legal de los sujetos obligados que carezcan de capacidad de obrar en el orden tributario; todos ellos, al violar una normativa, son sujetos infractores a quienes se puede exigir responsabilidad[190]. Se establece también un nuevo supuesto de responsabilidad subsidiaria de contratistas y subcontratistas en relación con retenciones y con tributos que deban repercutirse como consecuencia de las obras o servicios contratados o subcontratados.

La traba que encuentra la exigencia de responsabilidad surge cuando corresponde a una sociedad. La Ley 30/1992 establece, en su Artículo 130.1, acerca de la

[186] Según la LGT, en su Artículo 44, además de las personas civilmente capacitadas, de ésta forma se consideran capaces para el orden tributario quienes posean capacidad de establecer relaciones comerciales, por las deudas nacidas con ocasión de su ejercicio.

[187] Es menester recordar que no toda «interpretación razonable» puede considerarse eximente de culpabilidad. Y así, entre otras, la STSJ de Madrid 981/1993, de fecha 21 de octubre de 1993, JT 1993,1215, acerca de la verificación de culpa en el hecho. Manifiesta lo delgado de la línea que divide inculpar a no a alguna persona, a efectos de hacerle responder. Por descontado, la complicación cuando se delimita un concepto totalmente «objetivo» y alejado de interpretaciones teleológicas, de lo que se entiende por «duda razonable y fundamentada», cuestión esta, de difícil resolución y poca uniformidad.

[188] Al respecto, la STS 4240/1990, de 07 de mayo de 1990 [RJ 1990, 4240]): Ambas: «(...) una diferencia de criterio razonable respecto de la interpretación de las normas tributarias puede ser causa de exclusión de la culpabilidad en el ámbito de la potestad sancionadora de la Hacienda Pública (...)».

[189] No cabe apreciar la existencia de «voluntariedad» cuando el comportamiento del contribuyente no es arbitrario o caprichoso y tenía su fundamento en una interpretación de una norma contraria a la mantenida por la Administración.

[190] LGT, acerca de los sujetos infractores, el Artículo 181.1. «Serán sujetos infractores las personas físicas o jurídicas y las entidades mencionadas en el apartado 4 del artículo 35 de esta ley que realicen las acciones u omisiones tipificadas como infracciones en las leyes».

responsabilidad que: «Solo podrán ser sancionadas por hechos constitutivos de infracción administrativa las personas físicas y jurídicas que resulten responsables de los mismos aun a título de simple inobservancia Precisamente, en falencia expresa de culpabilidad, ha tenido que tomarse en consideración una justificación expresa a la admisión de responsabilidad de las personas jurídicas.

La jurisprudencia constitucional, en cuanto a la determinación de responsabilidad en las sociedades, considera que la imputabilidad de la autoría de la infracción a la persona jurídica nace de la propia naturaleza de la ficción jurídica a que responden esos sujetos. Falta en ellos el elemento volitivo en sentido estricto, pero no la capacidad de infringir las normas a las que están sometidos. Capacidad de infracción, y por ende reprochabilidad directa, que deriva del bien jurídico protegido por la norma que se infringe y la necesidad de que dicha protección sea realmente eficaz y por el riesgo que en consecuencia, debe asumir la persona jurídica que está sometida ¡al cumplimiento de dicha norma. Como podemos observar la invocación de la eficacia de la represión administrativa se concreta en la mayor solvencia de las personas jurídicas frente a la de sus miembros o empleados, lo que ha determinado esta admisión.

Esta excepción a la exigencia de culpabilidad no exime de responsabilidad a quienes actúan por otros o pesa sobre ellos un deber de vigilancia, ya que la Ley 30/1992, en su Artículo 130.3 establece que: «(...) Serán responsables subsidiarios o solidarios por el incumplimiento de las obligaciones impuestas por la Ley que conlleven el deber de prevenir la infracción administrativa cometida por otros, las personas físicas y jurídicas sobre las que tal deber recaiga, cuando así lo determinen las Leyes reguladoras de los distintos regímenes sancionadores

No toda la atención debe dirigirse a encontrar determinación de responsabilidad en la sociedad, es necesario determinar la responsabilidad de los dirigentes, de otra forma, terminarían respondiendo desconocidos o accionistas minoritarios en lugar de dirigir la responsabilidad hacia los directivos.

La culpa, es un concepto que también debe observarse a efectos de precisar la cuantía de la sanción correlativa a la conducta violatoria, cuando se diferencia el ilícito penal del tributo, ya que, en ocasiones, la cantidad defraudada supera los límites previstos en el Código Penal en referencia a los delitos fiscales[191], pudiendo incluso, en supuestos de insolvencia, deducir el dote de provisión a cuenta de acciones en sociedad que se creía inactiva e insolvente por el sujeto pasivo[192].

En algunos supuestos no se aprecia la concurrencia de culpabilidad. De allí que encuentren exoneración de responsabilidad en el error, que puede ser material[193], de

191 Ley Orgánica 10/1995, de 23 de noviembre, [BOE Número 281, de 24 de noviembre de 1995, corrección de errores en BOE Número 54, de 02 de marzo de 1996] Código Penal, «La alusión del pago de tributos y el disfrute ilícito de beneficios fiscales», Artículo 349.

192 Mencionado en STSJ de Justicia de Castilla y León de Valladolid 163/1994, de fecha 9 de febrero de 1994 (JT 1994, 139).

193 Doctrina jurisprudencial, suficientemente acuñada, admite el «error invencible» como elemento eximente de toda culpabilidad, en cualquiera de sus formas, y por ende, significativo de la ausencia de sanción por una conducta guiada por tal error: a «sensu contrario», la Resolución 1734/1993 del TEAC de fecha 01 de diciembre de 1993 (JT 1993,1734) establece que para tener como válido el requisito de la culpabilidad en la existencia de infracción, basta para que exista con que la conducta del contribuyente

hecho[194], técnico jurídico[195], ausencia normativa explícita[196], jurisprudencia contradictoria de los tribunales[197], que el error se produzca habiéndose basado en normas objeto de frecuentes y reiterados recursos[198], o que éstas sean normas novedosas[199] sin precedentes y de difícil interpretación[200].

Entre las circunstancias más importantes, que han llevado generalmente a los órganos juzgadores a entender que existe culpabilidad, se encuentra la falta de llevanza de contabilidad conforme a la normativa legalmente aplicable, y la falta de presentación de las declaraciones tributarias. Cabe destacar que, en virtud de las disposiciones del Artículo 41.4 LGT, la responsabilidad en materia tributaria se

---

pueda calificarse de negligente, en el sentido de cometer error vencible, como ocurre en este caso, puesto que probado el incumplimiento de unos requisitos exigidos, por una norma suficientemente clara, debe considerarse ajustada a Derecho la aplicación de las correspondientes sanciones.

194 Según el TEAC, este error material o de hecho anulará la culpabilidad siempre y cuando sea creíble, razonable y no intencionado; así, en Resolución 428/1993, de fecha 24 de febrero de 1993 (JT 1993, 428), precisa que la concurrencia de dos requisitos para poder calificar los hechos realizados por el contribuyente como infracción tributaria: el primero, sujetivo: la vulneración de una norma de Derecho Tributario; el segundo, subjetivo: la exigencia de un grado mínimo de culpabilidad en la conducta del sujeto infractor.

195 En igual sentido, si lo que se ha producido es mía aplicación incorrecta del límite en la cuota para determinadas deducciones, teniendo en cuenta que el porcentaje de limitación ha permanecido inalterable durante los cuatro años anteriores, varía en el ejercicio sujeto a inspección; y vuelve a ser el inicial en los ejercicios posteriores, no cabría achacar, culpa al error incurrido por el sujeto pasivo, máxime cuando el mismo ha declarado todos los rendimientos y ha presentado en plazo reglamentario todas sus declaraciones. Así lo ha entendido la STSJ de Castilla La Mancha 102/1993, de 08 de marzo de 1993 0T 1993, 232), cuando manifiesta que «(...) cuando el contribuyente no sustrae el conocimiento (...) y sea comprensible (...), no procede la imposición de sanción alguna, (...)».

196 LGT, Artículo 131, acerca de la verificación de datos.

197 Dentro de esta línea argumental, la Sentencia 1650/1993 de fecha 10 de diciembre de 1993, del TSJ de Madrid (JT 1993, 1605), manifiesta que: «(...) la duda más que, razonable de su obligación de declarar, y buena prueba de ello es que algunos Tribunales así lo han declarado, elimina la culpabilidad, elemento indispensable para que una conducta merezca el reproche punitivo siquiera sea en el ámbito de las infracciones tributarias (...)». Doctrina está repetida de forma idéntica en la Sentencia 949/1994, del mismo Tribunal de fecha 07 de julio de 1994 0T1994, 949), también en un supuesto de aplicación de IVA a las máquinas recreativas tipo B, y finalmente, la STSJ de Madrid 1540/1993, de 23 de diciembre de 1993 (JT 1993,1540). También la AN, en el mismo sentido, en Sentencia 535/1993, de fecha 13 de mayo de 1993 0T 1993, 535).

198 En aquellos casos en los que una determinada norma es objeto de frecuentes y reiterados recursos es signo de su poca claridad. Por lo tanto, una discrepancia de criterio con respecto al de la Administración sobre la base de esas normas litigiosas, poco transparentes, o de difícil entendimiento, excluye todo atisbo de culpabilidad. De esta manera se afirma en las Resoluciones del TEAC, Vocalía 1ª, 275/1993, de 27 de enero de 1993 (JT1993, 275) y 667/1993, de 14 de abril de 1993 0T 1993, 667).

199 La Resolución 251/1994 del TEAC, Vocalía 1ª, de fecha 26 de enero de 1994 (JT 1994, 251). Plantea que la «duda razonable» puede originar la ausencia de culpabilidad cuando el sujeto pasivo presenta correctamente sus declaraciones, no omite ningún rendimiento o ingreso en su declaración, pero la discrepancia se produce debido a la creciente proliferación normativa en la materia en cuestión. En el mismo sentido, lo ha interpretado en STSJ de Extremadura 422/1994, de fecha 17 de junio de 1994 (JT 1994,679).

200 Resoluciones del TEAC, Vocalias 6ª y 1ª, 1737/1993, de fecha 16 de diciembre de 1993 (JT 1993,1737) y 820/1994, de 25 de mayo de 1994 (JT 1994, 820), respectivamente.

produce de manera excepcional: «(...) La responsabilidad no alcanzará a las sanciones, salvo las excepciones que en esta u otra ley se establezcan (...)». En estos casos, los Tribunales concluyen confirmada la sanción impuesta por la Administración, al entender que estos defectos de «omisión» constituyen prueba suficiente y objetiva de la culpabilidad del sujeto infractor[201].

Es menester, finalmente, relacionar aquellos supuestos en los que la doctrina jurisprudencial ha entendido que la duda o interpretación no ha sido razonable o cuando, incluso, no cabe siquiera un solo resquicio para la interpretación discrepante sobre determinada materia normativa. En todos estos casos, el juzgador ha apreciado culpabilidad, en mayor o menor grado, que desemboca en la ratificación de las sanciones impuestas[202].

En Venezuela, el silencio constitucional, es callado por el COT, cuando hace referencia a la intencionalidad o a la culpa del autor de los hechos infraccionales, más como criterio de medición de las sanciones tributarias, en cuanto establece una responsabilidad solidaria en mediación de las dos manifestaciones de culpa, como dolo o culpa grave, según la disposición del Artículo 29: «(...) Son responsables solidarios los adquirentes de fondos de comercio así como los adquirientes del activo y del pasivo de empresas o entes colectivos con personalidad jurídica o sin ella. La responsabilidad establecida en este artículo estará limitada al valor de los bienes que se adquieran, a menos que los adquirientes hubiesen actuado con dolo o culpa grave

En la fase de aplicación, las sanciones administrativas también toman en cuenta el Principio de Culpabilidad, en cuyo mérito las sanciones deben aplicarse, única y exclusivamente, ante incumplimientos culpables de la normativa legal, de manera que el solo incumplimiento objetivo de una disposición no puede engendrar responsabilidad administrativa y tampoco puede dar lugar a una sanción de esa especie.

La Administración, en virtud del tratado Principio, debe comprobar no solo la existencia objetiva del incumplimiento de una norma legal sino que tal incumplimiento, obedeció a una actuación intencional o negligente del sujeto que se pretende sancionar.

Que la Constitución omita toda referencia al Principio de Culpabilidad, no es óbice para aceptar su aplicación. Ello deriva de la aplicación supletoria de los Principios Generales del Derecho Penal en el Procedimiento Administrativo Sancionatorio y del propio COT. Como consecuencia de este principio, no resultan admisibles las sanciones de plano ni los ilícitos administrativos objetivos pues, para la imposición de sanciones, es necesario acreditar que el presunto responsable ha actuado en forma culpable, cualquiera sea el grado de dicha culpabilidad.

La necesidad de un elemento intencional o volitivo en el autor de la infracción se traduce en la exención de responsabilidad administrativa en aquellos casos

---

201 En ese sentido, la Resolución 669/1993 del TEAC, Vocalía 2ª, de fecha 01 de abril de 1993 (JT 1993, 669). Sin embargo, el concepto de «anomalía sustancial en la contabilidad» no está refiriendo a cualquier anomalía, sino que ha de ser de importancia tal que derive de la misma una mala fe o negligencia inexcusable. Así lo entiende el TSJ de Cataluña, Sentencia 144/1994, de 14 de marzo de 1994 (JT 1994, 212).

202 Así, por ejemplo, la Resolución 192/1994 del TEAC, Vocalía 5ª de fecha 13 de enero de 1994 (JT 1994,192).

en los cuales se produce la duda interpretativa de un determinado precepto, que puede dar lugar a la improcedencia de la sanción, siempre y cuando, el sujeto infractor haya actuado conforme a una interpretación racional y conforme a los antecedentes.

Del mismo modo, tampoco habrá culpabilidad si el supuesto sujeto infractor actúa conforme a un procedimiento sugerido por la propia Administración al resolver una consulta. Por esto, en la configuración del ilícito administrativo se exige que para realizar una conducta tipificada como infracción concurra la culpabilidad del infractor, en cualquiera de sus grados.

La misma problemática que evidencia la legislación española, se presenta en Venezuela a la hora de aplicar una sanción administrativa a las personas jurídicas, aunque el COT expresamente señale su pertinencia. Sin embargo, tal y como lo hemos señalado, en la legislación venezolana, la responsabilidad solidaria se extiende a los titulares de los activos o pasivos de los entes privados[203].

Como ideas principales del Principio de Culpabilidad, deseamos destacar que:

- El elemento volitivo de la infracción ha triunfado, luego de una discutible implementación en materia sancionadora administrativa, puesto que es necesario desvirtuar el Principio de Presunción de Inocencia.
- La tendencia actual es a incorporar su implementación como criterio de graduación de sanciones, abandonando la tradicional tendencia a objetivizar la conducta. Apoyamos la incardinación del elemento volitivo de la infracción en las consideraciones de la sanción correspondiente, en tanto en cuanto partimos de la idea que toda conducta infractora presenta un porcentaje de culpa, salvando las probadas excepciones.
- Entendemos que es un elemento de cuidadosa y especial implementación la determinación de responsabilidad de personas jurídicas. En Venezuela se reconoce el Principio de la presunción de inocencia, pero la legislación tributaria fija ciertos indicios que establecen la presunción de existencia de dolo por parte del infractor.

E. *Principio de Unidad de Sanciones*

Refiere, igual que la prohibición de retroactividad, al aspecto temporal de la aplicación de sanciones. Una vez tomada una decisión firme, ya sea que provenga de la Administración o de los Tribunales, debe mantenerse, siempre que no sean descubiertas circunstancias anteriores que obliguen a una apertura del caso, o que remitan la materia por razones de competencia; hecha esta salvedad, lo normal es el respeto a un procedimiento abierto, motivada y razonablemente resuelto por la autoridad competente a quien haya correspondido la resolución adecuada.

Garantiza al ciudadano un solo proceso y una sola consecuencia, en identidad de sujetos, hechos y fundamentos que tutelen un mismo bien jurídico, juzgados con firmeza por entes de igual jerarquía; con la exclusión de las excepciones devenidas de relaciones de sujeción especial y las impuestas por funcionarios de distinto or-

[203] COT, Artículo 29: «Son responsables solidarios los adquirentes de fondos de comercio así como los adquirientes del activo y del pasivo de empresas o entes colectivos con personalidad jurídica o sin ella».

den, en fin, salvaguardar seguridad jurídica al administrado. Desde la perspectiva de la Administración Pública, garantiza una importante economía procedimental.

Este Principio tiene, para el tema en cuestión, una importancia que radica en torno a una posible colisión, entre legislaciones nacionales y municipales para lo cual, es necesario determinar exhaustivamente las competencias de cada uno. Aunque no es lo único que reclama atención. Algunas veces, la diferencia que encuentran los tipos objetivos en las infracciones graves y delitos contra la Hacienda Pública, es lo suficientemente escasa como para dificultar la separación entre unos y otros. Causa del aumento de las posibilidades para identificar el hecho controvertido en varios preceptos tipificadores de infracciones tributarias[204].

Podría constituir una evolución de los conflictos de competencia surgidos en el Siglo XIX, cuando entra en auge la actuación administrativa. En efecto, antes de la existencia del Derecho Sancionador, cuando se detectaba una presunta infracción eran abiertos dos procedimientos simultáneos, con el doble carácter administrativo y penal.

Debería ser regla general, aceptar como válidos análisis a casos ya analizados y decididos. En su doble vertiente, supone, en la manifestación positiva la verdad jurídica que acompaña a la declaración de Sentencia firme, y la negativa, la de imposibilitar un nuevo planteamiento sobre un tema ya analizado.

Pero la evolución ha degenerado en una aplicación desmedidamente extensa, cuyo inicio sustancial proscribe la doble sanción por un mismo hecho, al margen de la existencia de un proceso judicial, y del tradicional ámbito de infracción-sanción, de aplicación en toda la rama jurídica en la que exista Potestad sancionadora.

Tampoco se trata de llegar hasta el extremo de considerar una doble sanción a casos en los cuales se evidencie la adolescencia en las igualdades que deben ser cumplimentadas.

Este argumento ha sido rebatido, en virtud de la falta de coincidencia de los tres factores de medición: La absolución penal por falta de culpabilidad, permite una posterior sanción administrativa; la descomposición de los hechos se desconoce en el campo penal; y en lo que a las causas se refiere, siempre serán diferentes, ya que una normativa pertenece al campo penal y la otra al administrativo[205].

En España, es un Principio Constitucional de segundo rango, positivo en la concepción de la Ley Marco. Goza además de reconocimiento jurisprudencial, quizá por estimarse integrado en el derecho fundamental de la Legalidad Sancionadora[206] con el que guarda íntima relación[207], llegando incluso a atribuirle a éste su génesis.

El *non bis in idem* supone, en definitiva, la prohibición de un ejercicio reiterado del *ius puniendi* del Estado que impide castigar doblemente, tanto en el ámbito de las sanciones penales como en el de las administrativas, y proscribe la compatibilidad entre penas y sanciones administrativas en aquellos casos en los que adecuadamente se constate que concurre la identidad de sujeto, hecho y fundamento.

---

[204] Zornoza Pérez, J., *El sistema* (...), *op. cit.*, pp. 99 y 100.

[205] Nieto, A., *Derecho* (...), *op. cit.*, pp. 348 y 349.

[206] Martín Rebollo, L., *Leyes* (...). Artículo 25.1., p. 82. Positivamente prescrito en el Artículo 133 de la Ley 30/1992, prohibitiva de duplicidad de sanciones.

[207] En este sentido, las SSTC 2/1981, de 30 de enero de 1981; 154/1990, de 15 de octubre de 1990; 204/1996, de 16 de diciembre de 1996; 221/1997 de 4 de diciembre de 1997.

Por la parte legal, la Ley 30/1992, acerca de la concurrencia de sanciones, establece que no podrán sancionarse los hechos que hayan sido evaluados penal o administrativamente, en los casos en que se aprecie identidad del sujeto, hecho y fundamento[208].

De igual manera, la jurisprudencia ha entendido la imposibilidad del doble castigo, administrativo y penal, lo que torna incompatible el proceso de casos cuya corroborada triple identidad de sujetos, hechos y fundamentos tutelen un mismo bien jurídico[209].

Según reiterada jurisprudencia del Tribunal Constitucional, la exigencia es que este Principio pueda ser apreciado como tal. Como ha proclamado el Tribunal Constitucional «(...) el principio general de derecho conocido por *non bis in idem* supone, en una de sus más conocidas manifestaciones, que no recaiga duplicidad de sanciones -administrativa y penal- en los casos en que se aprecie la identidad del sujeto, hecho y fundamento sin existencia de una relación de supremacía especial de la Administración -relación de funcionario, servicio público, concesionario, etc...- que justificase el ejercicio del *ius puniendi* por los Tribunales y a su vez de la potestad sancionadora de la Administración (,..)[210]».

Acerca de la reiteración del ejercicio sancionador, la jurisprudencia incluso ha llegado a considerar entrañada la negación del derecho a presunción de inocencia, constitucionalmente defendido[211]: «(...) semejante posibilidad entrañaría, en efecto, una inadmisible reiteración en el ejercicio del *ius puniendi* del Estado e, inseparablemente, una abierta contradicción con el mismo derecho a la presunción de inocencia, porque la coexistencia de dos procedimientos sancionadores para un determinado ilícito deja abierta la posibilidad, contraria a aquel derecho, de que unos mismos hechos, sucesiva o simultáneamente, existan y dejen de existir para los órganos del Estado (...)[212]».

Podría hasta constituir un claro atentado contra la proporcionalidad de enjuiciamiento ya que partiendo de la exigencia de Ley anterior, se instituye, para los ciudadanos, la garantía de información anticipada de la reacción punitiva por actos irregulares, ante la posibilidad de cometer un hecho ilícito, sería inútil si ese mismo hecho, por igual fundamento, pudiese ser objeto de una nueva sanción y, de efectuarse, comportará mía punición desproporcionada de la conducta ilícita.

---

[208] El Artículo 133 de la Ley 30/1992 establece que no podrán sancionarse los hechos que hayan sido sancionados penal o administrativamente, en los casos en que se aprecie identidad del sujeto, hecho y fundamento.

[209] Según la STS 2/1981, de 30 de enero de 1981 «(....) el principio general de derecho conocido por *non bis in idem* supone, en mía de sus más conocidas manifestaciones, que no recaiga duplicidad de sanciones -administrativa y penal- en los casos en que se aprecie la identidad del sujeto, hecho y fundamento sin existencia de una relación de supremacía especial de la Administración -relación de funcionario, servicio público, concesionario, etc. (...) que justificase el ejercicio del *ius puniendi* por los Tribunales y a su vez de la potestad sancionadora de la Administración (...)»; también desarrollado por las SSTC154/1990, 204/1996, 221/1997, entre otras.

[210] Según lo ha afirmado el Tribunal Supremo en STS 02/1981, de 21 de enero de 1981.

[211] Casado Ollero, G. y otros.: Código Orgánico (...), *op. cit.* Artículo 24.2. «(...) todos tienen derecho a (...) la presunción de inocencia (...)», p. 28.

[212] Hacemos referencia a las SSTC 77/1983, de 3 de octubre y 159/1987, de 26 de octubre de 1987.

El derecho fundamental que para el ciudadano representa el Principio en cuestión, desde el punto de vista de la Administración Pública, tiene también gran importancia por múltiples razones, entre las que podemos mencionar la invasión de competencias entre organismos y obvio menoscabo de la economía procesal, que obliga a desembolsar un doble gasto por la puesta en práctica de dos innecesarios procedimientos en dos administraciones diferentes.

Desde la perspectiva sustancial de la interdicción del *bis in idem*, no puede depender del orden de preferencia que normativamente se hubiese establecido entre los poderes constitucionalmente legitimados para el ejercicio del derecho punitivo y sancionador del Estado, ni menos aún de la eventual inobservancia, por la Administración sancionadora, de la legalidad aplicable.

Lo que ejemplifica que la preferencia de la jurisdicción penal sobre la Potestad administrativa sancionadora, ha de ser entendida como una garantía del ciudadano, complementaria de su derecho a no ser sancionado dos veces por los mismos hechos, y nunca como una circunstancia limitativa de la garantía que implica aquel derecho fundamental[213].

El tratamiento que la jurisprudencia otorga a la interdicción en duplicidad de sanciones ha sido indudablemente aceptado, siempre que concurran las condiciones requeridas para la adecuada concordancia del hecho al supuesto fáctico. La dificultad estriba en la manera en la cual se podría identificar el supuesto, y las condiciones que podría oponer la procedencia del mismo.

Respecto a la parte procedimental, queremos realizar un breve comentario en cuanto a la articulación del Principio de la Unidad de Sanciones, recogido con carácter general en la Ley 30/1992[214], y desarrollado en el Real Decreto 1398/1993[215], que ordena la no-exigibilidad de responsabilidad administrativa en presencia de igualdades en hecho, sujeto y fundamento, ante órganos españoles o ante órganos comunitarios europeos, ya que es en la dimensión procesal, donde el principio *ne bis in idem* cobra su pleno sentido a partir de su vertiente material.

En efecto, si la exigencia de *lex praevia* y *lex certa* que impone el Artículo 25.1 de la Constitución obedece, entre otros motivos, a la necesidad de garantizar a los ciudadanos un conocimiento anticipado del contenido de la reacción punitiva o sancionadora del Estado ante la eventual comisión de un hecho ilícito, ese cometido garantista devendría inútil si ese «mismo hecho», y «por igual fundamento», pudiese ser objeto de una nueva sanción, lo que comportaría una punición desproporcionada de la conducta ilícita.

En defensa del ciudadano frente a una desproporcionada reacción punitiva, la interdicción del *bis in idem* no puede depender del orden de preferencia que

[213] Según el pronunciamiento del Tribunal Constitucional, en Sentencia 177/1999, de 11 de octubre de 1999.

[214] Cuyo basamento constitucional es el Artículo 133, acerca de la concurrencia de sanciones «No podrán sancionarse los hechos que hayan sido sancionados penal o administrativamente, en los casos en que se aprecie identidad del sujeto, hecho y fundamento».

[215] Real Decreto 1398/1993, de 4 de agosto por el que se aprobó el Reglamento del Procedimiento para el ejercicio de la Potestad Sancionadora, los Artículos 5 acerca de la Concurrencia de sanciones y el artículo 7, respecto a las vinculaciones con el orden jurisdiccional penal.

normativamente se hubiese establecido entre los poderes constitucionalmente legitimados para el ejercicio del derecho punitivo y sancionador del Estado. Menos aún de la eventual inobservancia por la Administración sancionadora de la legalidad aplicable.

La preferencia de la jurisdicción penal sobre la Potestad Administrativa Sancionadora, ha de ser entendida como una garantía del ciudadano, complementaria de su derecho a no ser sancionado dos veces por unos mismos hechos, y nunca como una circunstancia limitativa de la garantía que implica aquel derecho fundamental. Así lo ha establecido la jurisprudencia constitucional[216].

Un caso concreto que aborda las cuestiones planteadas, toma en consideración la duplicidad de procedimientos sancionadores, administrativo y penal[217]. El caso, es el siguiente: el autor de un delito contra la seguridad del tráfico, condenado por la Audiencia Provincial de Santa Cruz de Tenerife, intenta un Recurso de Amparo ante el Tribunal Constitucional, alegando la vulneración del derecho fundamental a la legalidad penal y sancionadora[218], en su vertiente de derecho a no ser sancionado doblemente por unos mismos hechos, ya que por los mismos hechos fue condenado en vía penal habiendo sido procesado y sancionado anteriormente en vía administrativa, tras el oportuno procedimiento sancionador, por la Jefatura Provincial de Tráfico[219].

La Sentencia adhiere su criterio a la reiterada jurisprudencia que trata la doble labor procedimental, tanto en materia administrativa como penal[220]. En efecto, la duplicidad de procedimientos no ofrece discusión alguna. La polémica gira más bien en torno a la impertinencia en la oportunidad de su alegato.

Desde el inicio estuvieron teniendo lugar ambos procedimientos, de modo indiscutible siempre, desde que en el Administrativo se formuló pliego de cargos. En ese momento, el demandante pudo, por tanto, debió, invocar el derecho vulnerado para procurar un remedio a la violación, ya que le amparaba la Ley y en cualquier momento hubiera podido comunicarlos al Ministerio Fiscal, y que soliciten al Órgano Judicial las actuaciones adoptadas, para suspender la resolución del procedimiento, en caso de constar la identidad.

El silencio del actor fue atribuido a una táctica defensiva, consistente en tolerar la vulneración del Principio de Unidad de Sanciones, para utilizar la sanción administrativa definitivamente firme y suspender el proceso penal. Cabe recordar, aplicable al caso, que el bien jurídico tutelado es el respeto al principio, y no la manipulación de su funcionalidad[221].

Llegando un poco más allá del mero formalismo, el alegato extemporáneo tiene que ver con algo sustantivo, como es el fundamento que quiebra la presun-

216 En palabras del Tribunal Constitucional, STC 177/1999, de 11 de octubre de 1999.

217 Afirmaciones contenidas en la STC 152/2001, de 02 de julio de 2001 (Suplemento BOE de 26 de julio de 2001).

218 Martín Rebollo, L. Leyes (...), *op. cit.* Artículo 25.1 CE., p. 82.

219 Ver el Fundamento Jurídico 1 de la STC 152/2001, de 02 de junio de 2001 *op. cit.*

220 Tal y como lo ha indicado la jurisprudencia del Tribunal Constitucional en STC 77/1983, de 03 de octubre de 1983, Fundamentos Jurídicos 2 y 4.

221 Acotación que nace del criterio sostenido en la STC 152/2001, de 2 de junio de 2001, Fundamento Jurídico 6.

ción de buena fe procesal[222], con la consecuencia que acarrea la aplicación del Segundo apartado del Artículo 11 de la Ley Orgánica del Poder Judicial[223]. De la misma forma interpretado por la jurisprudencia, cuando ha establecido que «(...) los Juzgados y Tribunales rechazarán fundadamente las peticiones, incidentes y excepciones que se formulen con manifiesto abuso de derecho o entrañen fraude de ley o procesal (...)», precepto que el Tribunal Constitucional considera de aplicación supletoria en el proceso constitucional de amparo, según lo dispuesto por la Ley del Tribunal Constitucional[224]. En consecuencia, no fue admitido el Recurso de Amparo. Pensamos que estas premisas resultan plenamente aplicables al Procedimiento Tributario Sancionador.

La Nueva Ley General Tributaria destaca entre otras cosas, la remisión del expediente, previa notificación al interesado, al Ministerio Fiscal cuando se aprecie que pueda existir delito contra la Hacienda Pública[225], de modo que deja sin efecto que ya no podrá considerarse que una misma acción u omisión pueda aplicarse como criterio de graduación de una infracción, o como hecho determinante de la calificación de una infracción como grave o muy grave, pues a partir de 1 de julio de 2004, no se puede sancionar dicha acción u omisión como infracción independiente.

La autoridad administrativa no podrá pasar por alto el Principio de no-concurrencia de sanciones, al contemplar la posibilidad que la realización de distintas acciones, constitutivas de varias infracciones, determine la imposición de sanciones por cada una de ellas.

En Venezuela, la promulgación de la Constitución de 1999 trae consigo una normativa nueva en cuanto a la garantía del Derecho al debido proceso en todas las actuaciones judiciales y administrativas[226]: Hasta ese año no existía una marcada separación entre las sanciones administrativas y penales respecto de un mismo hecho. Se admitía la posibilidad de concurrencia de sanciones en distintas sedes.

---

222 Martín Rebollo, L. *Leyes Administrativas* (....), *op. cit.,* p. 1138. Artículo 11.1 Ley Orgánica 6/1985, de 01 de julio, Poder Judicial, (BOE número 157, de 02 de julio; rect. BOE número 264, de 04 de noviembre [RCL 1985,1578 y 2635]) (Selección), en adelante LOPJ: «En todo tipo de procedimiento se respetarán las reglas de la buena fe. (...)».

223 Martín Rebollo, L. *Leyes Administrativas* (...), *op. cit.* Artículo 11.2 LOPJ: «Los Juzgados y Tribunales rechazarán fundadamente las peticiones, incidentes y excepciones que se formulen con manifiesto abuso de derecho o entrañen fraude de ley o procesal (...)», p. 1138. Interpretado de la misma forma en la STC152/2001, de 02 de julio de 2001, Fundamento Jurídico 5.

224 Martín Rebollo, L. Leyes Administrativas (...), *op. cit.* Ley Orgánica 2/1979, de 03 de octubre [RCL 1979, 2383]), en adelante, LOTC, Artículo 80: «Se aplicarán, con carácter supletorio de la presente Ley, los preceptos de la Ley Orgánica del Poder Judicial y de la Ley en el Enjuiciamiento Civil, en materia de comparecencia en juicio, recusación y abstención, caducidad y forma de los actos, comunicaciones y actos de auxilio jurisdiccional, día y horas hábiles, cómputo de plazos, deliberación y votación, caducidad, renuncia y desistimiento (...)», p. 198.

225 LGT, Primer apartado del Artículo 180. Prevé, en términos similares a los contemplados en la anterior Ley 230/63.

226 Brewer Carias, A. *La Constitución* (...), «Del Derecho al Debido Proceso» Artículo 49: «El debido proceso se aplicará a todas las actuaciones judiciales y administrativas; en consecuencia: (...), se recoge positivamente el principio de *non bis in idem,* Artículo 49.7: «Ninguna persona podrá ser sometida a juicio por los mismos hechos en virtud de los cuales hubiese sido juzgada anteriormente», p. 306.

Con la entrada en vigencia de la nueva Constitución, el Tribunal Supremo de Justicia le ha dado una interpretación jurisprudencial: Adjudicar al Principio la categoría de límite insuperable, inalcanzable para la Potestad Sancionadora de la Administración en cuanto a materia reservada al Derecho Penal. Su extensión aplica incluso a tributos distintos, o a diferentes períodos si se cumple el presupuesto indicado por el COT en su Artículo 81, Parágrafo Único: «(...) siempre que las sanciones se impongan en un mismo procedimientos (...)». Interpreta la violación al *non bis in idem* como la doble irregularidad de la infracción procesada por la autoridad administrativa, y el delito o falta por la penal, como una situación que debe evitarse en lo posible[227].

La Administración no puede actuar concomitantemente con los Tribunales de Justicia. Deben respetar, cuando actúe a posteriori, el planteamiento fáctico que aquellos hayan realizado.

Sobre, el punto de obligatoriedad, la Administración debe respetar la fijación de los hechos efectuados por los Tribunales, aunque la tendencia jurisprudencial es observar las averiguaciones seguidas por los hechos que fueron objeto de anterior averiguación en sede administrativa.

En efecto, la vinculación que para la Administración tienen los hechos declarados como ciertos y probados, para la jurisdicción penal representa una derivación natural del Principio de Unidad de Sanciones, ya que con fuerza en dicho principio, no es posible aceptar que los mismos hechos existan para unos organismos del Poder Público, y no existan para otros.

La jurisprudencia ha declarado el planteamiento fáctico de los hechos investigados, y los ha declarado totalmente vinculantes para la autoridad administrativa, en consecuencia, no podían ser desconocidas las actuaciones penales llevadas a cabo por el órgano Administrativo investido de Potestad Sancionadora, so pena de incurrir en violación de la garantía fundamental conocida como *non bis in idem*. Resultaría entonces, contrario a esa garantía constitucional que la Administración imponga una sanción con fundamento en unos hechos que, previamente, la autoridad penal ha considerado inexistentes[228].

Como ideas a destacar en cuanto al Principio de Unidad de sanciones:

A través del Principio que proscribe la doble sanción por un mismo hecho, se garantiza un solo proceso y una sola consecuencia para un mismo supuesto donde concurra sujeto, hecho, fundamento y bien jurídico tutelado. Con base en el respeto a la seguridad jurídica, para el administrado, y de economía procedimental para la administración.

Poner en práctica su operatividad en un Estado con divisiones político-territoriales, supone la dificultad de su aplicación cuando un mismo hecho insta la Potestad Sancionadora de distintas administraciones, sea porque la infracción produce consecuencias jurídicas en distintas jurisdicciones administrativas o porque la infracción cometida sea también constitutiva de delito penal.

---

227 En esta línea se ha pronunciado la STSJ de Venezuela N° 1394 de fecha 07 de agosto de 2001 (Caso Código de Policía del Estado Bolívar),

228 STSJV-SPA N° 2137, de fecha 21 de abril de 2005.

Y como conclusión de esta PRIMERA PARTE, hay que destacar que los Principios que hemos examinado cumplen una doble función, según la perspectiva desde la cual se les evalúe: Como garantía del ciudadano, lo preserva del ejercicio arbitrario de la Potestad Sancionadora de la Administración a la vez que, desde la perspectiva del ejercicio del *ius puniendi* del Estado, delimita su campo de actuación, fijándole los límites a que debe atenerse. Este último debería constituir el enfoque que debería adoptar la Administración Tributaria para evitar el abuso y la ilegalidad de las actuaciones Administrativas Sancionadoras y reducir sustancialmente el reiterado Recurso ante la Jurisdicción Contencioso Administrativa, de manera que todo ello redunde en un claro sometimiento de la Administración al Derecho.

Las consideraciones que hemos efectuado precedentemente son aplicables, sin duda al ejercicio de la Potestad Sancionadora de los Entes Locales. Obviamente la dificultad estriba en la superposición y concurrencia normativa derivada del diferente marco competencial que les atribuye la propia Constitución. Pensamos que, tanto en España como en Venezuela, la autonomía normativa de desarrollo en un caso y originaria en otro deben contemplar cada uno de estos Principios para preservar no solo la igualdad de los ciudadanos ante la Ley, sino también para salvar la evitable violación de derechos fundamentales.

SEGUNDA PARTE

LA RESPUESTA SANCIONADORA PARA EL CUMPLIMIENTO DE LA LEGALIDAD TRIBUTARIA

Uno de los elementos indispensables para considerar a un Estado como tal es el poder, único e indivisible. Una de las funciones que realiza el Estado es la administrativa. A los efectos de la realización de sus fines, la Administración Tributaria debe disponer de los medios jurídicos correspondientes. Esos medios se denominan potestades de la Administración y constituyen un reflejo del poder del Estado[1].

Las potestades, entre otros caracteres, son inalienables e intransferibles de un ente a otro. Ello no impide a un ente que pueda delegar el ejercicio de su potestad a otro ente, pero no puede transferir la titularidad. Como hemos dicho, la Potestad es inalienable. Se entiende claramente que la Potestad tributaria no se puede enajenar; son irrenunciables ya que puede ocurrir que el titular las ejercite o no, su pérdida no depende de su voluntad. Podrá perderse en ciertas circunstancias, de acuerdo con lo que determine el Derecho Positivo; y por último, son imprescriptibles.

Las potestades administrativas se pueden clasificar, según el órgano al cual se confíe su regulación en potestad de mando, potestad reglamentaria, potestad sancionadora y la potestad contenciosa de la Administración, asimilable a la jurisdiccional.

La Potestad de mando es la facultad que tiene la Administración para dar órdenes y exigir su cumplimiento. Se ejerce mediante Decretos y Órdenes de la Administración Central, mediante decisiones, resoluciones o providencias de los entes jurídicos menores. La actividad de mando puede iniciarse de oficio por la misma Administración, o a instancia de parte interesada.

La naturaleza discrecional o reglada de la potestad de mando, se vincula con el carácter de la actividad administrativa a que se refiere. Un análisis somero de las normas que regulan la potestad de mando de la Administración Pública, revela la preeminencia absoluta de la actividad vinculada a la Ley respecto a la discrecional.

---

1 Brewer Carías, A., *La Constitución* (...), «Del Derecho al Debido Proceso» Artículo 49: «El debido proceso se aplicará a todas las actuaciones judiciales y administrativas; en consecuencia: (...), se recoge positivamente el principio de *non bis in idem*. Artículo 49.7: «Ninguna persona podrá ser sometida a juicio por los mismos hechos en virtud de los cuales hubiese sido juzgada anteriormente», p. 306.

Esto último gobierna la cerrada formulación de los criterios de graduación de las sanciones, según distinta sea la gravedad de las infracciones.

De allí que la Administración debe adecuar su ejercicio sancionador a los criterios legales dentro del baremo mínimo y máximo en auxilio, tanto de quien dirige el proceso, como de quien lo impulsa por medio de la comisión de la ilegítima actuación, establece el artículo 187 de la LGT[2]. Incluso, la inobservancia de esta adecuación a los criterios de graduación, que pueden ser de aplicación simultánea, conlleva a su posible anulación partiendo del hecho que todas las actividades administrativas son susceptibles de ser revisadas en la instancia jurisdiccional[3].

En resumen, al margen de la naturaleza jurídica de la sanción administrativa, más bien debe ser una herramienta con la cual los municipios puedan exigir el cumplimiento de su normativa y garantizar la percepción de sus tributos, en el marco de la autonomía que la Constitución garantiza a los entes locales, como Administraciones Públicas que conforman el Estado.

I. ANTECEDENTES DE LA POTESTAD LOCAL SANCIONADORA EN ESPAÑA Y EN VENEZUELA

Para entender el marco jurídico de la división política correspondiente al ámbito en el que vivimos, debemos conocer dónde se toman todas las decisiones del gobierno local, y cómo éstas afectan a quienes cometan una contravención a la Ley, la mejor manera es esquematizar y conocer la manera como está organizado, y cómo funciona internamente.

En el año de 1977, en España se presenta un proyecto constitucional. Comenzó a germinar la democracia, por vez primera, cuando tuvo ocasión la primera Ponencia Constitucional en el mes de septiembre, y es hasta el año 1978, en el Boletín Oficial del Estado del día 06 de noviembre de 1978 cuando aparece publicado un Real Decreto, bajo el número 2560, donde se sometía a Referéndum de la Nación el proyecto de Constitución que las Cortes habían aprobado el 31 de octubre anterior.

Cuando se elabora el borrador constitucional que culmina con el Referéndum del 06 de diciembre, el ochenta y siete por ciento (87%) de votos favorables del pueblo español aprueban la Carta Magna, primera desde la Constitución Republicana de 1931. El Rey sanciona la Constitución el 27 de diciembre de 1978, y el 29 de dicho mes entra en vigor con la publicación de su texto en el Boletín Oficial del Estado.

La recién estrenada Constitución, lógicamente afecta las bases del Estado, que desde los principios de la era constitucional se había venido asentando sobre el modelo estructural de una Nación centralizada, copiado del modelo unitario.

Desde los principios de la era constitucional (Con la única salvedad del periodo presidido por la citada Constitución de la II República Española de 9 de diciembre de 1931, rubricada por el Palacio de las Cortes Constituyentes), se había venido asentando la estructura del Estado-Nación unitario y centralizado. Copia del modelo traído como consecuencia de la Revolución Francesa, de aplicación exitosa según el momento histórico e idiosincrasia del país al cual se aplique, con lo cual no

---

2 LGT, Artículo 187: «Criterios de gradación de las sanciones».

3 Tal como se indica en la STS, RJ 3/1991, de 19 de mayo de 1991.

puede ser calificada per se, sino más bien en su contexto de aplicación, y el contexto al cual hacemos alusión es el de un país emergente de un largo período de dictadura precedente que había convertido la fórmula de gobierno centralista en un mito.

A favor de la estructura centralista, está el recuerdo de la edad Contemporánea. El impulso necesario fue dado por el sistema central de gobierno, con técnicas revolucionarias que convertían a los antiguos vasallos en auténticos ciudadanos.

La descentralización o el centralismo no son fines en sí mismos. Su polaridad y la imposición de un proceso sobre el otro, cobran rasgos específicos según sea la realidad concreta en que se manifieste.

Con un contexto de la tendencia europea centralista, que se agota una vez cumplido su servicio histórico, el camino a la descentralización es inminente, y así, una a una adoptan la mayoría de países: Reino Unido[4], Bélgica[5], Italia[6], incorporándose España en el año 1978 con algunos años de obligado retraso.

Y se incorpora con retraso, aunque con la idea muy firme, acerca de los principios de unidad, autonomía y solidaridad, que consagra la entonces estrenada Constitución.

Ubicados ya en el presente histórico, la descentralización se asocia al fenómeno relativamente reciente de la globalización o apertura al mundo del mercado. Representa un modelo tecno-productivo en formación, de permanente innovación, que exige crecientes recursos financieros, genera productos de vida más corta y, gracias a la extraordinaria movilidad del capital y de la información, tiene un rasgo distintivo: la libre circulación de capitales, y la integración económica.

El punto de partida del poder sancionador municipal viene dado indirectamente, a través del «Principio de Autonomía». Llama la atención la fórmula que la Constitución adoptó para llegar a la Autonomía: el texto constitucional de una forma sutil estableció dos tipos de Comunidades Autonómicas, señaló dos niveles distintos que se debían alcanzar de forma sucesiva como si se quisiera poner a prueba la sinceridad y solidez de los sentimientos autonomistas de ciertas regiones. Alcanzada una primera etapa, a iniciativa de las Diputaciones y las dos terceras partes de los municipios, lograban unas determinadas cotas de autonomía y tras

4 Con ocasión del fallecimiento de la Reina María, en fecha 12 de junio de 1717, el Parlamento, a través la instauración del Pacto Formal, o «Act of Settlement», promulgó una ley denominada «Ley para declarar los derechos y libertades de los súbditos y para determinar la sucesión a la Corona», surgida por la necesidad de establecer una línea de sucesión al Trono.

5 En la reforma constitucional belga que hubo entre los años 1968 a 1971, durante el mandato de Dehene: El profundo malestar de la población, se expresó inapelablemente en las elecciones legislativas de 13 de junio de 1999: el CVP cayó al 14,1% de los votos y a los 22 escaños, siendo superado por el partido de los Liberales y Demócratas Flamencos (VLD), mientras que, en conjunto, la coalición perdió un 9,7% de votos, y 19 escaños. Dehaene dimitió al día siguiente, al comprobar la inviabilidad de un nuevo Gobierno cuatripartito de mayoría simple, y dejó el camino libre al triunfador de la jornada, Guy Verhofstadt, el líder del partido político VLD, quien, en fecha el 12 de julio, formó un Gobierno a partir de la coalición de seis partidos. Por primera vez, desde 1958, no figuraban los partidos democristianos. Tan pronto como cesó en sus funciones como primer ministro, Dehaene adquirió la condición de senador por derecho.

6 Con la Constitución de la República italiana (que entró en vigor el 1 de enero de 1948).

cinco años, mediante la reforma de sus Estatutos, podían ir alcanzando mayores niveles de competencias.

Parecería que había algo que la Constitución no había querido señalar de modo explícito. La existencia de tres comunidades históricas: Cataluña, País Vasco y Galicia a las que se consideraba de «Primera División», con una verdadera sustancia política, y para las que se señalaba un tratamiento especial, después el resto, la «segunda división» que se moverían en un nivel de simple descentralización administrativa como forma de constituir un Estado Regional para no llamarlo federal, cuando precisamente el Estado Regional había sido una invención de la Carta Magna de 1931, una verdadera aportación a la ciencia política que había sido adoptada con fortuna[7].

En Venezuela, la descentralización comienza después de ciento cincuenta años de centralismo republicano, de los cuales solo cuarenta corresponden al centralismo democrático de los civiles. Durante esta última etapa comenzó a edificarse la actual Venezuela, aparece la ordenación del territorio como una estrategia novedosa y moderna.

Evaluado el proceso histórico de formación de la sociedad y su espacio, se examinan las políticas estatistas y populistas que explican la crisis del modelo de desarrollo adoptado. Desde esta perspectiva, las proposiciones del gobierno que conduce a Venezuela desde comienzos del año 1999, dirigen a profundizar en la descentralización y la ordenación del territorio participativas, a los fines de lograr la sintonía con el mundo global[8].

Siguiendo un movimiento contemporáneo, la descentralización ha sido concebida como la redistribución política, administrativa y financiera de los poderes del poder público entre los tres niveles de la jerarquía territorial de gobierno: nacional, estadal o regional y municipal o local. Surge ante la necesidad de adecuar el aparato del Estado a las nuevas exigencias de la sociedad, como respuesta una auténtica segunda conquista, ésta vez de las regiones y localidades por romper con la inercia de nuestra larga y enraizada experiencia centralista, y acceder a las decisiones de la administración nacional.

El proceso resulta de las luchas de fuerzas sociales regionales, e implica retos de gran magnitud y alcance: la transferencia de competencias desde el gobierno nacional desde Caracas, la capital de la República y del Distrito Federal, hacia los gobiernos regionales o intermedios y hacia los locales. Supone, asimismo, otra vía complementaria, no concurrente y que persigue el mismo propósito de acercamiento del poder al ciudadano: la desconcentración o transferencia de responsabilidades de parte de las funciones que han de reservarse los ministerios y otros organismos nacionales, en este caso, hacia sus correspondientes dependencias regionales y locales.

La descentralización y la globalización son dos tendencias que aparecen unidas de la mano, aproximadamente desde la década de los años ochenta, entendida

---

7 La referencia atiende a los mencionados países de Italia, Bélgica, y Reino Unido.

8 Estaba, R., Artículo de Scripta Nova, *Revista Electrónica de Geografía y Ciencias Sociales*, Universidad de Barcelona [ISSN 1138-9788] Número 54: «La descentralización y la ordenación del territorio en Venezuela: estrategias hacia la modernidad». Ediciones de la Universidad Central de Venezuela, Caracas, 1999, p. 20 y ss.

como la vuelta al lugar, a la aldea, al barrio, a la comunidad local, una clave para insertarse con éxito en el proceso de globalización.

Son dos los mecanismos impulsores y que unen de la mano a estas tendencias: la integración espacial y, su contrario, la fragmentación o diferenciación generadas por las mismas fuerzas productivas envueltas en el desarrollo.

El centralismo en Venezuela ha alcanzado proporciones desmesuradas, tiene marcado sesgo de régimen presidencialista y es, por ende, excluyente y antidemocrático. El poder político, administrativo y financiero en manos del Congreso Nacional y, sobre todo en las del Presidente y su gabinete, se tradujo en la progresiva absorción de una diversidad de competencias propias de las regiones y localidades[9].

Luego de una larga y enraizada experiencia centralista, las primeras manifestaciones del proceso de descentralización, apenas se hallan en el año 1986, con la propuesta e impulso de la primera elección directa de los gobernadores de los estados (entidades federales) y de los alcaldes de los municipios, realizada en el año 1989, y con la posterior Ley Orgánica de Descentralización, Delimitación y Transferencia de Competencias del Poder Público; instrumento derivado de una previsión contemplada en la Constitución Nacional en vigencia desde 1961.

Se ponía en marcha el acontecimiento «más original y novedoso de nuestro siglo[10]». El inicio ha sido determinado por algunos elementos contaminantes, como es el caso de los compromisos partidistas, el estatismo y el populismo; reproductores inexorables de todos los vicios que ponen en crisis a las sociedades de América Latina y obstáculos para avanzar en el diseño y construcción de un proyecto de desarrollo. La historia parece demostrar que el anquilosamiento y la corrupción son directamente proporcionales al nivel de cohesión de las mencionadas plagas.

El partidismo jugó en contra, y culminó penetrando todos los intersticios del poder público. En sus avances hacia el control del nivel central de gobierno, los partidos políticos, se interesan en fortalecer la dirección de Caracas: se erigen en los virtuales monopolizadores y corruptores de la vida pública, pasan a ser los interventores en la selección de funcionarios, los creadores de burocracia. Una situación a la cual se acompaña una desproporcionada intervención del Estado. A estas circunstancias, debemos agregar el modelo de desarrollo conocido como industrialización por sustitución de importaciones y protección del mercado interno, que encontró en el centralismo un campo propicio para la generación de un espacio con profundos problemas a enfrentar mediante la ordenación del territorio: la urbanización descapitalizada y geográficamente concentrada.

Nuevas organizaciones y de torpe implementación, procuraron un ávido aumento del Gasto Público, y devengaron en el incremento burocrático: «(...) Jamás

9 Dos buenos ejemplos: la administración, desde Caracas, de la provisión de todos los servicios elementales y de la planificación de cualquier ciudad. Además, ha extendido sus tentáculos al sector privado, en desmedro de la sociedad en general y su gobernabilidad. Los partidos políticos, el empresariado y los sindicatos, al no poder mantener un diálogo eficiente con el poder público central sin darse una organización similar, disminuyen su capacidad para establecer relaciones transparentes y provechosas.

10 Velásquez, R. J., *Venezuela, el federalismo y la descentralización*, Editorial Melvin, Caracas, 1998, p. 308.

tanta riqueza fue derrochada con tan grande irresponsabilidad en nombre del Estado providencial, en detrimento del nivel de vida de las clases medias y populares (...).

¿Cómo explicar... que sin acumulación de capital no hay desarrollo y que sin desarrollo la desocupación y la pobreza seguirán reinando entre nosotros? (...) casos fabulosos como el de la riqueza conseguida por el petróleo venezolano: doscientos cincuenta mil millones de dólares en veinte años. Ninguna empresa privada latinoamericana ha generado semejante fortuna en la historia republicana[11]».

Las más importantes ciudades de Venezuela, en particular y como es lógico deducir, la centro-norteña y centralista Caracas, pasa a erigirse en el mayor atractivo para la población y las actividades económicas. Gracias a su condición de principal centro de decisiones y de recepción del gasto público, es el receptáculo de las actividades más modernas y dinámicas, de fuentes de progreso, burocracia, empleos, riqueza y economías de aglomeración; y, a la vez de desempleos, miseria, degradación ambiental y des-economías de aglomeración.

La organización municipal encuentra sus antecedentes más cercanos en el V Plan de la Nación[12], y, sobre todo a partir del año 1977, cuando se crea el Ministerio del Ambiente y de los Recursos Naturales Renovables (MARNR), la institución encargada de dicha política y una de .las más antiguas dentro de su ramo. En esta evolución marca un hito la consagración, en 1983, de la Ley Orgánica para la Ordenación del Territorio (LOPOT), guarnecida de un subyacente espíritu de voluntad, es una Ley modernizante porque incluye soluciones al desarrollo sustentadle y porque tiene un sesgo desceñiralizador[13], ratificando la necesidad de la jerarquía territorial en la ordenación del territorio, la Ley Orgánica de Descentralización de 1990, Ley Orgánica de Régimen Municipal de 1989.

Después de dos décadas de reflexión, de una consulta profunda, del y ejemplar ejercicio de democracia participativa, el objetivo central de la política de ordenación del territorio quedó plasmado en el Plan Nacional de Ordenación del Territorio aprobado en el año 1998, cuyos objetivos principales consistían en orientar la localización de la población, de las actividades económicas y la infraestructura física, armonizando criterios de crecimiento económico, desarrollo social, seguridad y defensa, y conservación del ambiente, con base en el conocimiento de las potencialidades y restricciones específicas de cada ámbito geográfico.

Su consecución exige el apoyo a los procesos de descentralización y desconcentración, así como acciones distintas para cada uno de los espacios contemplados, a partir de criterios muy actualizados como: presencia de ventajas competitivas para la inserción en la economía global, grado de economías y des-economías de aglomeración.

---

11 Mendoza, P. A., AA.VV., *Manual del Perfecto Idiota Latinoamericano y Español*, Editores Plaza & Janes, S.A., Barcelona, 1996, p. 332.

12 Durante la Presidencia de Carlos Andrés Pérez, correspondiente al quinquenio 1974-1978.

13 CBRV, Artículo 2. Según reza su texto legal, por ordenación del territorio se entiende «la regulación y promoción de la localización de los asentamientos humanos, de las actividades económicas y sociales de la población, así como el desarrollo físico-espacial a fin de lograr una armonía entre el mayor bienestar de la población, la optimización de la explotación del uso de los recursos naturales y la protección y valoración del medio ambiente, como objetivos del desarrollo integral».

Otorgar pequeñas porciones de poder, sin un proyecto que defina prioridades es una perversión y reflejo de la inspiración populista de las políticas públicas de Venezuela. En torno a un marco de acuerdo entre el gobierno central y los estatales para la construcción de un país descentralizado, regionalizado, se han de diseñar estrategias pragmáticas de inserción en el mercado internacional.

Acercar el poder al ciudadano presenta un dilema, debido a que reconoce relaciones de fuerzas entre cuerpos vivos, organismos sociales identificables en presencia y permanente evolución, entre el poder central y la provincia, entre los distintos cuerpos de la provincia.

Exige, por tanto, reconocer la existencia de cuerpos con identidad socio-territorial para que, en tanto que interlocutores con el poder nacional y promotores del desarrollo, sean capaces de municipalizar los mecanismos impulsores del desarrollo y, avanzar en una auténtica descentralización.

II. COMPETENCIA LOCAL EN EL ÁMBITO SANCIONADOR

La palabra sanción se utiliza en un sentido genérico al indicar el medio de que se valga el legislador, para asegurar la eficacia de una norma. En un sentido más preciso y más técnico, la consecuencia dañosa que el legislador une al hecho de aquellos que violan la norma, como resultado de su acción, y como medio de restaurar el orden jurídico turbado.

Es siempre una medida indirecta que el legislador ha establecido para obtener la observancia de la norma. Se distingue la sanción de la coacción. Si bien es cierto que puede recurrirse a la vía coactiva para que la sanción se cumpla, también es evidente que ésta constituye una medida de tratamiento independiente. La sanción se encamina al cumplimiento de lo ordenado contra la voluntad del obligado a ella; y una coacción es un medio represivo, que se pone en marcha en virtud de no haberse cumplido determinada obligación.

La Potestad Sancionadora puede manifestarse como correctiva, disciplinaria o retributiva. En cuanto a la Potestad Sancionadora correctiva, es externa de la Administración y comprende a todas las personas, sean o no agentes de la misma: tiene por objeto imponer sanciones por ciertos hechos que contravienen disposiciones de la Administración y que, en lugar de estar sometidos al conocimiento de las autoridades judiciales, lo están al de aquellas que tienen a su cargo la función controlarlo. La disciplinaria es interna de la Administración y se aplica a los agentes de ésta. Tiene su límite dentro de la misma Administración, y su objeto es determinar cómo deben sancionarse las infracciones de los agentes por acciones u omisiones en el ejercicio de sus funciones. Por último, la sanción «retributiva» busca recuperar la cantidad perdida, o dejada de percibir en condiciones normales.

La Potestad Sancionadora se funda en la competencia que tienen las autoridades administrativas para imponer sanciones por las acciones u omisiones antijurídicas. Obviamente, las sanciones administrativas por infracciones tributarias son pronunciadas por la Administración sin intervención del Juez. Dada su naturaleza jurídica, es evidente que siendo un acto administrativo, es susceptible de ocurrirse contra él en sede judicial para su control.

Para CRESPO, el modelo de organización territorial complejo no es el único que explica la multiplicidad de Administraciones Públicas españolas, pero indudablemente, entendemos que se trata del más novedoso y trascendente cambio que trae la modernización de su actividad[14].

La tendencia en la organización territorial de países, en cuyos modelos prevalecen características descentralizadoras del poder, apunta al diseño de competencias con sistema de distribución claramente deslindado.

Sería baladí limitarse a simples sistemas competenciales aleatorios. La estructura del Estado ha de establecerse a partir de unos principios, con técnicas, mecanismos de resolución de conflictos y sanciones por contravención normativa. Los Gobiernos Locales y las Instituciones de la Sociedad Civil, son actores clave en los procesos de descentralización y desarrollo local, que necesitan ser fortalecidos en sus capacidades. El fortalecimiento de estas capacidades, en los entes locales, permite proveer a los problemas que surjan, adecuadas y eficientes soluciones. Además, el fortalecimiento de dichas capacidades, constituye una estrategia para la erradicación de la pobreza ya que, mediante la capacitación de los actores locales, en la provisión de servicios sociales es posible aumentar el impacto en las políticas nacionales, y su implementación[15].

El Principio de Autonomía hace referencia a una porción de poder, que observa sus límites, que no significa soberanía absoluta, ni el divorcio de la voluntad popular y finalmente, que alcanza su realización dentro del principio de unidad, aunque a simple vista parezca paradójico.

Significa la capacidad de cada región o localidad para decidir cuándo y cómo ejercer sus propias competencias, en armonía de esfuerzos, respetando sus propias particularidades y propia idiosincrasia dentro marco constitucional. Para que en los entes integrantes del Estado se concrete la idónea capacitación, con el consecuente eficaz funcionamiento deben existir dotaciones. En mayor o menor grado según cada caso, de ámbitos autonómicos de decisión; y no solamente dotaciones financieras, sino de competencias, como son: dotación a la acción de unos Poderes Públicos de una dirección política (autonomía política), potestad de normación autónoma (autonomía normativa), con la consecuente pluralidad de ordenamientos estatal y autonómicos, infra-ordenados a las órdenes constitucionales[16].

La capacidad de decisión, normación y aplicación de medidas correctoras quedan, en primer lugar, delimitadas por los propios intereses, Principio que implica una construcción en positivo, en función del interés respectivo, y es precisamente la limitación que encuentra la Potestad de dirección política, normativa y represiva en la colaboración con otros entes de igual o menor grado de poder para lograr el bien común, y la línea de cohesión que perpetúa la unidad.

El Principio de Unidad es el correlato necesario del Principio de Autonomía, ya que se plantea al interés general como límite definidor de las competencias del Estado, el cual atribuye la autonomía a cada ente en función y para la gestión de sus propios intereses; y en segundo lugar, la igualdad como principio limítrofe se

---

14 Crespo Irigoyen, M., «Competencia Local en el ámbito sancionador». Estudio comparado entre España y Venezuela», *Revista de General de Legislación y Jurisprudencia*, III Época-Año CLI. N° 4, Octubre-diciembre, Editorial Reus, S.A.- Madrid, 2005, p. 629-645.

15 Nevado-Batalla Moreno, P., *La Intervención Administrativa en la Industria: Seguridad y Control*, Editorial Comares de Ciencia Jurídica, Granada, 2000, pp. 64-69.

16 García de Enterría, E., y otro: *Curso (...)*, *op. cit.*, p. 278 y ss.

concreta en la interdicción de la discriminación, aunque paradójicamente establece diferencias compensatorias, de ésta manera unifica situaciones, para, una vez logrado, otorgar tratamiento diferenciado en cada caso.

El mencionado Principio de Unidad subyace a lo largo de todo el texto constitucional, solamente «Un Estado (...)[17]», una soberanía que reside en el pueblo[18], una sola nacionalidad[19], «Un mismo status jurídico para todos los españoles» indica el Artículo 14 *ejusdem*, y así muchos otros.

Dentro de un marco unitario, donde opera el derecho a la autonomía de las distintas regiones del Estado, este se expresa en los correspondientes Estatutos que son la Norma Institucional Básica de cada Ente Autónomo. Constituyen piezas de un mismo mosaico que, trabados por el principio de solidaridad, forman un todo.

La Constitución proclama que el Estado es garante del Principio de Solidaridad mediante técnicas de equilibrio tales como las leyes estatales armonizadoras, el Fondo de Compensación de Desequilibrios Territoriales, y con el señalamiento de los límites competenciales concretos de las materias regionales[20].

Aunque los caracteres de las distintas entidades político-territoriales luzcan opuestos resultan complementarios, siempre y cuando los posibles escozores que puedan surgir entre ellos puedan solucionarse mediante técnicas de convergencia

---

17 CE, Artículo 1.1: «España se constituye en un Estado (...)».

18 CE: Artículo 1.2: «La soberanía nacional reside en el pueblo español (...)».

19 CE, Artículo 11.1: «La nacionalidad española se adquiere, se conserva y se pierde de acuerdo con lo establecido por la ley»; 11.2: «Ningún español de origen podrá ser privado de su nacionalidad»; 11.3: «El Estado podrá concertar tratados de doble nacionalidad con los países iberoamericanos o con aquellos que hayan tenido o tengan una particular vinculación con España. En estos mismos países, aun cuando no reconozcan a sus ciudadanos un derecho recíproco, podrán naturalizarse los españoles sin perder su nacionalidad de origen».

20 CE, Artículo 150.1: «Las Cortes Generales, en materias de competencia estatal, podrán atribuir a todas o a alguna de las Comunidades Autónomas la facultad de dictar, para sí mismas, normas legislativas en el marco de los principios, bases y directrices fijados por una ley estatal. Sin perjuicio de la competencia de los Tribunales, en cada ley marco se establecerá la modalidad del control de las Cortes Generales sobre estas normas legislativas de las Comunidades Autónomas», 150.2: «El Estado podrá transferir o delegar en las Comunidades Autónomas, mediante ley orgánica, facultades correspondientes a materia de titularidad estatal que por su propia naturaleza sean susceptibles de transferencia o delegación. La ley preverá en cada caso la correspondiente transferencia de medios financieros, así como las formas de control que se reserve el Estado», 150.3: «El Estado podrá dictar leyes que establezcan los principios necesarios para armonizar las disposiciones normativas de las Comunidades Autónomas, aun en el caso de materias atribuidas a la competencia de éstas, cuando así lo exija el interés general. Corresponde a las Cortes Generales, por mayoría absoluta de cada Cámara, la apreciación de esta necesidad». En concordancia con el Artículo 158 *ejusdem*: Artículo 158.1: «En los Presupuestos Generales del Estado podrá establecerse una asignación a las Comunidades Autónomas en función del volumen de los servicios y actividades estatales que hayan asumido y de la garantía de un nivel mínimo en la prestación de los servicios públicos fundamentales en todo el territorio español»; 158.2: «Con el fin de corregir desequilibrios económicos interterritoriales y hacer efectivo el principio de solidaridad, se constituirá un Fondo de Compensación con destino a gastos de inversión, cuyos recursos serán distribuidos por las Cortes Generales entre las Comunidades Autónomas y provincias, en su caso (...)».

que posibiliten el normal funcionamiento del sistema. A este conjunto de técnicas se ha rotulado genéricamente como solidaridad.

El equilibrio económico Inter-territorial, es la propuesta de este Principio. Para alcanzarlo, encuentra apoyo en la actuación de las administraciones, de acuerdo a parámetros de lealtad autonómica, establece un deber de comportamiento con arreglo a criterios de buena fe y lealtad al sistema, tanto en sus elementos autonómicos como unitarios, respetando, del sistema constitucional de distribución de competencias y de la condición de su propio ejercicio.

Esto, con el propósito de guardar un proceder amistoso y cooperador entre los demás entes y en conjunto, para dotar al sistema con preceptos de cohesión y flexibilidad, cuya unión se erige en el Principio de Solidaridad en el ámbito de las administraciones actuantes[21].

No obstante lo expuesto, hay que aclarar en cuanto al carácter de la Potestad Sancionadora, su interdependencia, ya que por sí misma no constituye mía materia competencial autonómica propia, sino concurrente, su función es más bien instrumental, debe considerarse como la herramienta, cuya finalidad es proteger los bienes e intereses definidos por el ordenamiento, en nuestro caso, el ámbito local.

Cuando tratamos de una Potestad correccional del Estado, debemos hacerlo en sus tres esferas: Estatal, autonómico-provincial y municipal, incluso, claramente puede apreciarse que la Potestad Sancionadora es mucho más amplia cuando se refiere a los Ayuntamientos que a las Diputaciones. Resultaría inimaginable que alguna de estas esferas pudiera existir y funcionar, sin la capacidad de asegurar su eficacia. En lo que se refiere a los entes locales, viene de su propia creación[22].

Esta idea de la Potestad Sancionadora del Municipio, encuentra fundamento jurídico principal en la Ley de Bases de Régimen Local[23], cuyo ejercicio es atribuido al Alcalde. Sin embargo, para determinar claramente la competencia debemos tener en cuenta que media una reserva, en cuanto a que refiere la esfera de sus competencias, haciendo alusión a las competencias propias, vale decir, las atribuidas tanto por la Ley como las determinadas por el Pleno del propio Ayuntamiento.

Hay que destacar que, pese a que la Ley de Bases de Régimen Local establece en el Artículo 25.3 que: «(...) Solo la ley determina las competencias municipales en las materias enunciadas en este artículo[24]»; algunas de las competencias que posee el Municipio, carecen de afianzamiento en aquella, pues le han sido atribuidas por el Pleno.

---

21 Fernández Farrerez, F., «El Principio de colaboración Estado-Comunidades Autónomas y su incidencia orgánica», *Revista de Administración Pública,* N° 6, Madrid, 1983, p. 201 y ss. Criterios que, si bien es cierto son pensados para su aplicación autonómica, también se aplican a los entes locales, por la idea descentralizadora del concepto.

22 Nieto, A., *Derecho* (...), *op. cit.*, pp. 103 a 104. A quien seguimos en cuanto al punto referido a la competencia de los entes locales, que desarrolla en su obra. Ver también: Zonioza Pérez, J., *El sistema* (...), *op. cit.*, p. 20.

23 Martín Rebollo, L., Leyes (...), *op cit.*, p. 877. Ley 7/1985, de 02 de abril. Bases del Régimen Local (BOE número 80, de 03 de abril; rect BOE número 139, de 11 de junio [RCL 1985,799 y 1372)]. Artículo 4: «En su calidad de administraciones públicas de carácter territorial, y dentro de la esfera de sus competencias, corresponden, en todo caso a los Municipios, las Provincias y las Islas: (...) f) Las potestades de ejecución forzosa y sancionadora (...)».

24 Martín Rebollo, L., *Leyes* (...), *op cit.*, LBRL. Artículo 25.3. Es necesario remitirse al artículo 2.2. en concordancia con los artículos 25 a 28 y 36 a 38 *ejusdem*, e interpretarlo aludiendo

La autonomía local ha de ser entendida cormo un derecho de la comunidad a participar, a través sus órganos, en el gobierno y la administración de sus asuntos; intensidad de participación que habrá de graduarse en función de varios índices, entre ellos, la relación entre intereses locales y supra-locales dentro de tales asuntos o materias.

La distribución tripartita del Estado, supone la atribución competencial a otros niveles. A las Comunidades Autónomas, y a las entidades locales según las materias o sectores que les atañan. Como consecuencia de ello, la legislación debe determinar en cada caso las competencias que les correspondan, sin que signifique que la asignación de competencias pueda efectuarla la Administración Central del Estado, con ocasión de reglamentar el Régimen Local. Sin embargo, este Estatuto (LBRL) tiene una situación especial en el ordenamiento, por ser la norma que concreta la autonomía local, y establece unos criterios que se imponen a las leyes estatales autonómicas y sectoriales[25].

Los entes Locales tienen la facultad para reaccionar directamente contra las disposiciones y actos de las administraciones, del Estado y de las Comunidades Autónomas, que lesionen su autonomía o vulneren las competencias propias que les atribuyen la Constitución y las leyes para decidir en los asuntos que les afecten directamente. Incluso, pueden interesar a la Comisión Nacional de Administración Local que lo solicite, de los órganos constitucionalmente legitimados para ello, la impugnación ante el Tribunal Constitucional de las leyes que estimen lesivas de la autonomía local garantizada constitucionalmente[26].

---

a la STC 214/1989, de 21 de diciembre de 1989. (RTC 1989, 214); la cual declaró que este precepto no era inconstitucional, interpretado en el sentido expuesto en Fundamento Jurídico 3° de la misma, p. 901.

25 Dada ésta perspectiva, se puede entender que el artículo 2 de la LBRL establezca: Artículo 2, numeral 1: «Para la efectividad de la autonomía garantizada constitucionalmente a las entidades locales, la legislación del Estado y la de las Comunidades Autónomas, reguladora de los distintos sectores de acción pública, según la distribución constitucional de competencias, deberá asegurar a los Municipios, las Provincias y las Islas su derecho a intervenir en cuantos asuntos afecten directamente al círculo de sus intereses, atribuyéndoles las competencias que proceda en atención a las características de la actividad pública de que se trate y a la capacidad de gestión de la entidad local, de conformidad con los principios de descentralización y de máxima proximidad de la gestión administrativa a los ciudadanos».

26 Al respecto, la LBRL, Artículo 63. 1. «Junto a los sujetos legitimados en el régimen general del proceso contencioso-administrativo podrán impugnar los actos y acuerdos de las entidades locales que incurran en infracción del ordenamiento jurídico: a) La Administración del Estado y la de las Comunidades Autónomas, en los casos y términos previstos en este Capítulo, b) Los miembros de las corporaciones que hubieran votado en contra de tales actos y acuerdos. 2. Están igualmente legitimadas en todo caso las entidades locales territoriales para la impugnación de las disposiciones y actos de las Administraciones del Estado y de las Comunidades Autónomas que lesionen su autonomía, tal como ésta resulta garantizada por la Constitución y esta Ley. 3. Asimismo, las entidades locales territoriales estarán legitimadas para promover, en los términos del artículo 119 de esta Ley, la impugnación ante el Tribunal Constitucional de Leyes del Estado o de las Comunidades Autónomas cuando se estime que son éstas las que lesionan la autonomía constitucionalmente garantizada». En concordancia con el artículo 119 *ejusdem*: Artículo 119: «La Comisión podrá solicitar de los órganos constitucionalmente legitimados para ello la impugnación ante el Tribunal Constitucional de las Leyes del Estado o de las Comunidades Autónomas que estime lesivas para la autonomía local garantizada constitucionalmente. Esta misma solicitud podrá realizarla la representación de las entidades locales en la Comisión».

En Venezuela, la Constitución de 1999, establece un Estado Federal, enfática declaración, a pesar de la cual, los términos concretos en los que la Carta Magna ha organizado el Poder Público y, peor aún, los términos prácticos en los que se mueve la actuación diaria, representan contundentes hechos que demuestran lo contrario, exhiben a un país con un corte claramente centralizado[27].

La Constitución define al municipio como la unidad política primaria y autónoma en la organización nacional; de tal manera que, se perfila una autonomía que precisa de la elección de sus propias autoridades, la libre gestión en asuntos de la propia competencia y la creación, recaudación e inversión de los ingresos propios.

Para lograr sus objetivos, los municipios venezolanos tienen:

A) Autonomía política: Pueden elegir libremente a sus órganos de gobierno,

B) Autonomía normativa: Tienen capacidad de autogobierno y libre gestión de asuntos que a su vez supone posibilidades de establecer un gobierno propio en el ámbito de las competencias municipales, por medio del reconocimiento a las ordenanzas como auténticas leyes municipales,

C) Autonomía administrativa: Tienen libre gestión en asuntos municipales.

Estas capacidades de regulación implican la gestión del tributo y parcialmente, libertad de organización, en concordancia con la Ley Orgánica de Régimen Municipal y con las leyes de las correspondientes Asambleas Legislativas de los estados a los que corresponda cada municipio.

A pesar de la amplia gama de competencias que enumera la Carta Magna, encuentra cierta dependencia, en cuanto a su efectividad, por el hecho que sean deslindadas las correspondientes leyes sectoriales ordinarias.

Como hemos dicho, cada municipio constituye un ente territorial elemental y la básica división del territorio nacional. Su creación se encomienda a las Asambleas legislativas de los Estados, siempre que hayan sido cumplidos los extremos exigidos en la Ley Orgánica de Régimen Municipal para que una unidad territorial sea considerada como Municipio.

Ejerce la función legislativa el Consejo Municipal, con funciones administrativas y deliberantes, órgano representado por los directamente electos Concejales, en fluctuante número según amerite la población a la que represente. El Consejo cuenta con una Junta Directiva elegida en cuanto se instituye el Consejo, a quien también se subordina el órgano ejecutivo, el Alcalde.

Las instancias territoriales superiores que componen el sistema de relaciones del Municipio, se encuentran principalmente judicializados, de manera que los Actos y Acuerdos locales son constantemente impugnados ante órganos jurisdiccionales (control constitucional de los actos municipales, el control de la constitucionalidad o legalidad de los actos y de las ordenanzas), además de encontrarse sujetos a técnicas de control gubernativo que interfieren en su autonomía. La más de las veces, limitándose, cuando no arrogándose sus propias facultades competenciales.

---

[27] Parejo Alfonso, L., *Derecho Básico de la Administración Local,* 1ª Edición, Editorial Ariel Derecho, S.A., Barcelona, 1988, pp. 307-309. Paradójicamente, en este punto se considera conveniente la visión extranjera, y con tal propósito, la documentación en el tema de la administración local en materia comparada del autor.

Es importante observar que compete al Poder Público Nacional, lo relativo a la legislación para garantizar la coordinación y la armonización de las distintas potestades tributarias, debe igualmente definir los principios, parámetros y limitaciones. Los municipios son autónomos en materia tributaria, pero deben armonizar con esta especial injerencia del Poder Nacional[28].

Resulta imperioso realizar un breve comentario acerca de la que será una esperada «Ley de Armonización Municipal», posibilidad nacida de la competencia del Poder Público Nacional que, plasmada en la Carta Magna[29], instaura el derecho de los ciudadanos a que exista uniformidad en aplicación tributaria, incluidas las consecuencias de su incumplimiento.

La intención de la futura Ley, debe aportar mayor claridad al contribuyente, en cuanto a las regulaciones tributarias establecidas por los Estados y los Municipios; una única normativa sobre coordinación y armonización que facilite relaciones entre el contribuyente y el Fisco.

La posibilidad de crear e imponer sanciones, está estipulada en la Constitución, como «(...) una de las fuentes de ingreso de los (...) Municipios (...)», lo percibido por «(...) concepto de multas y sanciones (...)»[30], salvando las Reservadas al Poder Legislativo Nacional[31].

A pesar del reconocimiento constitucional de la Potestad sancionadora de los municipios, hay quienes plantean una discrepancia en la interpretación de las atribuciones municipales. Afirman que, si partimos de la asignación de competencias penales, en carácter de exclusividad al Poder Nacional, sumado al hecho de la unidad sustancial existente entre las sanciones, el municipio carecería de competencia para sancionar.

La otra postura, parte de la misma premisa, aunque con el matiz que permite al ente local la posibilidad de poder sancionar contravenciones normativas. Si aceptamos la identidad ontológica de ambos poderes, pero no la exclusividad en la asignación de competencia penal al Poder Nacional, podemos pensar posible la conciliación entre ambas competencias, y establecer un alcance diferente para cada tipo de poder, sin desdeñar la mencionada identidad ontológica entre el ente sancionador nacional y el municipal.

El reparto de competencias es incoherente para la primera de las teorías; para la segunda, en cambio, habría que establecer parámetros de organización acerca de hasta dónde llega la materia administrativa sancionadora y dónde comienza la

---

28 Villegas Moreno, J., *La autonomía local* (...), *op. cit.*, p. 721.

29 Arévalo Villamizar, R., *El Estatuto del Contribuyente* (...). Artículo 156, ordinal 13, establece que es de la competencia del Poder Nacional, establecer la «(...) legislación para garantizar la coordinación y armonización de las distintas potestades tributarias; definir principios, parámetros y limitaciones, especialmente para la determinación de los tipos impositivos o alícuotas de los tributos estadales y municipales; así como para crear fondos interterritoriales que aseguren», p. 234. Ver también: Velásquez, R., *Venezuela, el federalismo y la descentralización. Descentralización, gobierno y democracia*, Editorial Melvin, Caracas 1998, p. 20.

30 Brewer-Carías, A., *La Constitución de 1999* (...), *op. cit.*, p. 300.

31 CBRV, Artículo 156, Número 32 de la Constitución: «Es de la competencia del Poder Público Nacional: 32: La legislación en materia de derechos, deberes y garantías constitucionales; la (...) penal (...)».

penal, más allá de la determinación de órganos y principios aplicables del Derecho penal, para distinguir las sanciones que estén al alcance del legislador local[32].

Cabe realizar, de la manera más sucinta posible, algunas consideraciones acerca de las dos teorías contrapuestas, debido a lo esencial que resultan para determinar los resultados y concretar el alcance del Poder Sancionador Tributario en el ámbito municipal.

La primera corriente ideológica parte de una proposición inicial que sostiene que las multas y sanciones son únicamente las creadas por Ley nacional, como hemos señalado anteriormente, consecuencia de la Reserva Penal a favor del Poder Legislativo Nacional. Se sustenta de la unidad ontológica de las sanciones, aunado a quienes aún sostienen la naturaleza infra legal de los actos administrativos que rigen a los entes locales pues, según el Principio de Legalidad constitucional, solo la Ley puede establecer delitos, faltas o infracciones. Abarca la vertiente administrativa y la penal[33] y sus consecuencias son claras:

A) Los Municipios carecen de posibilidad para crear Leyes y en su aplicación deben según las pautas del Poder Nacional.

B) La aplicación preferente, por defecto, del Código Orgánico Tributario sobre las Ordenanzas Municipales, debido a lo señalado en el mismo texto, acerca de la supletoriedad de su aplicación[34]. Conforme a esta teoría, en cuanto se refiere a infracciones tributarias y sus respectivas sanciones, las competencias corresponden única y exclusivamente al Poder Nacional.

La supuesta contradicción constitucional que encuentran algunos autores, es desvirtuada por otros preceptos garantes de la titularidad de las competencias municipales, ya que explícitamente se ordena la atribución competencial en asuntos de su incumbencia[35] (aunque matice: siempre que estén en capacidad de desempeñarlas), y también, preceptúa las multas y sanciones como fuentes de ingreso[36]. Sin embargo, interpretan a esta última como una simple asignación de un rubro de ingresos por concepto de multas, cuyo monto será siempre asignando por Ley Nacional.

Se apoyan también en las disposiciones del Código Penal, en cuanto dispone que las multas por faltas están destinadas en beneficio del respectivo Fisco Municipal[37].

---

[32] Acerca de este debate, véase Vigilanza García, A., «El poder Sancionador de los Estados y Municipios: incidencia de la aplicación supletoria del COT a la tributación municipal y estadal». *VI Jornadas Venezolanas de Derecho Tributario, Asociación Venezolana de Derecho Tributario*, Caracas, 2002, pp. 329-427.

[33] LOPA, Artículo 10. «Ningún acto administrativo podrá crear sanciones, ni modificar las que hubieran sido establecidas en las leyes, crear impuestos u otras contribuciones de derecho público, salvo dentro de los límites determinados por la ley».

[34] Código Orgánico Tributario, Artículo 1: «(...) Las normas de este Código regirán igualmente, con carácter supletorio y en cuanto sean aplicables, a los tributos de los Estados y Municipios».

[35] CBRV, Artículo 165: «Los Estados descentralizarán y transferirán a los Municipios los servicios y competencias que gestionen y que éstos estén en capacidad de prestar, así como la administración de los respectivos recursos (...)».

[36] CBRV, Artículo 179: «Los Municipios tendrán los siguientes ingresos: (...) 5. El producto de las multas y sanciones en el ámbito de sus competencias y las demás que les sean atribuidas (...)».

[37] Código Penal de Venezuela, Gaceta Oficial Extraordinaria N° 5.954, de fecha 20 de octubre de 2000. «Artículo 30: (...) Si el juicio ha sido por falta, la multa será en beneficio del respectivo Fisco Municipal».

En dicho texto legal se realiza una distinción entre los tipos de multa, penal o correccional, donde se diferencia la graduación del ilícito y la entidad con derecho a percibirla, en ambos casos, se trata de contravenciones creadas por una normativa nacional. Los estados perciben cantidades de dinero por comisión de delitos y los municipios, distritos o parroquias, por comisión de faltas.

Esto no implica necesariamente que los municipios no puedan disponer de su propio poder para crear supuestos de ilícitos y sanciones. Posiblemente, quienes niegan la Potestad Sancionadora del Municipio, olviden la existencia de una normativa municipal[38] que imposibilita concluir que una cosa es destinar el producto de lo recaudado al Tesoro Municipal y, otra, que no pueda el Municipio crear e imponer sus propias sanciones pecuniarias. La antedicha teoría, llega incluso a ignorar la disposición constitucional.

En nuestra opinión, la segunda vertiente doctrinal es la más acertada, puesto que a pesar de existir una unidad sancionatoria en materia penal y otra en materia administrativa, dentro de esta unidad sancionatoria, se establecen competencias concurrentes entre la Nación y los entes locales; aún cuando, en efecto, se condiciona a que esas competencias requieran diferenciación de las sanciones, según la entidad de gobierno, Nacional, Estatal o Municipal.

Al igual que en la legislación española, en la venezolana, la autonomía local implica el reconocimiento de potestades para actuar como Poder Público y entre ellas se encuentra la Potestad Sancionadora. La diferencia radica en que la Potestad Sancionadora de los entes locales en España tiene carácter reglamentario, es decir, es una facultad normativa de desarrollo de prescripciones legales claramente determinadas; en cambio, en Venezuela, la autonomía normativa de los municipios, ha llevado a las ordenanzas municipales a la creación de supuestos de ilícitos y sanciones no previstos por las' Leyes nacionales[39], claro está, dentro del ámbito de sus propias competencias. Obviamente el Municipio en Venezuela también ejerce potestades delegadas por la Nación, de acuerdo con la legislación que así lo establezca.

Una vez superada la determinación de la administración para mantener el orden público, mediante acreditación del Poder municipal para .sancionar, queda pendiente determinar su alcance en materia tributaria. Los Municipios, por indicación constitucional disponen de potestad para autofinanciarse lo cual les posibilita a crear tributos propios; hacen de su competencia la materia tributaria. Sería propio afirmar, entonces, que la potestad para autofinanciarse comprende también el poder para sancionar las violaciones concernientes a las normas concesionarias de autonomía, y así lo ha interpretado la jurisprudencia, en concordancia con el otorgamiento de potestades a los municipios[40].

[38] Ley Orgánica de Régimen Municipal, Artículo 111: «Son ingresos ordinarios del Municipio: (...) 2. Las sanciones pecuniarias impuestas por las autoridades municipales Fisco Municipal de conformidad con la Ley (...)».

[39] Ejemplos de las mencionadas disposiciones son los artículos 6 y 7 de la Ordenanza de Convivencia Ciudadana y Sanción de Infracciones menores, sancionada por el Cabildo Metropolitano de Caracas, facultado a su vez por el Artículo 12, numeral 2 de la Ley Especial sobre Régimen del Distrito Metropolitano de Caracas; en las mencionadas disposiciones se estipulan medidas sancionatorias como los trabajos comunitarios, no preceptuados en él Código Penal.

[40] STSJV-SC N° 307, de fecha 06 de marzo de 2001.

En la práctica, la jurisprudencia ha aceptado la creación de tributos municipales por medio de ordenanzas y, lógicamente, con el establecimiento de algún tipo de sanción para infracciones de sus propias normas tributarias[41]. Caso diferente es determinar cuál será el tipo de sanciones que están autorizados a imponer los municipios y cuáles no[42].

Dentro de las posibles alternativas, una solución que surge en respuesta al planteamiento de qué tipo de sanciones municipales en materia tributaria serían viables, o aún mejor, idóneas: consiste en reservar a la Administración Tributaria Municipal los ilícitos de carácter meramente formal[43]. Esta tesis se sustenta en la oposición de los elementos objetivos a los subjetivos, y atiende al carácter de la obligación tributaria violada, ya sea material o formal[44]. Intenta separar la disciplina administrativa de la tributaria como área del Derecho Público, obviando su condición de encontrarse comprendida en ella. Felizmente; no goza de recepción en el derecho positivo ni de reconocimiento jurisprudencial.

Otra de las interpretaciones, acerca de su supletoriedad en el ámbito local, se basa en la disposición del Código Orgánico Tributario. Parte de considerar que los ilícitos que cuya previsión sancionadora consista en penas privativas de libertad limitan su creación y aplicación al Poder Nacional no pudiendo, por tanto, las Ordenanzas municipales prever penas privativas de libertad ni disponer la aplicación de aquellas[45].

Acerca de la anterior teoría, podemos concordar en que los ilícitos sancionados con penas privativas de libertad, competan al área penal; pero, sostener que

---

41 Romero Muci H., *Jurisprudencia Tributaria Municipal*, Tomo I, Editorial Jurídica Venezolana, Caracas, 1996, p. 393.

42 STSJV-SC N° 307, de fecha 06 de marzo de 2001.

43 Esto parece estar implícito en uno de los principios aplicables a la represión y prevención de las infracciones tributarias: «(...) Las infracciones a las normas que establecen deberes formales se tipificaran atendiendo primordialmente a los elementos objetivos que exteriorizan la conducta del sujeto (...)». Bermejo Vera, *Derecho Administrativo. Parte Especial*, III Edición, Editorial Civitas, Madrid, 1998, p. 79. Recordemos que una sanción Administrativa «(...) es una resolución administrativa de gravamen que disminuye o debilita -o incluso elimina- algún espacio de la esfera jurídica de los particulares, bien porque se le priva de un derecho, bien porque se le impone de un deber u obligación (...)». Anzola, O., «Naturaleza Jurídica del Ilícito Tributario», *Revista de Derecho Público* N° XXXXXXIII y XXXXXXIV, Editorial Jurídica Venezolana, Caracas, 1995, p. 72.

44 Rintha Martínez, S., «De la infracción Tributaria y sus sanciones». Instituto Colombiano de Derecho Tributario, Santa Fe de Bogotá, 1997, p. 79. Según lo expresado en la obra: «(...) Desde este punto de vista, las transgresiones de la obligación tributaria material y sus sanciones formarían parte de un derecho sancionatorio tributario, mientras que las transgresiones de los deberes tributarios formales y sus sanciones formarían parte de un Derecho Sancionatorio Administrativo (...)».

45 Márquez Barroso, R., «Autonomía Municipal e ilícitos Tributarios. Aportes para su unificación y mejoras», *Revista de Derecho Tributario*, N° 92, Caracas, 2001, p. 20. En palabras del citado autor: «(...) el legislador comete la torpeza de excluir la aplicación directa del COT a nivel municipal (...) si el municipio no puede establecer penas privativas de libertad, cómo se cubre la diferencia de castigar ante la falta de un sistema penal tributario (...) adicionalmente, se puede señalar que la parte in fine del trascrito artículo contiene la palabra «supletorio» que a todas luces, no indica la aplicación de las sanciones del COT, al no poder aplicarse por vía supletoria ningún tipo de sanción generada por una infracción (...)».

esos mismos ilícitos, de ser cometidos contra el Fisco Municipal queden impunes, es otra cosa. Entonces, se correría el riesgo de dejar sin sanción a ilícitos cometidos contra el Fisco Municipal, ello sería una abierta incoherencia. En estos casos, deberían ser remitidos a la aplicación directa y principal del COT que si prevé este tipo de sanciones (aunque lo ideal sería erradicarlos del todo).

Cabe preguntarse si la intención del legislador, al excluir la aplicación directa del COT a escala municipal, fue salvaguardar a las Ordenanzas de previsiones absurdas, no-equitativas y desproporcionadas, basadas en experiencias anteriores de algunas Ordenanzas que sancionaban ciertos ilícitos tributarios, algunos incluso, meramente formales[46]; por simple remisión a aquel.

Entendemos que posiblemente su idea inicial fue intentar unificar criterios generales, respecto de las infracciones tributarias, y sus correspondientes sanciones para promocionar una mejor coordinación, considerando que sería ventajoso para el desarrollo nacional, aún cuando ello no resulte conteste con su aplicación supletoria al ámbito municipal.

Es probable también, que la exclusión en su aplicación directa haya tenido en mira salvaguardar la autonomía municipal (COT, Artículo 1, Párrafo Tercero), ya que explícitamente señala que: «(...) Las normas de este Código se aplicarán en forma supletoria a los tributos de los estados, municipios y demás entes de la división político territorial. El poder tributario de los Estados y Municipios para la creación, modificación, supresión o recaudación de los tributos que la Constitución y las leyes les atribuyan, incluyendo el establecimiento de exenciones, exoneraciones, beneficios y demás incentivos fiscales, será ejercida por dichos entes dentro del marco de la competencia y autonomía, que le son otorgadas de conformidad con la Constitución y las Leyes dictadas en su ejecución (...)».

De ningún modo los entes locales, pueden establecer penas privativas de la libertad, por si o por remisión a las disposiciones del COT, puesto que existen otros tipos de sanciones que resultan idóneas para garantizar los fines del Fisco Municipal, tales como clausura, multas, inhabilitación para realizar determinados trámites administrativos, restricciones a la disposición en materia inmobiliaria por deudas devenidas del Impuesto a Bienes Inmuebles, etc.

En resumen, respecto de la Competencia Local en el ámbito sancionador, podemos decir que:

- Resulta de vital importancia la exhaustiva, y clara delimitación de competencias, en los niveles horizontal y vertical.
- Mostramos acuerdo en una dotación competencial de autonomía, para responder de manera adecuada a los intereses propios de cada ente local, y lograr un equilibrio económico interterritorial, dentro de un marco de diferenciaciones armonizadoras. La competencia local en materia normativa, es atribuida por Ley o por el Pleno del Ayuntamiento que se limita a adecuar o a desarrollar la legislación a sus propias necesidades e idio-

[46] Ejemplo de la disparidad de criterios sancionadores, es la Ordenanza de Impuesto de Patente de Industria y Comercio del Municipio Caroní del Estado Bolívar. Contempla una multa del diez por ciento (10%) del Capital Social de la empresa por el retardo en presentar la declaración correspondiente.

sincrasia. En Venezuela la autonomía normativa está consagrada en la propia Constitución, y en virtud de ella, los Municipios pueden regular en sus ordenanzas todo lo concerniente a sus propios tributos, estando ínsita en dicha Potestad la facultad de establecer infracciones y correspondientes sanciones para los casos de impago de aquellos o de falta de cumplimiento de sus disposiciones tributarias.

- Esta autonomía municipal es mucho más amplia que la reconocida a los Entes Locales en España, puesto' que en Venezuela sus atribuciones en materia normativa no son de mero desarrollo o de adecuación a disposiciones legales nacionales.
- Por lo anterior sostenemos que la facultad normativa de desarrollo de prescripciones legales es propia de la legislación española, la autonomía normativa venezolana permite a sus ordenanzas municipales la creación de supuestos de ilícitos y sanciones no previstos por las Leyes nacionales, toda vez que la potestad de financiación le otorga titularidad para sancionar quebrantamientos a normas vulneradoras de su autonomía.
- No obstante lo expuesto anteriormente, hay que destacar la constante injerencia del Poder Central en materias que son de competencia municipal; pese a que Venezuela es una República Federal, en los hechos, se comporta como un Estado de claro corte centralista. Lo ideal sería prever la solución de conflictos competenciales mediante técnicas de convergencia y que no sea necesario acudir al Tribunal Supremo para dirimir estas contiendas.

III. APROXIMACIÓN AL RÉGIMEN DE LA POTESTAD SANCIONADORA MUNICIPAL

El concepto de Potestad Tributaria, en el sentido de la descripción de las ideas concernientes a dicho poder, que alude al establecimiento o creación de tributos no presenta mayores complejidades, salvo lo relacionado con el fundamento de aquélla Potestad[47].

La Potestad Tributaria Municipal/siempre debe tener un origen o fundamento constitucional, de este modo se evitaría que su incardinación en Ley ordinaria tuviera un basamento legal que resulte positivamente insuficiente. En la actualidad, no cabe ninguna duda que la Potestad tributaria de los municipios esta insita en la autonomía que le ha reconocido expresamente la Constitución, aún cuando esta sea entendida en forma limitada[48].

La Constitución es el más firme de los pilares donde se apoya la descentralización político territorial. La caracterización, desde el punto de vista jurídico de la

[47] Con respecto al fundamento del poder tributario del Estado, y a las diferentes tesis que han formulado para su sustento, desde los postulados basados en su soberanía, hasta decisiones políticas, pasando por justificaciones jurídicas y meta-jurídicas, hemos preferido hacer una simple referencia, por considerarla de una envergadura ajena al propósito de esta investigación. A efectos de ampliar la información sobre el punto, los trabajos de Ferreiro Lapatza, J., *Ensayos sobre metodología y técnica jurídica en el Derecho Financiero y Tributario*, Marcial Pons, Madrid, 1998, p. 255 y ss.

[48] Calvo Ortega, R., Curso de Derecho Financiero I. Derecho Tributario. Parte General, IV Edición, Editorial Civitas, Madrid, 2000, p 492.

Administración Tributaria[49], es, ante todo una organización vertebrada, que se basa en el constitucional Principio de la Jerarquía, positivamente consagrado en el Artículo 103 de la Constitución española, en concordancia con lo señalado para los Municipios y las Provincias, en los Artículos 140 y 141 de la CE[50].

Ahora bien, la corriente descentralizadora, no pasa por disgregación, la separación y la autonomía de entidades, que en muchas ocasiones carecen de los medios indispensables para una ordenada prestación de servicios, y para una real operatividad. En este sentido, hay que tener en cuenta que, en España, existen más de ocho mil (8000) municipios. De ellos, más del noventa por ciento (90%) no superan los dos mil habitantes (2000), y solo existen más de doscientos sesenta (260) con más de veinte mil (20000) habitantes.

La estructura territorial de España, conformada por las tres organizaciones gubernativas que nacen con la Constitución de 1978, atraviesa una nueva etapa en la discusión que ha suscitado el Pacto Local, acerca de la repercusión en el desarrollo del Estado de las autonomías, por el impulso que representaría para las demandas de los ciudadanos, en términos de satisfacer sus necesidades, enmarcadas en normativas que observen los paradigmas de eficacia y coordinación.

El acercamiento al ciudadano de los Ayuntamientos, y de las Entidades Locales en general, es la parte de la Administración Pública donde más se refleja la calidad en la prestación de servicios al ciudadano. Tanto es así, que su autonomía ha sido configurada por la Carta Europea de Autonomía Local como el derecho, y la capacidad efectiva, para ordenar y gestionar una parte de los asuntos públicos, en beneficio de sus habitantes.

Por ésta razón el Pacto Local debe ser el primer escalón que contenga el sustrato normativo, para afianzar las actuaciones que desempeñen, en la especificidad de cada ámbito territorial, especialmente en la cláusula de atribución de la gestión de los intereses propios.

Llama la atención que, un total de ciento sesenta y nueve (169) Artículos, 4 Disposiciones Adicionales, nueve (9) Transitorias, una (1) Derogatoria y una (1) Disposición Final que la Constitución Española contiene, solo se dedican a la Administración Local, tres (3) Artículos[51] para algo tan importante como son más

---

49 Y según lo dispone la Ley 30/1992.

50 CE, Artículo 140: «La Constitución garantiza la autonomía de los municipios. Estos gozarán de personalidad jurídica plena. Su gobierno y administración corresponde a sus respectivos Ayuntamientos, integrados por los Alcaldes y los Concejales. Los Concejales serán elegidos por los vecinos del municipio mediante sufragio universal, igual, libre, directo y secreto, en la forma establecida por la ley. Los Alcaldes serán elegidos por los Concejales o por los vecinos. La ley regulará las condiciones en las que proceda el régimen del concejo abierto»; y el Artículo 141.1. «La provincia es una entidad local con personalidad jurídica propia, determinada por la agrupación de municipios y división territorial para el cumplimiento de las actividades del Estado. Cualquier alteración de los límites provinciales habrá de ser aprobada por las Cortes Generales mediante ley orgánica; 141.2: El Gobierno y la administración autónoma de las provincias estarán encomendados a Diputaciones u otras Corporaciones de carácter representativo; 141.3. Se podrán crear agrupaciones de municipios diferentes de la provincia; 141.4. En los archipiélagos, las islas tendrán, además, su administración propia en forma de Cabildos o Consejos».

51 Los Artículos citados del Texto fundamental español a los que hacemos referencia son: 140 (el Estado garantiza la autonomía); 141 (Autonomía descentralizada); y 142 (autofinanciación de entes menores).

de ocho mil (8000) municipios, cuando todos los españoles, y residentes, vivimos en el ámbito territorial de algún municipio, y más escaso aún resultaría, de compararse con las disposiciones que contiene la Constitución de Venezuela: de trescientos cuarenta y nueve (349) Artículos, una (1) Única disposición derogatoria, dieciocho (18) Disposiciones transitorias; diecisiete (17) Artículos son dedicados a los municipios.

Esta situación, en un primer momento, da la impresión de pobreza normativa, hasta que recordamos el significado de la constitucionalización de una materia como Norma suprema. La Carta Magna como cúspide de la pirámide normativa, tiene varios significados: Uno de carácter extra-jurídico, como el humus donde enraízan las normas jurídicas, y otro, aplicable a nuestro caso, como marco definidor de las mutuas relaciones entre los órganos que engranan los poderes del Estado. Significa unos límites, unas vallas o verjas que el poder constituyente instala al propio Parlamento, a las Leyes que en el futuro el Parlamento pudiese adoptar. De tal manera, que el Parlamento como Poder Legislativo solamente puede hacer aquello que esté dentro de los límites fijados en la Constitución.

Darle carácter constitucional a una determinada materia, supone un cierto recelo del Poder Legislativo, para evitar a la materia objeto de hacer constitucionales los peligros que pudieran venirle del citado Poder.

La ventaja de ésta acción es evitar que una Ley formal, emanada del Parlamento, pudiera suprimir o negar las cualidades constitucionalmente predicadas de la Administración Local, incluso con la total unanimidad de todos los Diputados y Senadores, ya que se precisaría primero una modificación de la Constitución, lo cual resulta complejo y difícil. Por tanto, la Constitución viene a significar un respaldo para las materias constitucionalmente protegidas.

El Ayuntamiento como principal y definitivo protagonista de la Administración Local, se destaca sobre las llamadas infra o supra-municipalidades. Antes de 1978, el Centro de las Administraciones Territoriales era la Administración del Estado, las Diputaciones Provinciales y el Ayuntamiento. La primera de ellas, (la Administración Central), tenía una especie de tutela sobre las otras dos.

Tras la Constitución de 1978, las cosas cambiaron, el Estado no es superior jerárquico de los Ayuntamientos, ni tan siquiera conserva relación de tutela administrativa. El control de la Administración Local solamente la tienen los Tribunales de Justicia. Igualmente, la Constitución ha modificado la estructura de las Administraciones Territoriales que han pasado a ser cinco: Estado, Comunidades Autónomas, Provincia, Ayuntamientos y agrupaciones de municipios.

Sin embargo, algunos autores han calificado de infradotado el marco normativo que regula la Administración Local; aunque, en nuestra opinión, queda perfectamente protegido, no obstante el resquicio de algunos puntos cualitativos incompletos.

Quienes lo hacen, basan sus argumentos en cinco (5) puntos extraídos de los tres (3) Artículos que la Constitución le dedica, los cuales señalan:

A) La elección de los Alcaldes por Concejales o vecinos, deja a las leyes básicas o de legislación, ordinaria la precisión acerca de quién afrontará la responsabilidad de elegir representantes. Esto, si se adoptara el sistema de elección directa o el sistema colegial. Argumento rebatible, si recordamos que precisamente, la labor constituyente es la de dictar las pautas, como anteriormente se ha señalado.

B) Las Provincias, en su configuración, también han servido de basamento a quienes califican de infradotada la Administración tributaria municipal. Este argumento, resulta impreciso y vacilante, en cuanto a que su gobierno o administración estará encomendado a Diputaciones u otras Corporaciones de carácter representativo. Esa expresión parece haber querido hacer referencia a los Cabildos Insulares. De más feliz redacción hubiera resultado si se hubiese dicho claramente, con el propósito de evitar la posibilidad de una extraña especie de entes administrativos territoriales de dimensiones provinciales distinto de las Diputaciones.

C) La indicación de medios suficientes de que disponen las Haciendas Locales, para el desempeño de las funciones legalmente atribuidas. También impreciso, al existir silencio en cuanto a la especificidad en ellas, a riesgo de inconstitucionalidad sobrevenida por obligada referencia a la Ley de Bases o Ley Ordinaria. Aludimos al posible señalamiento que la Ley atribuya a las funciones del Ayuntamiento, cercenando las que son propias a su autonomía. Igualmente tal determinación a priori no podría tacharse de inconstitucional, siempre que la asignación de competencias a las Administraciones Locales, permitan gestionar sus propios intereses.

D) La Constitución no alude a la Potestad normativa, no menciona a la función Pública Local, ni precisa cuáles son las funciones de la Administración Pública Local. Tampoco clarifica las relaciones de las Comunidades Autónomas con los Entes Locales (si estas son de coordinación o subordinación o armonización).

E) De haberles dado mi tratamiento constitucional a ciertas materias, se hubiese reforzado la autonomía municipal dentro de la organización territorial del Estado, la que ha sido entendida en términos muy limitados.

Afortunadamente, la tendencia europea es darle cada día mayor protagonismo en la gestión de sus propios asuntos. Los ciudadanos han tomado conciencia de la importancia de preocuparse por el gobierno de su ciudad, importancia que comparten el Gobierno de la Administración Central, y los partidos políticos, al considerar cada vez más trascendente las elecciones locales. Pasan de un clima claramente antimunicipalista a lo contrario.

Al cambio de régimen, precedieron algunas normas, que fueron unificadas por la Ley 7/ 1985[52] Reguladora del Régimen Local, Ley de Bases, es decir, Ley superior a la cual deben atenerse los entes locales a la hora de emitir sus disposiciones normativas por tratarse de la Ley que sienta las Bases fundamentales de la Regulación del Régimen Local. Esta posteriormente fue desarrollada a través del Real Decreto Legislativo 781/1986, y diversos reglamentos y leyes que van completando cada vez más el panorama legislativo de la Administración Local, a partir de la Constitución.

Para el tema en específico, anteriormente la Ley 230/1963 de 28 de diciembre, General Tributaria, reglamenta por el Real Decreto 1930/1998 de 11 de septiembre en lo que atañe al Régimen sancionador tributario[53].

En Venezuela, el Municipio es partícipe del Poder Público en la distribución vertical, que va más allá de una simple delimitación administrativa dentro de la

[52] Específicamente, la Ley de 02 de abril de 1985, reconoce la Potestad Sancionadora de las Corporaciones Locales, con carácter general, en el artículo 4.1 f), si bien/ésta genérica previsión debe ser completada por la legislación sectorial y el Título XI de la LBRL.

[53] Actualmente, las disposiciones de la nueva Ley General Tributaria, aun no reglamentada.

estructura del Estado. Es un nivel político-territorial, con una administración pública municipal, propia, que ejerce una cuota parte en el sistema público[54].

Uno de los aspectos más polémicos en el ámbito constitucional es el referido a la autonomía de los municipios[55]. Observamos que poseen capacidad de

[54] Tanto en la Constitución como en la Ley Orgánica de Régimen Municipal, se establecen las autonomías política, normativa, y administrativa. La autonomía política da origen al autogobierno municipal; la autonomía normativa se produce en virtud de que las ordenanzas y decretos por los que se rige el Municipio en materia de su competencia, son dictados por ellos mismos; y la autonomía administrativa: les concede libre gestión en materias de su competencia. La autonomía que poseen los municipios, va más allá. Para que alguna de estas clases de autonomía pueda existir, se hace condición indispensable, que también sea capaz de poseer una autonomía económica: la creación o inversión de ingresos, exceptuando las limitaciones referidas al Situado Municipal, que la propia Constitución remite a las disposiciones que primero estuvieron en la Ley de Inversiones del Situado, y actualmente están en la Ley de Descentralización, Delimitación y Transferencia de Competencias del Poder Público, según los artículos 14, y 15. En el Artículo 14 *ejusdem*, es donde se estipula que en las Leyes de presupuesto de los Estados se destinará una parte a las municipalidades; y en el artículo 15, se establece la manera como será distribuido dicho Situado Municipal. En principio, este concepto encierra la posibilidad de formular sus propias normas, pero también posee otras vertientes. Existen, además, otras manifestaciones de la Autonomía Política: El Municipio, actualmente está compuesto por dos órganos legalmente reconocidos, la Alcaldía, que representa el Poder Ejecutivo Municipal y el Concejo Municipal, que constituye el Poder Legislativo Municipal. A estos órganos, se erige la representación vecinal como organizaciones de control político social de los municipios. El Alcalde, elegido mediante voto popular, directo y secreto, es la Máxima Autoridad Civil del Municipio. La función municipal se encuentra claramente independiente del Poder Nacional; según los parámetros establecidos por la Constitución venezolana (1999), Artículo 174 y el Artículo 50 de la Ley Orgánica de Régimen Municipal. En cuanto a la Autonomía Normativa: En las materias de competencia local, el Artículo 175 de la Constitución venezolana (1999), otorga a los Concejos Municipales la facultad de legislar sobre asuntos locales propios, y en atención a ello, los textos legales, materia de la reserva legal de los municipios. Se les denominan Ordenanzas Municipales. Respecto de la Autonomía Organizadora: La Constitución deja escaso margen a las municipalidades, el Artículo 169 *ejusdem* prevé que es la Ley Nacional quien establecerá los regímenes organizativos de gobierno y administración, en lo que respecta a la determinación de sus competencias y recursos, según las necesidades específicas de cada localidad, respetando la democracia, en franca contradicción con la Autonomía Administrativa: La Carta Magna otorga personalidad jurídica y autonomía a los municipios, así como patrimonio independiente. Se garantiza a los municipios el gobierno, y administración de sus intereses, así como libertad de gestiones de su competencia, respetando los parámetros mencionados anteriormente de organización que determine la Ley. Acerca de la Autonomía Tributaria: Es la atribución que hace la Constitución a los municipios, por parte de un poder originario y de un poder derivado de los preceptos legales nacionales, a los cuales los entes menores deben sujetar su actuación. La autonomía tributaria municipal, no constituye una licencia para que sus autoridades puedan hacer lo que consideren conveniente, sino un concepto definido que debe observar las limitaciones que derivan del texto constitucional, y de las leyes locales, por lo que no se trata de un gobierno libre dentro del Estado, sino de un poder regulado por el constituyente y por el legislador.

[55] Acerca del concepto de autonomía en Venezuela, conviene consultar la obra de Palacios Márquez, L., «Marco jurídico de la Tributación Local en Venezuela (una aproximación al reconocimiento y declaración, constitucional de la Autonomía municipal. Limitaciones directas o explícitas al poder tributario local)». *Revista de la Fundación Procuraduría General de la Repú*blica, N° X, Caracas, 1994. En dicho texto, desarrolla el concepto de autonomía

autogobierno en materia normativa, tal como ya hemos señalado anteriormente, pueden producir su propia normativa y actuar conforme a ésta. Esta autonomía, cuenta con la serie de limitaciones que representan las garantías y derechos de los contribuyentes, de las cuales hemos tenido ocasión de mencionar en el anterior Capítulo, referido al tratamiento constitucional de los principios que informan la potestad sancionadora.

A pesar de lo expresamente establecido en la Constitución de la República de Venezuela[56], algún sector de la doctrina ha negado la competencia primaria de los municipios para establecer en sus ordenanzas infracciones y sanciones tributarias[57]. Con el propósito de lograr un sistema tributario armónico, propugnan la aplicación por vía principal de lo previsto en el COT, acerca de su aplicación supletoria[58]. Esta posición doctrinal alega la aplicación del contenido en el Artículo 79 *ejusdem*, que prevé lo siguiente: «Las disposiciones de este Código se aplicarán a todos los ilícitos tributarios, con excepción a los previstos en la normativa aduanera, las cuales se tipificarán y aplicarán de conformidad con las leyes respectivas[59]».

Para contestar a la anterior doctrina son variadas las argumentaciones que podemos esgrimir. En primer lugar, se recuerda que el sistema de distribución vertical del Poder Público venezolano, y el reparto competencial que el constituyente otorgó a las tres entidades políticas capacidad normativa. Una válida interpretación es que el constituyente atribuyó la posibilidad de legislar a cada uno de sus entes autónomos, en las materias de su competencia.

Habiéndole sido atribuida constitucionalmente la competencia originaria, para regular los aspectos sustanciales, en lo relativo a sus propios ingresos y gestión de sus respectivos tributos, respecto de las correspondientes Leyes locales, en materia sancionadora, la aplicación por vía directa del COT, desconocería de la autonomía de los municipios. La situación pareciera más bien centrarse en si la atribución del Poder Tributario presupone la derivación para tipificar ilícitos.

Si la Potestad tributaria es la capacidad potencial de obtener contribuciones o prestaciones pecuniarias de los individuos, y de requerir el cumplimiento de los deberes instrumentales necesarios para tal obtención, el reconocimiento de una determinada competencia en materia tributaria, conlleva el reconocimiento de los poderes necesarios para hacer efectiva su finalidad; incluyendo la vertiente represiva que sancione su incumplimiento.

---

como «(...) la facultad y aptitud que tiene toda persona jurídica pública o ente público territorial para administrarse y gobernarse a sí mismo dentro de su competencia y cumpliendo con fines públicos específicos, haciendo uso para ello de normas y órganos de gobiernos propios (...)», p. 20.

56 Constitución Bolivariana de la República de Venezuela, el Artículo 187: «(...) Corresponde a la Asamblea Nacional: 1. Legislar en las materias de la competencia nacional y sobre el funcionamiento de las distintas ramas del Poder Nacional».

57 CBRV, Disposición Transitoria Decimocuarta: «Hasta tanto se dicte la legislación que desarrolle los principios de esta Constitución sobre el régimen municipal, continuarán plenamente vigentes las ordenanzas y demás instrumentos normativos de los Municipios, relativos a las materias de su competencia y al ámbito fiscal propio, que tienen atribuido conforme al ordenamiento jurídico aplicable suites de la sanción de esta Constitución».

58 COT, Artículo 1: «(...) las normas de este Código se aplicarán en forma supletoria a los tributos de los Estados, Municipios y demás entes de la división político territorial (...).

59 Cabe destacar la unificación conceptual de ilícitos, con respecto al anterior Código, en cuanto a comprender inmersos los conceptos de infracciones y sanciones.

Lo que ocurre en Venezuela es que esa posibilidad que tiene el Municipio, al crear o modificar normas jurídicas relativas a los tributos conferidos está limitada por la naturaleza propia de las exacciones locales, en la especializada materia que integra la Administración, de tal forma que no puede invadir la esfera de competencia nacional para legislar en Derecho Penal común, ni en materia de sanciones restrictivas de la libertad personal.

Se haría necesaria la revisión de la naturaleza, tanto de infracciones como sanciones tributarias, para atribuir el carácter administrativo a las contravenciones tributarias (nos referimos a las faltas juzgadas y sancionadas en vía jurisdiccional penal, pese a su carácter administrativo), y así reivindicar el derecho que tienen las Administraciones locales de contar con los recursos suficientes para desarrollar, y gestionar sus propios asuntos.

En este sentido se consagra en la Ley Orgánica Municipal[60] la posibilidad de crear un tipo tributario en las respectivas ordenanzas. Al indicar tales disposiciones, es necesario asumir que tratan de materia tributaria, mas no penal-delictual, siempre respetando la Reserva de Ley en materia penal.

Como lo hemos expuesto reiteradamente, es indudable la competencia municipal para establecer infracciones y sanciones en ordenanzas de materia tributaria, que creen o modifiquen los tributos señalados en la Constitución, a saber: «(...) los impuestos sobre actividades económicas de industria, comercio, servicios, o de índole similar, con las limitaciones establecidas en esta Constitución; los impuestos sobre inmuebles urbanos, vehículos, espectáculos públicos, juegos y apuestas lícitas, propaganda y publicidad comercial (...)» (CBRV, Artículo 179).

Cuando el constituyente atribuye un determinado objeto de imposición a la competencia del Poder Nacional, lo hace en cuanto a los aspectos materiales y sus accesorios, es decir, que cuando en el Texto Constitucional le son otorgadas competencias al Poder Público Municipal, se entiende igualmente todo aquello que sea consecuencia del mismo, y la posibilidad de establecer su articulación.

Por último, insistimos en que la autonomía municipal debe determinarse mediante la delimitación de las competencias y relaciones con los poderes nacional y estadales, sujeto al ámbito espacial sometido a la potestad del respectivo ente local y a la prohibición de transgredir el ámbito competencial del Municipio a los intereses peculiares de la entidad, en materias propias de la vida local, según los fines del sistema tributario de acuerdo con los parámetros estipulados Texto Fundamental[61].

---

[60] LORM, Artículo 114: «No podrá exigirse el pago de impuestos, tasas o contribuciones municipales especiales que no hubieren sido establecidos por el Concejo o establezca o modifique deberá determinar la materia o acto gravado, la cuantía del tributo, el modo, el término y la oportunidad en que este se cause y se haga exigible, las demás obligaciones a cargo de los contribuyentes, los recursos administrativos en favor de estos y las penas y sanciones pertinentes. La ordenanza a que se refiere este artículo entrara en vigencia en un plazo no menor de sesenta (60) días continuos a partir de su publicación. Lo no previsto en esta Ley ni en las Ordenanzas, regirán las disposiciones del Código Orgánico Tributario que le sean aplicables. El Alcalde será el órgano competente para conocer del recurso jerárquico».

[61] CBRV, Artículo 178: «Son de la competencia del Municipio el gobierno y administración de sus intereses y la gestión de las materias que le asigne esta Constitución y las leyes nacionales, en cuanto concierne a la vida local (...)».[290] Diccionario de la Real Academia. Disponible en Internet: http://buscon.rae.es/diccionario/drae.htm. Del latín infractio, onis.

Como síntesis del punto referente a Aproximación al Régimen de la Potestad Sancionadora Municipal, podemos indicar que:

- La indiscutible aplicación, y aceptable prevalencia de una cobertura legal son necesarias para la ordenación normativa local, que exige la existencia de una Ley para que los entes locales puedan establecer su sistema sancionador dentro del marco de sus propias competencias. En cambio, en Venezuela no es necesaria una cobertura legal, puesto que su autonomía normativa es mucho más amplia; bastando el propósito de su existencia, que se trate de una manifestación de voluntad legítimamente constituida y expresada en forma solemne por las Cámaras Municipales, sobre las materias que le atribuye la propia Constitución y las Leyes dictadas en ejecución de aquella.
- En España, las infracciones deben ser comprendidas unitariamente, en cuanto a que la realización de distintas acciones, constitutivas de varias infracciones, determine la imposición de sanciones por cada una de ellas, remitiendo el expediente a la jurisdicción penal, en su caso, cuando se determine la posible comisión de un delito. La situación señalada es análoga a la prescrita en Venezuela.
- A pesar de serles otorgadas las más amplias competencias para la creación y gestión de la potestad sancionadora, en Venezuela se presenta necesaria una revisión acerca de la naturaleza de los ilícitos tributarios para cubrir la demanda de la Potestad Sancionadora municipal respecto de las faltas juzgadas y sancionadas en vía jurisdiccional penal, pese a su carácter administrativo. En ningún caso las municipalidades deben remitir la aplicación de penas privativas de la libertad.

IV. INFRACCIONES TRIBUTARIAS Y SUS SANCIONES

El estudio de una determinada figura requiere, aclarar en la medida de lo posible la terminología empleada usualmente, antes de definirla. Esto con la intención de adecuarle al objeto de análisis, por lo que sería útil entonces, comenzar acudiendo a los significados que le asigna a estas locuciones el Diccionario de la Real Academia Española, según la cual, el vocablo infracción proviene del latín «*infractio, onis*», y es la: «transgresión, quebrantamiento de una ley, pacto o tratado, o de una norma moral, lógica o doctrinal», y delito, del latín «*delicto*», en derecho «Acción u omisión voluntaria o imprudente penada por la ley[62]».

Según la tendencia penalista, o administrativista, que observe la especializada doctrina, en el concepto de lo que entienden por uno u otro concepto, aportan razones válidas para su definición; y argumentan con válidos motivos el hecho de encontrarles partes de un todo.

Encontraremos, entre quienes diferencian estas por defecto, a quienes tomando un criterio excluyente o negativo, las distinguen al no considerarlas como delitos, por ser a nivel Legislativo faltas merecedoras de sanciones menores. Entienden como infracción administrativa, todas aquellas conductas consideradas ilícitas por una Ley administrativa, siempre que no estén previamente tipificadas por tina Ley

62 Garberí Llobregat, *El procedimiento* (...), *op. cit.*, p. 79.

penal. De ésta manera, sostienen como infracción al comportamiento que contraviene lo dispuesto en la norma jurídica, a la cual sobreviene una sanción consistente en la privación de un bien o un derecho, adoleciendo, el ordenamiento jurídico de calificación entre falta y delito[63].

El hecho que a dos de las ramas del derecho público se les haya considerado como desengranajes de un único «*ius puniendi*», lo Consideramos consecuencia de la identidad del aspecto sustancial que encuentran el ilícito penal y el ilícito administrativo. Quienes sostienen esta teoría, la basan fundamentalmente en la identidad de Principios, específicamente, la aplicación de Principios Constitucionales de origen penal, con el convencimiento de su viabilidad en el orden sancionador administrativo[64].

Al aspecto cualitativo, surge en contra la postura antagónica de quienes apuestan por establecer diferencias de gravedad o cantidad. Encuentran matices en las distinciones formales hechas por el legislador desde la aprobación de una Ley, tomando en cuenta hasta qué punto son capaces las personas jurídicas para ser responsables y culpables, si es el caso, de una sanción administrativa, pasando por el criterio diferenciador relativo al carácter de unidad conceptual aportado por la teoría del supra-concepto.

Es necesario realizar un paréntesis, para tratar el desenvolvimiento que ha tenido el reconocimiento de una parte general del Derecho, con tina construcción unitaria de las instituciones, desencadenante en el concepto unitario del ilícito.

Con cierto matiz, es posible observar una semejanza con la situación que se produce, por insuficiencia u omisión en alguna rama de la ciencia jurídica, y para compensar esa deficiencia se apoya en otra, mediante la utilización de la analogía o la aplicación supletoria, completando las falencias de regulaciones o normas. En este orden de ideas, el concepto unitario, consiste en la reunión di todos los actos humanos, imputables por transgredir la norma y causar un daño. Acepta al delito como una parte en el concepto unitario del Derecho, aplicable tanto a sanciones civiles y penales[65], postura dominante en la actualidad[66], e interpretada por la doctrina en el mismo sentido.

---

63 Para mayor información la identidad sustancial entre las sanciones administrativas y penales, ver Suay Rincón, J., Sanciones (...), *op. cit.*, p. 20 recupera un repaso acerca de las posiciones mantenidas al respecto por las doctrinas alemana e italiana, donde el debate ha alcanzado una intensidad muy especial, que ha repercutido en la legislación europea en general y española en particular. En el mismo sentido, Suay Hernández, C., «Los delitos contra la salubridad y seguridad del consumo en el marco de las relaciones entre el Derecho Penal y el Derecho Administrativo Sancionador», AA.VV. en publicación titulada *Las Fronteras del Código Penal de 1995 y el Derecho Administrativo Sancionador*, Publicaciones Cuadernos de Derecho Judicial, Escuela Judicial, Consejo General del Poder Judicial, Madrid, 1997, p. 132. Al igual que Martín Rebollo, M. y otro: *Manual de la Inspección del Consumo,* Instituto Nacional de Consumo, Madrid, 1998, p. 20.

64 Carretero Pérez y otros.: *Derecho Administrativo Sancionador*, Editorial Revista de Derecho Privado, Madrid, 1992, p. 11.

65 Nieto, A., *Derecho Administrativo* (...), *op. cit.*, p. 149. En concordancia, manifiesta su opinión Aftalión, E., *Derecho Penal Administrativo*, AA.W., Ediciones Arayú, Buenos Aires, 1955, p. 14.

66 Montoro Puerto, M., *La Infracción Administrativa: características, manifestaciones y sanción*, Editoriales Nauta, S.A., Barcelona, 1965, pp. 166 a 169. Por su parte, Nieto, A. *Derecho* (...), *op. cit.*, pp. 76 y 77. Para el autor «(...) en la actualidad el Derecho administrativo sancionador español aún no posee principios que puedan traspolarse al Derecho penal (...)». Casellas Gálvez, J., «La Potestad Sancionadora de la Administración Tributaria». Trabajo de Grado presentado en la Universidad de Salamanca, 2003.

Un sector de la doctrina, expresa su acuerdo con la teoría anterior, que encuentra antagonismo, en quienes apoyan la unidad conceptual de las instituciones jurídicas. Basan su argumentación en que los términos delito, prescripción, acto, y otros, tienen una sustantividad propia que les eleva por encima de la rama del Derecho desde la cual sean estudiados; por ende, su reconocimiento como conceptos únicos, debe ser universalmente aceptada como uso común para las disciplinas jurídicas, no desvinculándole de su esencia, y, sin perjuicio de los aspectos peculiares que les impriman en la valoración o individualización[67].

Quizá la especificidad en la cual se basa la materia de sanciones tributarias, es que la Administración la asienta en su legítimo derecho dé autodefensa o autoprotección a percibir de los ciudadanos las prestaciones tributarias; derecho que resulta tan legítimo que la mayoría de sistemas le reconocen como una «(...) competencia represiva legítima de la Administración (...)», lo dicho, con la total independencia de posteriores medidas represivas judiciales, en los casos de infracciones dolosas o cualificadas qué lo ameriten[68].

El Anteproyecto de la Ley Reguladora de la Potestad Sancionadora de la Administración Española, definió de la siguiente manera a la infracción administrativa: «(...) Constituye infracción administrativa toda acción u omisión prevista en la legislación vigente que, sin ser constitutiva de delito o falta de naturaleza penal o disciplinaria, infrinja el ordenamiento jurídico y se encuentre castigada con una sanción administrativa[69].

Para las Administraciones Locales en España, las infracciones tributarias son definidas de forma acorde con el concepto general que contiene la LGT, como las «(...) acciones u omisiones dolosas o culposas con cualquier grado de negligencia que estén tipificadas y sancionadas como tales en ésta u otra ley (...)» (LGT, Artículo 183.1), a lo que algún autor precisaría la exclusión positiva de una Ley penal, pues en tal caso estaríamos ante un delito de la Hacienda Pública[70].

Una vez que se produce una infracción que provoca la actuación de los Poderes públicos sancionadores, es la Administración la primera que constata si el hecho puede ser constitutivo de delito, y de ser así, debe provocar la intervención de la jurisdicción penal. De esta manera, las legislaciones penales en España han seguido dos sistemas para clasificar las infracciones acreedoras a una sanción: unas, que las clasificaron en crímenes, delitos y contravenciones, y otras, que lo hacen solamente en delitos y contravenciones; son las clasificaciones bipartita y tripartita a las que haremos alusión.

En lo referente a los delitos, una parte de la doctrina utiliza los mismos criterios diferenciadores para su definición, al señalar que son «(...) todo hecho humano típico, antijurídico, culpable y punible (...)[71]», «(…) conducta típica (acción u omisión» antijurídica y culpable[72]».

---

67 García de Enterría, E. y otro: *Curso* (...), *op. cit.*, p. 151.

68 Anteproyecto de Ley publicado el 22 de mayo de 1985 en el BOCG, serie B, número 102-1. Artículo 16.

70 CP español. Artículos 304 al 324.

71 Cobo del Rosal, M. y otro, *Derecho* (...), *op. cit.*, p. 254.

72 Bustos Ramírez, *Manual de Derecho Penal, Parte General,* aumentada, corre-gida y puesta al día por Hernán Hormazábal Malarée, H., IV Edición, Editorial PPU, Barcelona, 1995, p. 219.

Otra corriente, aunque desde el punto de vista formal, es la corriente para quienes el delito es la infracción de la norma penal, con el requisito indispensable y concurrente de la culpa[73]. Lo que concuerda con la definición del Código Penal: «(...) son delitos o faltas las acciones y omisiones dolosas o imprudentes penadas por la ley[74]».

La perceptibilidad que acompaña a la teoría de la diferenciación cuantitativa, la hace merecedora de una gran aceptación por la autorizada doctrina[75], quizá por defecto[76], pero a pesar de ello, la más fiable.

Aún partiendo del mismo principio que afirma identidad sustancial, es posible distinguirlas según la medición de la gravedad del comportamiento antijurídico, y la cuantía del perjuicio de la acción ¡antijurídica; de tal forma que será penal la contravención con mayor importancia y administrativa la simple contravención[77].

Al determinar los actos como punibles, debe observarse la gravedad relativa de las acciones antijurídicas. Solo sería posible hacer mía diferenciación cuantitativa entre infracciones penales, y contravenciones administrativas, según las consecuencias gravosas, por indicar una mayor o menor afectación de los intereses tutelados legalmente[78].

---

73 Luzón Pena, D., *Curso de Derecho Penal, Parte General* I, Universitarias, Madrid, 1996, p. 223 y ss.

74 Código Penal, contenido en la Ley Orgánica 10/1995, de 23 de noviembre. Artículo 10: «Son delitos o faltas, las acciones y omisiones dolosas o imprudentes penadas por la Ley».

75 Castejón y Martínez de Arizala, F., *Faltas penales, gubernativas y administrativas, Instituto de Administración Local,* C. Bermejo-Impresor, Madrid, 1950, p. 19, le siguen varios autores, entre los que podemos citar a: Lozano Cutanda, B., *La extinción de las sanciones administrativas y tributarias,* Marcial Pons, Madrid, 1990, p. 161. Ver también: Zúñiga Rodríguez, L., «Relaciones entre Derecho Penal y Derecho Administrativo Sancionador, ¿Hacia una «administrativación» del Derecho Penal o una «penalización» del Derecho Administrativo sancionador?», *Homenaje al Doctor Marino Barbero Santos, in memorian, Adán Nieto Martín* (Coord.), Ediciones Universidad de Salamanca y Ediciones Castilla-La Mancha, Cuenca, 2001, p. 1425; y por último podemos citar, en el mismo sentido, a Zomoza Pérez, J., *El sistema* (...), *op. cit.*, pp. 55 a 59.

76 Cerzo Mir, J., *Derecho Penal Español, Parte General,* V Edición, Ediciones Tecnos, (Basada en el nuevo Código Penal de 1995), 2° Reimpresión, Tomo I, Introducción, Madrid, 1998, p. 49; Garrido, Falla, F., *Tratado de Derecho Administrativo,* Tomo I, Editorial CEC, Madrid, 1980 y Serrano Alberca, J., «Artículo 25», en la Obra Colectiva: *Comentarios a la Constitución,* Fernando Garrido Falla (Dir.), III Edición ampliada, Editorial Civitas, Madrid, 2001, p. 20.

77 Garberí Llobregat, J., *La Aplicación de los Derechos y Garantías Constitucionales a la Potestad y al Procedimiento Administrativo Sancionador,* I Edición, Editorial Tribium, Madrid, 1989, p. 65. Opinión compartida por varios autores entre los que podríamos mencionar a Zúñiga Rodríguez, L., *Relaciones* (...), *op. cit.*, p. 1425; igualmente, Blasco Pellicer, A., *Sanciones Administrativas en el Orden Social,* Tirant Lo Blanch, Valencia 1998, p. 14; Quintero Olivares, G., «La auto-tutela, los límites al poder sancionador de la administración pública», en *Revista Española de Administración Pública,* N° 126, Madrid, 1991, p. 615. En efecto, el mantenimiento del orden social, labor del Derecho Penal, debe guardarse para ésta disciplina, según Berdugo Gómez de la Torre, I. y otro, *Manual* (...), *op. cit.*, al tiempo que establece, como mecanismo para la determinación de la competencia administrativa o penal, la concurrencia de dos factores: El objeto y la consecuencia; el objeto, en la importancia de los bienes que se afectan y la gravosidad del daño, y la consecuencia, por el efecto de la sanción.

78 Garberí Llobregat, J., *El Procedimiento* (...), *op. cit.*, p. 76, en apoyo a éste, Cerezo Mir, J., *Derecho* (...). *op. cit.*, p. 48: «Entre las penas y las sanciones administrativas existen únicamente diferencias cuantitativas».

Sobre la base de negar diferencias sustanciales entre delito e infracción, un único medio de distinción admite la teoría cuantitativa, como posibilidad para diferenciar una de otra; se trata de la distinción gradual que sobre la base de las disposiciones constitucionales, propone separar los delitos centrales del orden penal y las infracciones administrativas[79].

Otra corriente ideológica surge, cuando algunos autores sostienen el nacimiento y evolución del ilícito penal y el administrativo, otorgándole en su esencia un aspecto diferente, en especial, en cuanto al tipo del bien jurídico tutelado, elementos estructurales del hecho antijurídico, e incluso, proyección social.

La conocida, por algunos autores, como área del Derecho Penal Administrativo, ha llevado la batuta en cuanto a separar o diferenciar los tipos de ilícitos, según ambas ciencias jurídicas de carácter público, encabezadas por FEURBACH[80], MAYER[81] y ROCCO[82], principalmente[83].

El criterio de valoración, que supone una posición ecléctica, según cada caso, y analizado de manera individual, acepta ambas teorías; las pone en práctica de manera alternativa, conforme al Principio de Proporcionalidad ya estudiado[84].

---

79 Torio López, A., «Injusto Penal e Injusto Administrativo», AA.VV., *Estudios sobre la Constitución española, un Homenaje al Profesor Eduardo García de Enterría*, Tomo III, Editorial Civitas, Madrid, 1991, p. 2538.

80 Su teoría *ius* naturalista del Derecho Penal de Policía, considera que las infracciones constituyen una violación al derecho positivo y los delitos, al derecho natural.

81 El injusto cultural que defiende el autor, consiste en la consideración del Derecho como un producto cultural, nacida del reconocimiento legal.

82 Rocco entendía una diferencia entre los intereses protegidos por el Estado.

83 Mattes, H., *Untersuchungen zur Lehre von der Ordnungswdrigkeiten, T. I Geshichte und Rechstvergleichung*, Dunker & Humblot, Berlín, 1982. Traducción y notas por Rodríguez Devesa, J., *Problemas de Derecho Penal Administrativo, Historia y Derecho Comparado*, Editoriales de Derecho Reunidas, Madrid, 1979, pp. 144-177. Mattes afirma que, si existieran diferencias esenciales entré ilícito penal y administrativo, sería posible encontrar caracteres materiales que permitieran asignar desde el principio, cada figura particular a uno y otro campo. En cuanto a la legislación española, ver Nieto, A., *Derecho* (...), *op. cit.*, pp. 154 y 155. El autor diferencia dos tipos de intereses: la esfera jurídica de cada individuo, y la esfera jurídica del individuo entendida dentro de un colectivo, de allí que unos atenten contra la justicia, y otros contra los intereses infra judiciales o colectivos. Por último, que considere a las agresiones catalogadas como administrativas, infracciones o contravenciones formales, y a los delitos, como el atentado al contenido material de la misma. Tampoco debemos dejar de hacer referencia a la crítica de Zomoza Pérez, J., *El sistema* (...), *op. cit.* Parte de la premisa, ya desarrollada por García de Enterría, E. «El problema jurídico de las sanciones administrativas», *Revista española de Derecho Administrativo*, N° X, Madrid, 1976, p. 35. Sobre la base de la tendencia jurisprudencial que recoge en las SSTC 66/1984, de 06 de junio de 1984; 2/1987, de 21 de enero de 1987; 69/1989, de 21 de abril de 1989. Zornoza sostiene que entre las sanciones administrativas, se distinguen sanciones de autoprotección, de las sanciones de protección general, por cuanto reflejan diferencias cualitativas entre ilícitos administrativos y penales.

84 Entre los defensores de la valoración individual podemos mencionar a Torio López, A., Injusto Penal e Injusto (...), *op. cit.*, p. 2540. Para este autor, la carga de determinar si una sanción corresponde al área penal o administrativa, corresponde a la amplia valoración que realice el jurista. En igual sentido se pronuncia Zúñiga Rodríguez, L., *Relaciones entre Derecho Penal y Derecho Administrativo* (...), *op. cit.*, pp. 1429,1430 y 1431. Pasa de discusiones superficiales, y acude a factores como las garantías aplicables a las sanciones, principios de imputación para declarar la responsabilidad, especialidad, el

La teoría de la separación según diferencias de grado, es aceptable en cuanto a la esfera de las violaciones. Existen ámbitos cuyo objetivo es proteger bienes jurídicos básicos para la organización social, y otros cuyo objetivo es sancionar desobediencias o infracciones al deber, pero no siempre está perfectamente delimitado, también existen zonas discutibles[85], para cuya determinación, es necesaria la utilización de criterios valorativos o normativos; los cuales tratan de suprimirse lo más posible, ya que la tendencia es aminorar la discrecionalidad tanto Administrativa como jurisprudencial.

En la nueva LGT, la Potestad Sancionadora, se regula de manera autónoma y separada de la deuda tributaria, en armonía con la consideración de que las sanciones no forman parte de la deuda tributaria, es decir, adopta la ordenación sistemática propia del orden penal. Al regularse conjuntamente los tipos de infracciones, y luego las sanciones que se imponen a cada una.

Destaca también la detallada especificidad en los diferentes criterios de graduación de las sanciones tributarias, y en criterios aplicables, tanto por comisión de infracciones simples, como los procedentes en caso de infracciones graves y muy graves, al tiempo que prescribe la disciplina de reincidencia tributaria, obstrucción a investigaciones administrativas, utilización de medios fraudulentos en la comisión de la infracción por sí por otro, y la relativa a la ocultación de datos.

Antes de llegar a la configuración positiva, que distingue las infracciones tributarias, según -su gravedad, criterio actualmente imperante[86], se hace necesario mencionar la solución que ha propuesto un sector autorizado de la doctrina, cuyo basamento diferenciador se erige en torno a las diferencias formales[87] que podemos encontrar[88], quizá por considerarles en el fondo iguales y solo separa-

---

fin preventivo de la utilización del correspondiente recurso, tipo de sanción aplicable a los autores, y todo el compendio de circunstancias, que determinen si el instrumento idóneo para evitar la conducta dañosa, es administrativo, o penal.

85 «(...) Incluso, pese a que normalmente exista una identidad ontológica y sustancial entre el ilícito penal y el administrativo, esto no ocurre en todos los casos y por ende no puede ser adoptado como regla general (...)». Ferré Olivé, J., *El Delito Contable. Análisis del artículo 350 bis del Código Penal*, Editorial Praxis, S.A. Barcelona, 1988, p. 23.

86 Con algunas excepciones, ya que en ciertas sentencias, como la emanada del Tribunal Constitucional español, Número 177/1999, de 11 de octubre de 1999: «1. La sentencia otorga el amparo porque parte de una premisa previa: que la sanción penal duplicó, en el caso, la sanción administrativa. Esa premisa es inexacta. Y, más allá del caso concreto, conduce a una confusión entre las dos potestades sancionadoras que existen en nuestro Estado de Derecho, la penal y la administrativa, que son distintas cualitativamente, y que deberían fortalecer el cumplimiento de las leyes, no debilitarlo mediante interferencias recíprocas. La mayoría prescinde del dato normativo esencial: las infracciones administrativa y penal eran distintas». Si bien admite la diferencia de carácter entre una y otra área sancionadora, asume la postura de diferencias cualificadas.

87 Carretero Pérez y otros, *Derecho Administrativo Sancionador*, Editorial Revista de Derecho Privado, Madrid, 1992, p. 102.

88 Para Garrido, Falla, F. y otros: *Régimen Jurídico y Procedimiento de las administraciones públicas, (Un estudio de la Ley 30/1992)*, Editorial Civitas, Madrid, 1993, p. 280; la clave está en determinar el órgano que le ha emanado.

bles superficialmente[89], sin desmerecer[90]. Incluso, ha habido alguna opinión según la cual, la distinción consiste en determinar el órgano competente para apreciar e imponer la sanción[91].

Finalmente hay que decir que prevalece el criterio del legislador, que es a quien corresponde en primera instancia la decisión de tipificar en el ordenamiento jurídico una acción u omisión como delito o como una infracción, dependiendo de la política fiscal que corresponda al momento de ejercer su labor legislativa[92], realizada en un marco de conveniencia y adaptación al momento histórico y social.

Como idea principal, de las Infracciones Tributarias y sus Sanciones, podemos decir que:

En términos generales, una de las características que distinguen las contravenciones penales de las administrativas es que las infracciones se procesan de manera integral, sin graduaciones por tentativa o frustración.

1. *Infracciones Tributarias en España*

En un primer momento, la infracción tributaria es mía acción u omisión contraria a derecho, cometida por un ciudadano, que no posee un grado merecedor de ubicarle en la legislación penal. Será la normativa pertinente quien decidirá en último término si el hecho constituirá una falta u otro tipo de contravención, cuya sanción caerá, o no, fuera de la competencia de los tribunales de justicia[93].

La definición de las infracciones, inicialmente esbozada por la doctrina[94], y ahora señalado expresamente en la nueva LGT[95], Artículo 183: «(...) 1. Son infraccio-

---

89 González García, E. y otro: Derecho (...). *Op. cit.*, p. 314. En el mismo sentido, Castejón y Martínez de Arizala, F., Faltas (...), p. 66. Primero, según este último autor, habrá que acudir al criterio formal de su denominación, al criterio sustancial de la función que cumple, y por último, al criterio de la autoridad llamada a aplicarla.

90 No hay que confundirse, las diferencias pueden ser formales u ontológicas, y, sin embargo, ambas pueden seguir siendo importantes, es la opinión de Pérez Royo, F., *Infracciones y sanciones tributarias*, Editorial Estudios de Hacienda Pública, Instituto de Estudios Fiscales, Ministerio de Hacienda, Madrid, 1972, p. 26.

91 Fuster Asencio, C., *El procedimiento* (...), p. 23. Es lógico que, mientras los delitos son enjuiciados por el Poder Judicial, que conforman Juzgados y Tribunales, las infracciones administrativas las conozca el Poder Ejecutivo, integrado por los órganos de la Administración Pública, y es posible que quisiera haber hecho alusión al criterio de la competencia, olvidando que, precisamente, es ese el objetivo.

92 Aunque ahora principalmente se adopte este proceder, ya en el año 1997; Lesmes Serrano, C., *La Potestad Sancionadora de la Administración*, AA.VV., *Derecho Penal Administrativo (Ordenación del Territorio, Patrimonio Histórico y Medio Ambiente)*, Ediciones Colmares, Granada, 1997, p. 7; advertía de la supremacía en la función del legislador.

93 Debe acotarse, sin embargo, la aclaración constitucional, al menos en cuanto a la terminología del artículo 25: «(...) nadie puede ser condenado o sancionado por acciones u omisiones que en el momento de producirse no constituyen delito, falta o infracción administrativa (...)». La existencia de acciones u omisiones que constituyen delitos o faltas, provocan una condena. Por el otro lado, existen acciones u omisiones que constituyen infracciones administrativas y provocan una sanción.

94 Martín Fernández, J., «Una visión general del anteproyecto de la nueva Ley General Tributaria», *Revista Jurídica de la Comunidad de Madrid,* N° XXV, Madrid, 2003, p. 20. Destaca la inclusión del elemento de culpa, o negligencia, en la definición de las infracciones tributarias, al tiempo que se acepta la negligencia en su leve manifestación.

nes tributarias las acciones u omisiones dolosas o culposas con cualquier grado de negligencia que estén tipificadas y sancionadas como tales en esta u otra ley»; procura revisar con detenimiento el régimen sancionador de la Ley 230/1963, de 28 de diciembre. General Tributaria y potenciar el aspecto subjetivo de la conducta de los obligados en la propia tipificación de las infracciones, modifica el anterior Artículo 77.1[96], al incluir el elemento volitivo en la acción u omisión generadora[97], ya exigida por la jurisprudencia[98].

En el nuevo sistema, las infracciones que generan perjuicio económico se clasifican en leves, graves o muy graves, dependiendo del grado de culpabilidad que concurra en la conducta del presunto infractor, de modo que la infracción será grave si ha existido ocultación, media la utilización de facturas falsas o existan anomalías contables que no superen una determinada proporción, y muy graves si se han utilizado medios fraudulentos. En ausencia de ambas circunstancias, la infracción será siempre leve, así como leve será en los casos en que, por razón de la cuantía de la deuda descubierta, la propia Ley otorga esa clasificación.

Consideran también las sanciones que no generan perjuicio económico; éstas son *catalogadas*, según la gravedad del comportamiento. Se establecen en algunos casos sanciones pecuniarias de multa porcentual, que toma como base otras magnitudes de la deuda dejada de ingresar. Enfatiza esencialmente las sanciones por incumplimiento al deber de información, y la obstaculización de las acciones por parte de funcionarios.

Desde un punto de vista jurídico-formal, una infracción administrativa podría definirse como la acción u omisión a que anuda la norma una amenaza de sanción.

Para algunos autores, la Administración de Hacienda, solamente dirige sus objetivos recaudatorios por encima del respeto a los derechos del contribuyente, incidiendo en la viciada práctica de imponer sanciones al margen de uno de los principios básicos que informan la actividad punitiva de cualquier Administración: la presunción de inocencia. La proclamación constitucional de dicho principio, y su posterior ratificación por la Ley 30/1992 no consiguieron propiciar un cambio de actitud en este sector administrativo, provocando que la jurisdicción revocara en reiteradas ocasiones las sanciones impuestas con violación de aquél, y exigiendo la concurrencia imprescindible del elemento volitivo o intencional.

Sin embargo, tampoco ha sido suficiente la presunción de inocencia, recogida también en la Ley 1/1998 de Derechos y Garantías de los Contribuyentes, ya que no se han producido significativos cambios en el modo de instruir y resolver los

---

95 Téngase en cuenta que, de conformidad con lo establecido en el número 3 del artículo 1 del anexo del Real Decreto 1398/1993, por el que se aprueba el Reglamento del procedimiento para el ejercicio de la Potestad Sancionadora. El citado Reglamento, tiene carácter supletorio en la regulación del procedimiento del ejercicio de la potestad sancionadora, en materia tributaria.

96 La anterior LGT, en su Artículo 77.1 establecía que: «(...) son infracciones tributarias las acciones y omisiones tipificadas y sancionadas en las leyes. Las infracciones sancionadas son sancionables incluso a título de simple negligencia (...)».

97 Cabe destacar la expresión: «sancionadas», cuya contraposición al término «penadas», supone un elemento diferenciador de carácter formal al empleado por el Código Penal.

98 Exigencia manifiesta en STSJ de Castilla-La Mancha 384/2003, Sala de lo Contencioso-administrativo, Sección 2ª, de 02 de junio de 2003.

procedimientos sancionadores, que muchas veces culminan con una sanción arbitrariamente impuesta[99].

Si bien el planteamiento anterior es loable desde el punto de vista de las garantías; la realidad cotidiana de las Administraciones Tributarias, dan muestra de la silenciosa presencia de la voluntad del contribuyente, no siempre expresada por el sujeto que intentando eludir la abultada presión impositiva comete una infracción (ya sea ocultando información, alterando sus declaraciones, etc.). De modo que su intención no es siempre presumiblemente buena[100]; reivindicando la eterna máxima de la imposibilidad de una excusa basada en la ignorancia, y más aún cuando ha habido plazos lo suficientemente generosos, y de sobra publicitados.

Lo cierto, es que el reconocimiento expreso de la exigencia de «culpa» era a todas luces necesaria, sobre todo si tomamos en cuenta que, la Ley 30/1992 respecto a la voluntariedad, intencionalidad o culpa del presunto autor de una infracción, no es clara ni precisa. Esta alude a una «simple inobservancia», lo que podría interpretarse como una responsabilidad que no exige la concurrencia de culpa, configurándose la infracción por la mera realización del supuesto de hecho previsto en la norma.

En el contexto de la Ley 30/1992, en cuanto a los criterios para la graduación de la responsabilidad, la intención del sancionado pareciera aún continuar inmaculada, puesto que no parece razonable aplicar una sanción a quien no la merece por carecer de raciocinio. Esta situación ha sido tomada en cuenta por la nueva LGT[101], previendo algunas disposiciones aplicables a personas jurídicas, incapaces, y otras personas cuya condición requieren de un régimen especial de protección[102], en cuyo caso, sería necesario determinar la responsabilidad de quien responda por ellos.

La culpabilidad es indispensable, en cuanto a su elevación como pieza básica del sistema sancionador, así lo ha reconocido la jurisprudencia del Tribunal Constitucional, en su Sentencia 76/1990, de 26 de abril, al declarar que en materia de

[99] Cuadrado Zuloaga, D., «Desarrollo práctico del procedimiento sancionador tributario: desprecio a la presunción de inocencia». Publicación en *Revista de Actualidad Administrativa La Ley*, N° XXXIII, Madrid, 2002, p. 20.

[100] Respecto al punto, la presunción apreciada en la STS, rec. 9644/2002, de 29 de octubre de 2002. Inspección a plantas envasadoras de aceite, donde se realizaban mezclas no autorizadas. Quedó demostrado que no era necesaria la prueba del nimus o intención del interesado, hubo una presunción, en cuanto a que la alteración se debió a la actuación del interesado.

[101] Artículo 77, Número Tres. Serán sujetos infractores las personas físicas o jurídicas y las entidades mencionadas en el artículo 33 de esta Ley que realicen las acciones u omisiones tipificadas como infracciones en las leyes y, en particular, las siguientes: a) Los sujetos pasivos de los tributos, sean contribuyentes o sustitutos, b) Los retenedores y los obligados a ingresar a cuenta, c) La sociedad dominante en el régimen de declaración consolidada.

[102] El régimen especial de tributación consolidada, ha sido objeto de estudio y exposición en el plano de la ciencia y técnica económico-contable, pero la institución presenta algunos claro-oscuros desde la perspectiva de la ciencia y técnica jurídico-tributaria. Márquez Márquez, A., «El régimen especial de tributación consolidada», Consideraciones jurídico-tributarias, *Revista La Ley*, N° XXVII, Madrid, 2003, pp. 1042 a 1050. El autor pretende, sin rigor de absoluto, hacer unas breves reflexiones acerca de por qué existe, para qué, cuáles principios, conceptos y técnicas jurídicas lo fundamentan, y qué lo diferencia de otros regímenes tributarios especiales, con efectos similares.

infracciones tributarias «(...) sigue rigiendo el principio de culpabilidad (por dolo, culpa o negligencia grave y culpa o negligencia leve o simple negligencia), principio que excluye la imposición de sanciones por el mero resultado y sin atender a la conducta diligente del contribuyente (...)»; concluyendo que, «(...) el precepto (se refiere al Artículo 74.4 de la LGT) está dando por supuesta la ausencia de culpabilidad en los grados de dolo, o culpa, o negligencia grave y (...) que más allá de la simple negligencia, los hechos no pueden ser sancionados (...)».

La infracción exige tres elementos, a saber: acción u omisión, voluntariedad, y que la acción u omisión estén sancionadas por la ley[103].

En cuanto a la acción u omisión, recordemos su carácter de acción humana, un acto con una posible doble vertiente, positiva o negativa, hacer o no hacer, es decir, un dejar de hacer lo que hay obligación de hacer[104]. La acción o la omisión han de ser voluntarias, ejecutadas libremente, por propia determinación y con conocimiento de lo que se ejecuta. La voluntariedad dolosa o culposa[105] es el segundo de los elementos en la categorización propuesta, esencial en toda infracción. Puede consistir en el incumplimiento de deberes tributarios el impago de tributos, el incumplimiento de deberes tributarios conexos o no con la propia obligación o a cuenta de un tercero, o la no-aportación de datos relativos a terceros o la no-presentación de las declaraciones de las rentas[106].

El concepto de voluntariedad es compuesto, ya que integra a la imputabilidad, como supuesto previo de la culpabilidad, consistente en la autoría, en virtud de la cual es atribuible el acto a una persona o personas determinadas, incuso en la concurrencia de ciertas condiciones psíquicas, psicológicas y morales para responder por la Ley de los hechos cometidos.

Superada la culpabilidad, la composición adolece de una demostración. Una acción será imputable, cuando a causa de la relación psicológica existente entre ella y su autor pueda ponerse a cargo de éste, y serle, además, reprochada.

En principio, son los obligados quienes responden de las infracciones cometidas, contribuyentes, sustitutos de éste, pagadores en la modalidad fraccionados, retenedores, obligados tanto de pagos a cuenta como de repercutir, a soportar la repercusión o retención, a soportar los ingresos a cuenta, sucesores, y sujetos

---

103 López Nieto y Mallo, F., *Las Sanciones Municipales*, II Edición, Editorial El Consultor de los Ayuntamientos y de los Juzgados, Madrid, 2002, p. 64.

104 Montoro Puerto, M., *La Infracción Administrativa* (...), *oip. cit.*, p. 189. Se ha dicho que la conducta de acción y de omisión supone la presencia u ausencia, respectivamente, de una alteración, en el mundo exterior, y que pueden darse supuestos en los que, junto a una omisión, se producen aquellas alteraciones.

105 El Código Penal no usa la palabra «culposa», sino «imprudente», aunque culpa e imprudencia son términos sinónimos; sin embargo, al hablar de voluntariedad, hay que realizar ciertas advertencias, como subraya Mir Puig, S., *Derecho Penal, Parte General*, IV Edición corregida y puesta al día con arreglo al Código Penal de 1995, Impreso por Tecfoto S.L., Barcelona, 1995, p. 287. Mientras que el delito doloso supone la realización del tipo de injusto respectivo, con conocimiento y voluntad, en el delito imprudente, el sujeto no quiere cometer el hecho previsto en el tipo doloso, pero lo realiza por infracción de la norma de cuidado, es decir, por inobservancia del cuidado debido.

106 SSTS 930/1999, de 12 de noviembre de 1999.

activos beneficiarios en supuestos de exención, devoluciones, y bonificaciones tributarias[107].

También responden de manera solidaria al pago de sanciones por deudas tributarias, se deriven o no de ellas, las personas o entidades causantes o colaboradores activos en la realización de una infracción, partícipes o cotitulares dejas herencias yacentes, comunidades de bienes y otras entidades jurídicas que carezcan de capacidad, constituyan una unidad económica o patrimonio separado, siempre que sean susceptibles de imposición, y las que sucedan por cualesquiera conceptos en la titularidad o ejercicio de explotaciones o actividades económicas contraídas con anterioridad por su titular, siempre que sean derivadas de su ejercicio[108].

De manera subsidiaria en el pago de sanciones por infracciones tributarias, los responsables[109]: administradores de hecho, o de derecho en el caso de la representación de personas-jurídicas que no hubiesen actuado con la debida diligencia, o los causantes o colaboradores activos en la realización de una infracción tributaria. Por lo expuesto, debe atenerse a la autoría de las infracciones para imputar a su causante las consecuencias que derivan del carácter personal de la pena.

La previsión normativa de lo sancionable de una conducta, responde a la antijuridicidad, que en su exteriorización se conoce como tipicidad o descripción legal de la figura de la infracción, más atenuada en ésta materia que en el Derecho Penal, tal y como ya hemos mencionado en el punto correspondiente al Principio de Tipicidad.

En sentido formal, la antijuridicidad es la contradicción entre una situación de hecho con la de derecho, requiere un poco más que una posibilidad del daño temido, o la mera lesión; debe producirse como consecuencia de un injustificado comportamiento humano tipificado, por acción u omisión.

Para el Derecho Tributario Sancionador, es necesaria la concurrencia de una acción u omisión típica e injustificada, la tipicidad exige la delineación, y descripción nítida de la conducta sancionable, aunque con un poco más de laxitud, tratándose de infracciones administrativas en comparación con el Derecho Penal, según hemos mencionado, aún cuando en ocasiones hayan sido utilizadas improcedentes expresiones genéricas, cuyo recurso trata de eliminarse. La más ferviente prueba de tratar de dejar cada vez menos al arbitrio de la autoridad administrativa el establecimiento y delimitación de los contornos que han de perfilar la conducta sancionable[110], se advierten en el ma-

107 LGT, Artículo 35.

108 LGT, Artículo 42, en concordancia con el Artículo 35 *ejusdem*. Respecto de la concurrencia de culpabilidad, en casos de responsabilidad solidaria, ver la STC 76/1990, de 26 de abril de 1990.

109 De acuerdo con el principio de personalidad de la sanción derivada de la CE, Artículo 25, el responsable debe responder en la medida en la cual sea imputable o posible objeto de reproche jurídico como autor o partícipe directo SSTC 146/1994, de 12 de mayo 1994, y 36/2000, de 14 de febrero de 2000. Cabe destacar que la responsabilidad, en un primer momento, no es extensible al ámbito de las sanciones derivadas de una infracción cuya participación no haya sido probada, ver al respecto, la STS 2/1981, de 30 de enero de 1981.

110 Por lo que respecta a la tipificación de las infracciones, y al cálculo de las sanciones, una de las importantes modificaciones de la nueva ley, consiste en la detenida revisión del

yor abundamiento descriptivo de los tipos infraccionales que encontramos en la nueva Ley General Tributaria[111].

La acción debe, además, ser punible, estar sancionada en el ordenamiento jurídico como consecuencia sancionadora de la infracción, debidamente tipificada[112]. También la LGT, con carácter general prohíbe la analogía en su Artículo 14, al establecer que: «(...) No se admitirá la analogía para extender más allá de sus términos estrictos el ámbito del hecho imponible, de las exenciones y demás beneficios o incentivos fiscales En efecto, la Ley 30/1992 en su Artículo 129 dispone, como único supuesto de infracciones administrativas las vulneraciones del ordenamiento jurídico previstas como tales. Las normas definidoras de infracciones no serán susceptibles de aplicación analógica[113].

En cuanto a las competencias de las Corporaciones Locales y el alcance de Potestad reglamentaria, la jurisprudencia del Tribunal Supremo[114], ha señalado la obligación de observar la autonomía municipal, consagrada en la Constitución[115], a

régimen sancionador anteriormente contenido en la Ley 230/1963, de 28 de diciembre, General Tributaria; con el objeto de potenciar el aspecto subjetivo de la conducta de los obligados, en la propia tipificación de las infracciones, de modo que, las sanciones más elevadas queden reservadas a los supuestos de mayor culpabilidad.

111 Intencionalmente contenido en la LGT, según se aprecia en su Exposición de Motivos: «El título IV regula, a diferencia de la Ley 230/1963, de 28 de diciembre, General Tributaria, la potestad sancionadora en materia tributaria de forma autónoma y separada de la deuda tributaria, tanto los aspectos materiales de tipificación de infracciones y sanciones como los procedimentales, estos últimos ausentes en dicha ley».

112 González Pérez, J. y otro: *Procedimiento Administrativo Local*, Tomo II, Parte Especial, Ediciones El Consultor de los Ayuntamientos y de los Juzgados, II Edición, Madrid, 1988, p. 119 y ss.

113 Si bien, la referencia expresa es al ámbito del hecho imponible, y posibles minoraciones (aún en el entendido que no lo son), una rebaja de las sanciones, supone disminuir el monto total, compuesto por la deuda, y la sanción, con lo que podría interpretarse incluida ésta última; por otro lado, no incluirle afirmativamente, deja abierta una duda acerca de la aplicación analógica, como método interpretativo, para lo que se debe acudir a la Ley 30/1992, en su Artículo 129.1. «(...) Solo constituyen infracciones administrativas las vulneraciones del ordenamiento jurídico previstas como tales infracciones por una Ley (...)», sin perjuicio de lo dispuesto para la administración local, en el título XI de la Ley 7/1985, de 2 de abril, Reguladora de las Bases del Régimen Local. Modificado por la Ley 57/2003 de 16 Dic. (medidas para la modernización del gobierno local), Artículo 2: «(...) Solo constituyen infracciones administrativas las vulneraciones del ordenamiento jurídico previstas como tales infracciones por una Ley, sin perjuicio de lo dispuesto para la administración local en el título XI de la Ley 7/1985, de 2 de abril, Reguladora de las Bases del Régimen Local Por parte de la Doctrina, ver: Jarach, D., *El Hecho Imponible: Teoría General del Derecho Tributario Sustantivo*, Editorial Abeledo-Perrot, II Edición, Buenos Aires, 1971, p. 20.

114 El Tribunal Supremo en STS, RJ 2003/6487, de 29 de septiembre de 2003; se ha encargado de tratar el alcance de la Potestad Reglamentaria de las Corporaciones Locales, en un interesante caso que trata la modificación de la jurisprudencia tradicional, sobre la tipificación de las infracciones y sanciones mediante Ordenanzas.

115 CE, Artículos 137, y 140; de la organización del territorio español: Artículo 137: «El Estado se organiza territorialmente en municipios, en provincias y en las Comunidades Autónomas que se constituyan. Todas estas entidades gozan de autonomía para la gestión de sus respectivos intereses», y de su naturaleza: Artículo 140: «La Constitución garantiza la autonomía de los municipios. Estos gozarán de personalidad jurídica plena. Su gobierno y administración corresponde a sus respectivos Ayuntamientos,

efectos de tomar la decisión que más le favorezca. Concordantemente, el Artículo 3.1 de la Carta Europea de Autonomía Local[116], en donde se establece que la autonomía debe conllevar la capacidad efectiva para ordenar los asuntos públicos; permite afirmar, de la mano de los Artículos 55 y 59 del Texto Refundido de Régimen Local[117], que las Corporaciones Locales pueden tipificar válidamente infracciones y sanciones tributarias.

Ya hemos definido la palabra latina Ilícito, atendiendo al significado del vocablo en materia jurídica. Cuando aplicamos la definición a la materia que nos ocupa, lo hacemos en los casos donde se producen conductas lesivas, más allá de la considerarle una violación a la relación jurídica tributaria, es también una violación a los deberes jurídicos que incumben a los administrados en sus relaciones con la Hacienda Pública, y en cuanto supone el incumplimiento de una relación jurídica puede dar origen a tina reacción de tipo indemnizatorio, como por ejemplo, el pago de intereses compensatorios surgidos con ocasión de una deuda[118].

Observa la doctrina un concepto por deducción de la noción de delito, que así como la ciencia jurídico penal ha forjado una teoría general del delito, que disgrega con cuidadosa severidad los elementos integrantes de esa figura, con vistas a un afianzamiento de la justicia legalizada e individualizada, el Derecho Administrativo, en su parte tributaria, desconoce una creación semejante sobre la infracción legal, determinante de una sanción administrativa[119].

Existe en efecto, una elaboradísima doctrina sobre la teoría general del delito, de la pena, de la responsabilidad y de su extinción, recogida en todas las legislaciones como preceptos básicos; sin embargo, no ocurre igual con el concepto de infracción, la sanción y la responsabilidad administrativa.

---

integrados por los Alcaldes y los Concejales. Los Concejales serán elegidos por los vecinos del municipio mediante sufragio universal, igual, libre, directo y secreto, en la forma establecida por la ley. Los Alcaldes serán elegidos por los Concejales o por los vecinos. La ley regulará las condiciones en las que proceda el régimen del concejo abierto».

116 CE, Artículo 3.1: «Por autonomía local se entiende el derecho y la capacidad efectiva de las entidades Locales de ordena y gestionar una parte importante de los asuntos públicos, en el marco de la Ley, bajo su propia responsabilidad, y en beneficio de sus habitantes».

117 CE, Artículo 55: «En la esfera de su competencia, las Entidades locales podrán aprobar Ordenanzas y Reglamentos, y los Alcaldes dictar Balidos. En ningún caso contendrán preceptos opuestos a las leyes». Artículo 59: «Las multas por infracción de Ordenanzas no podrán exceder, salvo previsión legal distinta, de 25.000 pesetas en Municipios de más de 500.000 habitantes; de 15.000 pesetas en los de 50.001 a 500.000; de 10.000 pesetas en los de 20.001 a 50.000; de 5.000 pesetas en los de 5.001 a 20.000, y de 500 pesetas en los demás Municipios». Acerca de este último, téngase en cuenta que debe entenderse derogado por los límites a las sanciones económicas, por infracción de Ordenanzas Locales, establecido en el artículo 141 de LBRL, introducido por la Ley de medidas para la modernización del gobierno local. Precepto de aplicación exclusivamente en cuanto la legislación sectorial no regule las sanciones a imponer.

118 Pérez Royo, R, *Los Delitos y las Infracciones en materia tributaria*, Editorial Estudios de Hacienda Pública, Instituto de Estudios Fiscales, Ministerio de Hacienda, Madrid, 1986, p. 268 y 269.

119 García de Enterría, E. y otro: *Curso* (...), *op. cit.*, p. 161.

A pesar de ello, intentaremos exponer algunas ideas en torno al concepto, naturaleza jurídica y elementos de la infracción administrativa, que delimiten esa figura legal que, en la mayoría de los casos, va a dar lugar a la sanción administrativa.

Como hemos visto, los elementos estructurales de la infracción, acción u omisión, tipicidad, antijuridicidad, culpabilidad y punibilidad, reúne los elementos del delito, pero con las caracterizaciones propias de la materia.

En cuanto a la acción u omisión infraccionaria, la doctrina ha advertido una diferencia sustancial con los delitos, puesto que estas solamente admiten formas completas, ya que no es posible una infracción en grado de tentativa o frustración, lo que no significa que una infracción pueda iniciarse mediante una serie de acciones que por sí mismas constituyan infracciones autónomas[120].

La tipicidad, como principio referido a las infracciones, supera la garantía o exigencia estrictamente absolutista de la intervención del legislador, ya que, dentro de los límites establecidos, las normas reglamentarias de los tributos podrán especificar supuestos de infracciones simples, que supone una relajación del ya estudiado Principio de Tipificación.

Igual que para los delitos, en la conducta ha de concurrir una contradicción con el ordenamiento jurídico, esto permite un planteamiento positivista del derecho, siendo tal reproche el que justifica la tipificación de conductas concretas como infracción. La eventual calificación de una conducta como ilícito por estar calificada como infracción es lo que constituye la antijuricidad en materia tributaria.

Quizá, el elemento de la infracción que mayores polémicas ha suscitado, tanto en doctrina como en jurisprudencia, ha sido la decisión del legislador acerca de incluir o no el elemento volitivo de la culpabilidad. Hay algunos autores cuya opinión enfatiza el criterio objetivo de la infracción, sin embargo, como se dijo, en la actualidad, el Principio de Culpabilidad constituye un elemento indispensable en la configuración de la infracción, puesto que sin este elemento volitivo no es posible la imposición de sanciones. Así lo resolvió la jurisprudencia constitucional, y lo ha expresado la nueva LGT.

En lo que atañe a la imputabilidad, el reproche genérico de la conducta tipificada requiere de la concurrencia en sus elementos integradores, la atribución del hecho a un sujeto determinado, con la finalidad de establecer el reproche específico. Este sujeto debe ser capaz para asumir la responsabilidad constitutiva de la infracción. En este sentido la persona declarada legalmente incapaz[121], por expresa prohibición, no puede realizar actos con relevancia jurídica. Aquellos actos que realicen simplemente carecen de toda eficacia, lo que impide su contraste con la Ley y, en consecuencia, pronunciarse sobre la conformidad o disconformidad de dichos actos con ésta.

---

120 González García, E. y otro, *Derecho* (...), *oip. cit.*, p. 122. En cuanto a las características que encierra el concepto general de Infracciones Tributarias; para el autor, «(...) puede iniciarse o prepararse mediante otra serie de conductas como el incumplimiento de obligaciones contables o el incumplimiento de la obligación de emisión, entrega o conservación de justificantes o documentos equivalentes (...)», como señalamos en el texto, constituyen infracciones autónomas de poca gravedad.

121 Ya sea por: incapacidad de obrar, en algún caso de fuerza mayor, cuando la decisión haya sido tomada por la mayoría de un colectivo sin contar con el propio apoyo, o por falta de diligencia en el cumplimiento de sus obligaciones.

Para completar, la última de las características nos señala que no puede existir una infracción, si no aparece vinculada a cada acción u omisión tipificada como infracción, las infracciones han de ser sancionadas en un marco de cumplimiento de ejecutividad y ejecutoriedad.

En la definición de las infracciones tributarias por el artículo 183 LGT, aparecen los elementos que componen su estructura, el elemento subjetivo (el agente de la conducta o sujeto infractor), el elemento objetivo (la acción u omisión en que dicha conducta consiste) y el nexo entre los dos elementos anteriores (carácter doloso o culposo de la acción u omisión) que permite la imputación de la infracción a su autor (la responsabilidad).

Es necesario advertir que, en el ámbito local, las ordenanzas municipales deben observar la estructura de la infracción contenida en la LGT, pues esta opera como norma de cobertura legal a la que debe atenerse la regulación de la Potestad sancionadora.

En síntesis, respecto de las infracciones tributarias en España, podemos apuntar que:

- La LGT, adopta la regulación tripartita, sistemática y detallada de las infracciones según su gravedad, y en cuanto al criterio de graduación de sanciones que le correspondan. Regula de manera autónoma y separada la sanción de la deuda tributaria.

A. *Clases de Infracciones en la nueva LGT española*

Como hemos apuntado anteriormente, la violación de una norma determina la comisión de un ilícito tributario, que será catalogado de infracción o delito, según la razón de política legislativa imperante para el momento, de manera tal que exista una prelación de intereses cuya tutela se califique de una u otra manera, en función de tres criterios: naturaleza del órgano que impone las sanciones, naturaleza de las propias sanciones, y los procedimientos a través de los cuales se imponen.

Se han postulado diversas clasificaciones, basadas en el derecho positivo, y en su mayoría atienden a criterios subjetivos que pueden derivar del Derecho Penal, debido a su naturaleza jurídica. Debemos recordar que las infracciones administrativas son de daño o simple peligro, pueden ser incluso de carácter formal y perseguibles de oficio.

Se ha hablado en alguna oportunidad de la división de las faltas en administrativas y gubernamentales, las primeras constituidas por la infracción de normas reguladoras de la actividad de policía en cualesquiera de sus múltiples manifestaciones, y las infracciones gubernamentales, que infringen normas reguladoras de la actividad de la policía de seguridad, cuya sanción corresponde al Gobernador y a los Alcaldes[122].

En el caso de las infracciones tributarias, el procedimiento sancionador será llevado a cabo por el propio órgano administrativo que lleve a cabo la gestión, por

[122] Bosch y Salom, B., *La potestad correccional en la administración local: sanciones, estudio, en especial, de ¡as multas municipales y gubernativas,* formularios a cargo de la redacción del Consultor de los ayuntamientos y de los juzgados, Editorial Abella, Madrid, 1968, p. 25 y 26.

lo que se produce una notoria diferencia con las sanciones por delitos, ya que no podrían acarrear un procedimiento judicial, ni penas privativas de libertad.

Formular una clasificación de las sanciones, que conlleve utilidad práctica, distinguirían tres criterios diferenciadores:

A) El sujeto pasivo que infringe la normativa: Según se haya cometido por simples administrados o por miembros de la corporación municipal.

B) La legislación por la que se rige la infracción: si son previstas por el régimen local, y dentro de ésta, si son de legislación ordinaria, tributaria, de ordenanzas y bandos, o de actos contractuales; o si la legislación que la prevé proviene de otras leyes especiales;

C) La gravedad de la infracción: Fue acogida en su momento por el legislador al elaborar la LRJPA[123], y es la acogida por la LGT. Las agrupa por las normas que las regulan en muy graves, graves y leves.

Según el Artículo 183.1 de la LGT: «Son infracciones tributarias las acciones u omisiones dolosas o culposas con cualquier grado de negligencia que estén tipificadas y sancionadas como tales en esta u otra ley»; como podemos observar, ésta vulneración del orden jurídico, es autónoma de encontrarse en un marco de una concreta relación tributaria.

En el ámbito local, y en beneficio, del interés colectivo en regular una adecuada ordenación, la adolescencia de una normativa básica específica en la materia sancionadora, acarrea la posibilidad de establecer, mediante ordenanzas, los tipos de infracciones y consecuentes sanciones por incumplimiento de deberes, prohibiciones o limitaciones que éstas contengan, no solamente en el ámbito de infracciones tributarias; siempre, claro está, que cuenten con suficiente cobertura local.

Partiendo de la situación del Derecho Tributario, como una de las especialidades que integran el Derecho Administrativo, no tendría sentido separar las sanciones administrativas de las tributarias. Estas últimas también son sanciones de autoprotección administrativa, que no significa prescindir de garantías propias que exigidas en la imposición de otro tipo de sanciones.

Hemos agrupado las infracciones atendiendo a los comportamientos sancionados, que desarrollaremos según la graduación que por Ley les corresponda:

1) Referidas a la declaración y autoliquidación, según medie o no la producción directa de perjuicio económico:

A) Producción directa de perjuicio económico:

a) Dejar de ingresar la deuda tributaria que debiera resultar de una autoliquidación (Artículo 191 LGT),

b) Incumplir la obligación de presentar de forma completa y correcta declaraciones o documentos necesarios para practicar liquidaciones (Artículo 192 LGT),

---

[123] LGT, Artículo 129, Numerales 1 y 3. «(...) Las infracciones administrativas serán leves, graves y muy graves, admitiendo que las disposiciones reglamentarias podrán introducir especificaciones o graduaciones al cuadro de las infracciones establecidas legalmente, si que no constituyan nuevas infracciones (...)».

B) Producción indirecta de perjuicio económico:

a) Presentar declaraciones o autoliquidaciones extemporáneas (Artículo 198 LGT).

b) Presentar autoliquidaciones incorrectas o erróneas (Artículo 199 LGT).

2) Concernientes a las devoluciones indebidas:

A) Obtenerlas (Artículo 193 LGT),

B) Solicitarlas (Artículo 194 LGT).

3) Incorrectas imputaciones contables, la determinación o imputación indebida de:

A) Partidas o créditos tributarios aparentes (Artículo 195 LGT),

B) Bases imponibles o rentas (Artículo 196 LGT),

C) Deducciones, bonificaciones y pagos a cuenta (Artículo 197 LGT).

4) Atañidas al incumplimiento de obligaciones documentales:

A) Contables y regístrales (Artículo 200 LGT),

B) De facturación o documentación (Artículo 201 LGT),

C) Relativos a la utilización del número de identificación fiscal u otros números o códigos (Artículo 202),

5) Interesadas por la rebeldía en contra la Administración, en cuanto a:

A) Incumplimiento en las condiciones de determinadas autorizaciones (Artículo 198 LGT),

B) La obstrucción a las actuaciones de la Administración tributaria (Artículo 203 LGT).

6) Afectadas por el incumplimiento de comunicación:

A) Del domicilio fiscal, a la Administración (Artículo 198 LGT),

B) De datos al pagador de rentas sometidas a regímenes de retención o ingreso a cuenta (Artículo 205 LGT),

7) Incumplimiento atribuido a la figura del retenedor u obligado a ingreso a cuenta:

A) Deber de sigilo (Artículo 204 LGT),

B) Entregar el certificado de retenciones o ingresos a cuenta (Artículo 206 LGT).

De acuerdo con la redacción de la Nueva Ley General Tributaria, en su Artículo 185, las sanciones se subdividen en dos clases, aquellas sanciones principales, que serán de carácter pecuniario, y, sobre la base de la sanción, pueden consistir en una multa, ya sea fija o proporcional; y las sanciones accesorias, cuyo carácter es no pecuniario. No quiere decir que son excluyentes, pueden ser aplicadas subsidiariamente, como veremos en cada uno de los tipos de infracciones muy graves y graves, en los que la cuantía es significante. Ya una vez que haya sido decidida vía resolución firme, deben ser publicitadas a cuenta de la Agencia General de Administración Tributaria[124].

---

124 Real Decreto 1930/1998, por el que se desarrolla el régimen sancionador tributario, y se introducen las adecuaciones necesarias en el Real Decreto 939/1986, por el que se aprueba el Reglamento General de la Inspección de los Tributos, Artículo 22.

a. *Infracciones muy graves*

Las conductas constitutivas de infracción, mencionadas anteriormente, ahora las desarrollaremos en cada una de las especies en las que las divide la Ley General Tributaria que regula las infracciones y sus correspondientes sanciones[125].

Cabe destacar, como veremos a continuación, que la utilización de medios fraudulentos es un factor esencial a la hora de catalogar una infracción como muy grave.

La LGT, en su Capítulo III, Sección 2ª prevé cinco supuestos para las «infracciones muy graves», las cuales acarrean una sanción de multa, fija o proporcional, según se trate:

Una infracción se produce en general, si ocurre alguno los siguientes supuestos cuando:

Supuesto 1) Debemos realizar una autoliquidación en el plazo establecido, y dejamos de ingresar nuestra deuda, ya sea total o parcialmente, y siempre que no concurran causas eximentes de responsabilidad[126].

Supuesto 1.2) Nuestros socios, herederos, comuneros o partícipes no ingresen o ingresen parcialmente sus deudas, siempre que su deuda se derive de cantidades no atribuidas o atribuidas incorrectamente por las entidades, en atribución de rentas.

Luego de producirse alguna de éstas dos situaciones, se ha creado una infracción muy grave, siempre que concurra la utilización de medios fraudulentos.

La alusión a los medios fraudulentos, refiere a tres (3) situaciones puntuales:

A) Anomalías sustanciales en la contabilidad, por no llevar los libros o registros, por llevar contabilidades distintas, o por llevar los libros, contabilidades y registros incorrectamente; o

B) La incidencia de soportes falseados, o

C) Habiendo utilizado a personas o entidades con la finalidad de ocultar la propia identidad, la titularidad de los bienes, obtención de rentas o realización de algunas operaciones.

Si concurren estos elementos, ha habido una infracción muy grave, y trae como consecuencia la correspondiente sanción que, sin perjuicio de las obligaciones accesorias a las que haya lugar, computa la base de cálculo según el caso.

---

[125] No obstante, en cuanto a la parte procedimental, debe observarse el Real Decreto 1398/1993, por el que se aprueba el Reglamento del procedimiento para el ejercicio de la Potestad Sancionadora, Artículo 1.3: «(...) este Reglamento tiene carácter supletorio de las regulaciones de tales procedimientos (...)».

[126] Siempre que no se presente una declaración extemporánea voluntariamente, establecida en el artículo 27 de la LGT, con el correspondiente pago del recargo, por concepto de prestaciones accesorias al que haya lugar; o que se configure el caso comprendido en el artículo 161, párrafo b), apartado 1, al día siguiente, de la finalización del plazo establecido para el ingreso de deudas liquidadas por la Administración Tributaria, que en el período voluntario varían, según: a) si la notificación de la liquidación se realiza los quince primeros días del mes en curso, desde la fecha de recepción hasta el día 20, o día hábil más próximo del mes siguiente, y b) si dicha notificación se realiza la segunda quincena, cuyo plazo se extiende, desde el mismo día de su recepción, hasta el día cinco del segundo mes posterior, o hábil siguiente.

Al producirse el momento en el cual se entiende realizado el hecho imponible, nace una obligación principal con la Administración Tributaria, el devengo. Si se ha producido el devengo, resultante de las autoliquidaciones[127] o sobre el importe de la liquidación derivado de las declaraciones extemporáneas, el monto al cual asciende la cuantía de cantidades no ingresadas, será la base de la sanción.

En sumas mayores a cuatro mil euros (4000€), y siempre que medie utilización de alguno de los elementos considerados fraudulentos, será la base de cálculo de la sanción por infracción muy grave.

La deuda debió ser satisfecha por el sujeto pasivo, y no lo fue; ahora, las consecuencias las asumirán:

A) El contribuyente a quien la Ley de cada tributo impone la obligación de ingresar cantidades a cuenta de la obligación tributaria principal con anterioridad a que ésta resulte exigible (obligado), le corresponde una multa fija, y

B) La persona o entidad a quien la Ley de cada tributo impone la obligación de detraer e ingresar en la Administración tributaria, con ocasión de los pagos que deba realizar a otros obligados tributarios, una parte de su importe a cuenta del tributo que corresponda a éstos (retenedor), pero siempre que haya retenciones practicadas y no ingresadas, y los ingresos a cuenta repercutidos y no ingresados, representen más de la mitad del importe de la base de la sanción, le corresponde el pago de una multa proporcional, sobre la base de la proporción retenida-no enterada.

Hay una circunstancia que deja sin efecto la sanción por declaración extemporánea, y es que la Administración tributaria notifique un requerimiento previo a la fecha de presentar la autoliquidación, en el que incluya el mismo ingresos correspondientes a conceptos y períodos impositivos.

Supuesto 2) En materia aduanera, una infracción se produce en general, si ocurre incumplimiento en la obligación de presentar las declaraciones o documentos necesarios, incluidos los relacionados con las obligaciones aduaneras y para ello se hayan empleado la utilización de medios fraudulentos. Si la infracción no determina obligaciones aduaneras es sancionada con multa pecuniaria proporcional del 1 por ciento (1%) del valor de las mercancías, siempre que se alcance un mínimo de mil (1000€) euros y un máximo de seis mil euros (6000€).

Es decir, que la sanción es bastante excepcional, ya que son más los casos en los cuales las declaraciones de importación con una cuantía mayor de seis mil euros (6000€). Y, aún al margen del Reglamento que desarrolla la materia aduanera con carácter especial. La Ley guarda silencio acerca del tipo de valor a tomar en consideración, aunque suponemos que sea el FOB[128], término que describe la forma de tasar

---

127 La LGT, indica lo que se entiende por autoliquidación en el Artículo 120.1. Son declaraciones en las que los obligados tributarios, además de mantener informada a la Administración, acerca de datos requeridos para la liquidación del tributo, y otros datos de interés, se encargan de realizar las operaciones necesarias para la determinación de la deuda tributaria, excluidas las devoluciones y compensaciones relativas.

128 Respecto de los valores aduaneros, ver Crespo Irigoyen, M., «Legalidad de los Intereses Moratorios en la Importación Temporal de Bienes Muebles», Trabajo de Grado presentado en la Universidad Santa María, diciembre de 2000, p. 100.

un bien cuando en el precio del mismo no se incluyen los costos de exportación asociados a su traslado, como seguros y fletes, por ejemplo. En el cómputo de la balanza comercial, generalmente, las exportaciones se valoran según sus precios FOB.

Supuesto 3) Obtención indebida de devoluciones. Cuando se vean involucrados medios fraudulentos, la infracción será muy grave, y la sanción consistirá en multa pecuniaria proporcional del cien por cien (100%) al ciento cincuenta por ciento (150%). Su graduación atenderá al incremento del porcentaje mínimo conforme a los criterios de comisión repetida de infracciones tributarias, y de perjuicio económico para la Hacienda Pública, con los incrementos porcentuales previstos para cada caso[129].

Supuesto 4) Se produce un incumplimiento en las obligaciones de facturación, entre otras, la de expedición, remisión, rectificación y conservación de facturas, justificantes o documentos sustitutivos. Consiste en la expedición de facturas o documentos sustitutivos con datos falsos o falseados; y la sanción consistirá en multa pecuniaria proporcional del setenta y cinco por ciento (75%) del importe del total de operaciones que originen la infracción.

Supuesto 5) En los casos de retenciones o ingresos a cuenta, se haya omitido la comunicación de datos, o se ha hecho con falsedad, si el obligado no tiene la obligación de presentar autoliquidación que incluya las rentas sujetas a retención, o ingreso a cuenta.

La sanción consistirá en multa pecuniaria proporcional del ciento cincuenta por ciento (150%), que se aplicará sobre la diferencia entre la retención o ingreso a cuenta procedente y la efectivamente practicada durante el período de aplicación de los datos falsos, incompletos o inexactos.

Un elemento de mucha importancia para la determinación de las sanciones principales, es la cuantía, también tomada en cuenta para acordar las sanciones accesorias de carácter no-pecuniario.

Para establecer la procedencia de las sanciones accesorias, puede tratarse de algún administrado-contribuyente, luego de haberse utilizado el criterio de graduación de comisión repetida de infracciones tributarias, debe tratarse de una persona que ejerza una profesión oficial.

De manera tal que, aunado a la multa fija o proporcional, y, como hemos dicho, posterior al criterio de graduación de comisión repetida de infracciones tributarias, cuya base es la cantidad adeudada; imposibilita determinadas relaciones con la administración, que se extenderán en tiempo en función directamente proporcional a la cuantía de la infracción y, por tanto, base de la sanción.

Las sanciones accesorias por infracciones muy graves, consisten en imposibilidad de obtener subvenciones o ayudas fiscales, incluso pérdida del derecho a solicitar beneficios e incentivos fiscales de carácter rogado, o a realizar contratas con la Administración que le ha sancionado[130]:

---

[129] Ver los párrafos a) y b) del apartado 1 del Artículo 187 de la LGT, acerca de los criterios de graduación de las sanciones, que tendremos oportunidad de desarrollar en el apartado correspondiente a los Procedimientos Administrativos de carácter tributario.

[130] Tomemos en cuenta que nada establece, respecto de las contratas con otras administraciones; que podría ayudar a eliminar la morosidad, y depurar una limpia y fluida comunicación entre administraciones, vetando uniformemente el incumplimiento.

A) Desde treinta mil euros (30000€), hasta quinientos noventa y nueve mil novecientos noventa y nueve euros (59999€): la sanción accesoria se extenderá dos (2) años, desde su notificación,

B) Desde sesenta mil euros (60000€) hasta ciento cuarenta y nueve mil novecientos noventa y nueve euros (149999€): la sanción accesoria se extenderá tres (3) años, desde su notificación,

C) Desde ciento cincuenta mil euros (150000€) hasta 299999 doscientos noventa y nueve mil novecientos noventa y nueve: la sanción accesoria se extenderá cuatro (4) años, desde su notificación, y

D) Desde tres millones de euros en (3000000€) en adelante: Cinco (5) años.

Otra circunstancia impera a la hora de determinar sanciones accesorias, es la vulneración de las obligaciones referidas a los deberes del colaboración, por cuenta de quienes ejerzan profesiones oficiales, a quienes se suspenderá de su cargo durante tres (3) meses, siempre que no sea sancionado mediante una resolución firme en vía administrativa anterior, prescriptible a los cuatro (4) años de su comisión.

Las obligaciones por las que se podría sancionar a quien ejerza profesiones oficiales, consistentes en la falta a sus deberes de colaboración en cuanto a proporcionar a la Administración tributaria toda clase de documentación relacionada con el cumplimiento de sus propias obligaciones tributarias, o deducidos de sus relaciones económicas, profesionales o financieras con otras personas[131].

Esta norma opera siempre y cuando no se trate de una circunstancia especial, limitada por el secreto de la correspondencia, refiera datos que se hayan suministrado a la Administración para una finalidad exclusivamente estadística, atienda al protocolo notarial que abarque ciertos instrumentos públicos[132], violente datos privados no patrimoniales conocidos como consecuencia del ejercicio de su actividad, y cuya revelación atente contra el honor o la intimidad personal y familiar; tampoco alcanzará a aquellos datos confidenciales acerca de sus clientes, obtenidos como consecuencia de la prestación de servicios profesionales.

b. *Infracciones graves*

De igual forma que para las infracciones anteriores, la LGT, Capítulo III, sección 2ª prevé, esta vez 10 supuestos para las «infracciones graves». La mayoría de las infracciones se clasifican como graves, quizá porque tienen una cuantía determinada respecto del perjuicio económico, y que no media utilización de fraudes documentales.

Queremos insistir en la ausencia de una categoría media entre las faltas graves y las leves, aunado a la falta de clasificación de las infracciones innominadas, que clasificamos graves por defecto a las cuales nos referiremos al final de presente punto.

---

[131] LGT, Artículos 93: De las Obligaciones de información; y 94: De las personas obligadas a colaborar.

[132] A los que se refieren los Artículos 3: acerca de la notaría de testamentos, y codicilos cerrados, y 35: acerca de las Comisiones rogatorias extrajudiciales, de carácter civil o mercantil, establecidos en la Ley de 28 de mayo de 1862, del Notariado. También, los relativos a cuestiones matrimoniales, con excepción de los referentes al régimen económico de la sociedad conyugal.

La ocultación y falsificación de documentos son determinantes a la hora de clasificar las infracciones como grave, y a falta de encuadrar en alguno de los supuestos a los que haremos referencia, la infracción tributaria se sancionará con multa pecuniaria fija de trescientos euros (300€).

Supuesto 1) Dejar de ingresar la deuda tributaria determinada por autoliquidación, sin que haya una declaración extemporánea de forma voluntaria, ni algún eximente de responsabilidad, aún cuando esa falta de ingreso, total o parcial, haya sido responsabilidad de socios, herederos, comuneros o partícipes derivada de las cantidades no atribuidas o atribuidas incorrectamente por las entidades en atribución de rentas.

Si ha habido una autoliquidación parcial, es decir, no se han declarado la totalidad de los ingresos, ese remanente será la base de la sanción. Caso de no haber autoliquidación, la cuantía no declarada será tomada en cuenta como base para el cálculo de la sanción (suponemos que por determinación de oficio). Siendo esa base de un monto superior a los tres mil euros (3000€), será necesario comprobar la causa de la infracción. Si media ocultación, se trata de una infracción grave.

En el primero de los supuestos, también se consideran otros casos, en los cuales obvia la cuantía, y guarda silencio en referencia a la ocultación, requisito necesario para tildar de grave las infracciones producto de una incorrecta o inexistente autoliquidación. Los otros casos considerados son por empleo de documentos falseados, sin que constituyan fraude.

Trata la LGT «(...) otras situaciones cualesquiera sea la cuantía de la base de la sanción (...)[133]», y según esto se encuentran situaciones para las cuales es necesario determinar la base de la sanción, a efectos que se encuentre en determinado baremo, según cada una. Procede una aclaratoria: lo que determina la clasificación es el porcentaje que represente la infracción para el cálculo de la sanción, indiferentemente de la cantidad de que se trate.

La incorrección en registros cuya cuantía se encuentre en el baremo entre el diez (10%) y el cincuenta por ciento. (50%) de la base de la sanción; los ingresos o retenciones a cuenta practicados o repercutidos, respectivamente, y lógicamente no enterados, deben también considerar un porcentaje cuyo límite máximo no supere el cincuenta por ciento (50%) de la base de la sanción, completan los casos que requieren la determinación de su cuantía, a efectos de clasificarles como graves infracciones.

Corresponde estos casos una sanción pecuniaria de multa proporcional cuya variación oscila entre el cincuenta por ciento (50%) y el cien por cien (100%), y se graduará según los mecanismos que la propia Ley establece, por antecedentes, nivel de perjuicio e incrementos a que haya lugar.

Supuesto 2) Referido a las liquidaciones por cuenta de la Administración, en el incumplimiento de la presentación de justificantes, ya sean declaraciones u otro tipo de documentos; ésta disposición rige inclusive en materia aduanera,

[133] LGT. Artículo 191.

procede a menos que se solucione por acuerdo, y la sanción en este caso toma como base la cantidad liquidada, o el remanente no declarado, determinado en la liquidación.

Al igual que en el supuesto anterior, es determinante que la base de la sanción sea superior a tres mil euros (3000€), medie ocultación o se produzcan situaciones de documentos falsos, incorrección de libros o registros que representen un porcentaje de la base de sanción entre el diez por ciento (10%) y el cincuenta por ciento (50%).

La multa proporcional será de cincuenta por ciento (50%) a cien por cien (100%), y se ajustará según la graduación que la Ley establece: comisión repetida, perjuicio causado e incremento porcentual.

Supuesto 3) Obtener devoluciones de la Administración careciendo de un derecho que ampare su reclamo, es una acción indebida que se sanciona según la cantidad devuelta en estas circunstancias.

Determina también para la consideración de infracción grave una cuantía superior a tres mil euros (3000€), ocultación, mediación de documentos falsos, e incorrección de libros o registros cuyo porcentaje represente entre el diez por ciento (10%) y el cincuenta por ciento (50%) de la base de la sanción, que consistirá en multa pecuniaria proporcional del cincuenta por ciento (50%) al cien por cien (100%), ajustada a las condiciones particulares de repetición, perjuicio económico causado e incremento porcentual correspondiente.

Hay una excepción para el obligado tributario que obtiene una devolución indebida. Es cuando ha dejado de presentar una autoliquidación, no porque no sea sancionado, sino porque el cálculo de la base de la sanción se tomara de manera diferente, según la sumatoria de la cantidad no ingresada y el monto de la cantidad indebidamente obtenida producen un perjuicio del cien por cien (100%):

[Cantidad no ingresada + devolución obtenida indebidamente = perjuicio económico del cien por cien (100%)].

Supuesto 4) La sola solicitud de devoluciones, incluso de beneficios o algún incentivo fiscal indebidamente, también se considera una infracción grave, siempre que medie irregularidad en la consigna de datos o informaciones. El quince por ciento (15%) proporcional de la multa pecuniaria se erigirá en la cantidad indebidamente solicitada.

Supuesto 5) También refiere a la simulación, pero, en vez de presentarse en la falsificación de soportes en documentos, sanciona las irregularidades en la contabilidad, específicamente en las partidas, ya sean positivas o negativas. Esta infracción trae como consecuencia una multa pecuniaria, y para determinar la cuantía, será preciso diferenciar el importe de las cantidades determinadas o acreditadas indebidamente para establecer la base de la sanción, que será del quince por ciento (15%) en partidas a compensar o deducir, y del cincuenta por ciento (50%) en partidas a deducir de créditos tributarios aparentes.

Supuesto 5.1) En el Supuesto 5) en que hemos clasificado las posibles sanciones graves, figuran también las cantidades determinadas o acreditadas indebidamente[134], por cuenta propia o de terceros si involucra alguna declaración[135], aún cuando no se produzcan deudas; y la base de la sanción será ésta cantidad acreditada o determinada indebidamente.

Para ambas figuras que consideramos integrantes del Supuesto 5), tanto la simulación como la falsa determinación/acreditación, se observa el Principio de Proporcionalidad en tanto y en cuanto beneficia al sujeto infractor, en ocasiones posteriores, si compensa o deduce el porcentaje que le corresponda.

Supuesto 6) Cuando la Ley contempla las rentas que conforman el hecho imponible, incluye entre ellas las denominadas «imputaciones de rentas[136]». Estas rentas se integran y compensan sin limitación alguna en la parte general de la base imponible del impuesto, con el resto de rendimientos.

La referencia legal es a las entidades sometidas a este régimen. Clasifica como, infracciones graves las irregularidades en imputación de bases imponibles, rentas o resultados, salvo aquellas que encuadren en alguno de los supuestos comentados anteriormente.

La sanción tomará como base la cantidad no imputada, y para determinar las incorrectas imputaciones, se sumarán las diferencias con saldo positivo, sin deducir las de saldo negativo, y el resultado se dividirá según la cantidad de personas que integren la sociedad/membresía; a cada uno de ellos corresponderá una multa pecuniaria en proporción del cuarenta por ciento (40%) del total.

Cuando la indebida imputación la hayan realizado los miembros de una sociedad, la sanción establecida es una multa porcentual equivalente al setenta y cinco por ciento (75%) de la base, obtenida en la suma diferencial positiva.

Supuesto 7) Es muy importante la veracidad en las declaraciones de autoliquidación o cualesquiera otra aportación de datos. Guardar cierta información, presentarla con poca exactitud o falseada, es motivo de sanción por infracción grave, fija o proporcional.

La multa pecuniaria por un monto fijo, varía desde los ciento cincuenta euros (150€), hasta los quinientos euros (500€), con las específicas variaciones a que haya lugar, según la gravedad y el perjuicio causado, y al margen del monto que representen de la base de la sanción, según se puede apreciar en el cuadro siguiente:

---

134 El mismo Artículo 195 especifica lo que encuentra por cantidad indebidamente determinada, o indebidamente acreditada: «(...) incremento de la renta neta o de las cuotas repercutidas, o la minoración de las cantidades o cuotas a deducir o de los incentivos fiscales (...).

135 Artículo 195 LGT: (...) «renta neta, las cuotas repercutidas, las cantidades o cuotas a deducir o los incentivos fiscales (...)».

136 De las diferentes categorías de imputaciones de rentas, que se recogen en la Ley se pueden distinguir: Imputaciones de rentas inmobiliarias, Transparencia fiscal, Transparencia fiscal internacional, Cesión de derechos de imagen, Instituciones de inversión colectiva en paraísos fiscales.

CUADRO 1

Infracciones graves sancionadas con multa pecuniaria fija.		Sanción pecuniaria.
Autoliquidaciones o declai'aciones irregulares.		150£.
Declaraciones censales incompletas.		250€.
Declaraciones irregulares por parte de autoridades sometidas al deber de informar y colaborar.		
	Si no conllevan magnitudes monetarias. Por cada dato inexacto:	200€.
	Conllevan magnitudes monetarias de menos del 10%.	500€.

Las infracciones graves, cuya sanción implica una multa pecuniaria proporcional, sin embargo, consideran el importe de la base de la sanción.

Las mismas autoridades a las cuales se les exige suministro de información, anteriormente objeto de multa pecuniaria fija, ahora con la implicación de magnitudes monetarias. Al prestar datos incorrectos, con una cuantía mayor al diez por ciento (10%) no declarado o incorrectamente declarado; será objeto de sanción de hasta el dos (2%) por ciento del importe de éstas operaciones no declaradas o declaradas incorrectamente

Dependiendo de la inexistente o errónea declaración, se podrá determinar la proporción que corresponda: a un porcentaje igual o superior al diez por ciento (10%), le corresponde un cero punto cinco por ciento (0,5%); igual o superior al veinticinco por ciento (25%) le corresponde un uno por ciento (1,0%); igual o superior al cincuenta por ciento (50%), le corresponde un punto cinco por ciento (1,5%); y por último, a un porcentaje igual o mayor del setenta y cinco por ciento (75%) le corresponderá un dos por ciento (2%) del importe de las operaciones.

A pesar de la existencia de una especial normativa en materia aduanera, deben observar algunas disposiciones contenidas en la LGT, como las infracciones por declaraciones incorrectas, sancionada con una multa proporcional del uno por ciento (1%) del valor de las mercancías que superen los cien euros (100€) y no excedan los seis mil euros (6000€).

Supuesto 8) La contabilidad, registros de factura y otros justificantes que respalden operaciones comerciales tomadas en cuenta a la hora de realizar declaraciones, ya sean por cuenta del contribuyente (o responsable), o por cuenta de la administración.

De no seguir la normativa específica, se genera la comisión de las infracciones que encontramos comprendidas en el octavo de los supuestos en los que hemos sub-agrupado a las infracciones graves.

Los estados contables que se elaboran en una entidad se realizan, utilizándose técnicas adecuadas y uniformes, para ello y sobre la base de los Principios Generalmente Aceptados. Es preciso establecer las Normas Generales de Contabilidad, concediendo carácter prioritario a las cualidades que debe reunir la información contable.

En tal sentido, las normas contables deberán ser tanto pertinentes como explícitas a los efectos de lograr una información adecuada, veraz y oportuna. Asimismo, dichas normas deben ser de fácil interpretación y de utilidad para todos los usuarios de las mismas.

Basándonos en lo enunciado anteriormente, las normas se pueden analizar en dos vertientes:

A) Normas relativas a las cualidades requeridas por la información contable.

B) Normas de valoración y exposición. Las cualidades que debe contener toda información contable, elaborada por cualquier empresa, para garantizar su eficacia, para ser utilizada por los diferentes usuarios interesados en ella y para cumplir con sus objetivos son:

a Credibilidad: Las informaciones derivadas de la Contabilidad deben ser fidedignas, incorporando a los registros contables exclusivamente aquellas transacciones realmente ocurridas, expresadas en su dimensión correcta y adecuada, abarcando todos los hechos, tanto económicos como financieros que ocurrieron en la entidad, basándose en una terminología precisa, comprensible y sin ambigüedades. Por lo que serán infracciones las inexactitudes u omisiones en operaciones contables o en los libros y registros exigidos por las normas tributarias.

La inexactitud u omisión de operaciones, se sancionará con multa pecuniaria proporcional del uno por ciento (1%) de los cargos, abonos o anotaciones irregulares que hayan sido recogidos en cuentas con significado distinto del que les corresponda, con un mínimo de ciento cincuenta euros (150€) y un máximo de seis mil euros (6000€).

b) Homogeneidad: La información que se procese debe basarse en criterios similares en el tiempo y su aplicación debe ser común a todas las entidades. Se produce una infracción en presencia de contabilidades distintas, referidas a una misma actividad que produzca algún tipo de confusión infractora, que dificulte determinar la circunstancia real en la contabilidad.

Llevar contabilidades distintas, referidas a una misma actividad y ejercicio económico, que dificulten el conocimiento de la verdadera situación del obligado tributario se sancionará con multa pecuniaria fija de seiscientos euros (600€) por cada uno de los ejercicios económicos.

c) Verificabilidad: El sistema establecido debe generar información contable que pueda ser controlada y verificada por terceros, ajenos a su procesamiento, por cuanto debe llevarse y conservarse el respaldo programático e informático utilizado para elaborar la contabilidad, para evitar cometer una infracción grave y la sanción de multa pecuniaria proporcional del uno por ciento (1%) de la cifra de negocios del sujeto infractor en el ejercicio al que se refiere la infracción, con un mínimo de seiscientos euros (600€).

d) Identificación: Los Estados Financieros deben referirse siempre a personas jurídicas establecidas; a períodos determinados ciertos y a transacciones económicas y financieras específicas de los mismos, utilizar cuentas con significado distinto del que les corresponda, es motivo de sanción por infracción. La sanción en este caso, consistirá en multa pecuniaria fija de ciento cincuenta euros (150€).

e) Oportunidad: La información contable debe brindarse en el tiempo que determine la normativa legal y los requerimientos de la dirección de las empresas, a fin de que se tomen en tiempo y forma las decisiones gerenciales que correspondan. La LGT establece un término de más de cuatro meses para la actualización de libros y registros establecidos por las normas tributarias, al superarlo se considera haber incurrido en infracción.

El retraso en más de cuatro meses en la llevanza de la contabilidad o libros y registros exigidos por las normas tributarias se sancionará con multa pecuniaria fija de trescientos euros (300€).

f) Colaboración: La información contable debe ser creíble, válida y comprobable, basándose para ello en la captación de datos primarios clasificados, evaluados y registrados correctamente. Es determinante la diligencia o habilitación de libros y registros en las materias que lo requieran, aún cuando trate de materia aduanera.

Utilizar libros y registros, cuya diligencia o habilitación sea exigida por la Administración, y no se produzca, se sancionará con multa pecuniaria fija de trescientos euros (300€). Suponemos que en repetición de peticiones o petición de varios libros o registros no consignados, se ha de recurrir a los criterios de graduación de las sanciones para nivelar su concurrencia.

Las normas de valoración y exposición constituyen un marco de referencia normativo, por intermedio del cual se registran los hechos económicos y financieros sobre bases predeterminadas y permanentes que aseguran la transparencia de la gestión de la entidad, allí radica la importancia de observar las normas contables, incurrir en alguno de los supuestos considerados como infracción grave.

Supuesto 9) La correcta gestión de los distintos tributos exige que la Administración tributaria disponga de una adecuada información, especialmente en lo referente a las transacciones económicas derivadas del desarrollo de actividades empresariales o profesionales.

Las obligaciones de facturación, entre otras, la de expedición, remisión, rectificación y conservación de facturas, de justificantes o de documentos sustitutivos, es la conducta que debe seguirse, su incumplimiento constituye infracción tributaria que se sanciona con multa pecuniaria proporcional.

Supuesto 9.1) Constituye infracción tributaria el incumplimiento de las obligaciones relativas a la utilización del NIF y de otros números o códigos establecidos por la normativa tributaria o aduanera. Respecto a las entidades financieras, constituye infracción el incumplimiento de los deberes relacionados con el uso del NIF en las cuentas u operaciones o en el libramiento o abono de los cheques al portador.

En el caso de dicho incumplimiento por las entidades financieras, la infracción será grave, y corresponde multa pecuniaria proporcional del cinco por ciento (5%) por ciento de las cantidades abonadas o cargadas indebidamente o del importe de la operación o depósito que debería haberse cancelado, con un mínimo de mil euros (1000€). Idéntica sanción corresponderá a la infracción por incumplimiento de los deberes relativos al uso del NIF (Número de Identificación Fiscal) en el libramiento[137] o abono de los cheques al portador.

En España las demandas relacionadas con el pago de cheques falsos y falsificados, han condenado a las instituciones bancarias a resarcir las cantidades indebidamente abonadas a las cuentas de sus clientes o usuarios. Se entiende que es responsabilidad del banco dicho abono, por lo que se pide sea condenado al pago de la cantidad sustraída más los correspondientes intereses. El banco demandado opone la negligencia del actor en la custodia de los cheques, negando su responsabilidad.

La jurisprudencia recoge una consolidada doctrina que proyecta sobre los bancos la responsabilidad económica que surge del abono de cheques falsificados, aunque hubiera actuado de buena fe. Esta doctrina encuentra actualmente su fundamento legal en el artículo 156 de la Ley Cambiaría y del Cheque. Incluso antes incluso de la promulgación de esta norma, ya existía en el Artículo 1162 del Código Civil y los Artículos 534 y 536 del Código de Comercio.

Incluso, en el sistema de pago por truncamiento o cámaras de compensación, se mantiene la responsabilidad del banco, inherente al tráfico bancario. El librado debe sufrir el daño cuando hace efectivo un talón cuya firma es falsa, debido a que solo está autorizado a pagar los cheques emitidos por el librador y, por aplicación del Artículo 1162 del Código Civil, el librado que paga un cheque falso incumple el contrato de cheque, y tiene que repetir el pago mal hecho; la diligencia exigible al banco no es la de un buen padre de familia, sino la que corresponde al demandado como banco, comerciante experto, que normalmente ejerce funciones de depósito y comisión. Según establecen los Artículos 255 y 307 del Código de Comercio, se le exige un cuidado especial en estas funciones, sobre todo si se tiene en cuenta que las entidades bancarias encuentran una buena parte de su justo lucro en tales cometidos[138].

Ahora bien, y con el propósito de que no se aplique como acto de falsificación únicamente al hecho de duplicar con un documento similar al cheque, se puede argüir de la lectura del fundamento jurídico que el problema se centró en el pago indebido de cheques falsos tres veces, por parte del banco librado.

Indica el fundamento citado, que los cheques contenían la firma falsificada; es precisamente la falsificación de la firma la que determina la calificación como falso del cheque. La falsedad o falsificación del cheque afecta a los requisitos extrínsecos o de validez del mismo y a las menciones, declaraciones de carácter facultativo, es decir, tendrá lugar cuando se altere alguno de los requisitos extrínsecos del cheque[139], por lo que, según el criterio jurisprudencial español, no se

---

137 Recordemos que el libramiento, solo procede contra una institución de crédito, cuando lo realiza la persona que tenga celebrado un contrato de depósito de dinero a la vista en cuenta corriente de cheques, con el banco librado, y cuando el librador tenga fondos suficientes en su cuenta. El abono representa una limitación de los derechos del tenedor, quien cobrará el cheque, pero no en efectivo. La limitación puede establecerla tanto el librador, como cualquier tenedor que persiga asegurar el ingreso del importe del cheque, en el patrimonio del beneficiario.

138 La aplicación de la anterior doctrina, en España impone la desestimación del recurso jurisdiccional.

139 Contemplados en los Artículos 106 de la Ley 19/1985, de 16 de julio, Cambiaría y del Cheque (LC) en relación con el artículo 107 LC.

estará ante cheques falsos o falsificados cuando surjan incidencias respecto de los requisitos intrínsecos.

En tal sentido, la diferencia entre los cheques falsos y falsificados en España, obedece al requisito extrínseco o mención/declaración optativa que hubiera sido alterada. Se estaría ante un cheque falso si se alterase o imitase la firma del librador; y se estaría ante un cheque falsificado cuando se alterase el resto de las menciones obligatorias que han de constar en el cheque (Artículos 106 y 107 LC) o menciones/ declaraciones no necesarias, tras haber sido correctamente firmado por el librador[140].

Supuesto 10) Constituye esta infracción cualquier conducta que obstaculice las actuaciones de la Administración tributaria, establece cuándo se produce esta circunstancia y regula un listado taxativo de conductas que la producen, y de las sanciones correspondientes, las cuales aumentarán, según la cantidad de requerimientos, y a falta de especificación, se incrementan desde ciento cincuenta euros (150€), con posibilidades, de incremento de hasta el doble: Trescientos euros (300€) hasta seiscientos euros (600€).

Las conductas mencionadas son: A) No facilitar el examen de respaldos contables u operativos, B) Desatender requerimientos, C) Incomparecencia, D) Negar o impedir la entrada de funcionarios, E) Coacción de funcionarios.

La resistencia, obstrucción, excusa o negativa a las actuaciones de la Administración tributaria; en caso de que se conozca el importe de las operaciones y el requerimiento se refiera a magnitudes monetarias; será sancionada con multa pecuniaria fija de trescientos euros (300€) y mil quinientos euros (1500€) al primer y segundo requerimiento, respectivamente.

El tercer requerimiento, será sancionado con multa proporcional de hasta el dos por ciento (2%), tomando como base una especie de declaración presunta, por cuanto se utiliza la cifra de negocios del año anterior al de la infracción si ésta oscila entre los mil euros (1000€) y los cuatro mü euros (4000€), lo que varía en función de la ponderación (sobre el total de la deuda) del requerimiento desatendido según podemos observar en el siguiente cuadro:

CUADRO 2

Porcentaje superior al:	Multa pecuniaria proporcional
10%	0,5 %[141]
25%	1%
50%	1,5%
75%	2%

140 Al respecto, es de hacer notar que en el artículo 156 LC se instaura un régimen jurídico común para ambos tipos de cheques; sin embargo, en orden a calificar, de forma jurídicamente correcta, el hecho falsario que concurre, la jurisprudencia española, opina que debe seguir manteniéndose tal distinción para fundamentar distintas posturas, en cuanto a la determinación de responsabilidad del daño derivado del pago de cheques falsos, y falsificados del ordenamiento legal (LC).

141 Aplica si la sanción no alcanza el mínimo, o el requerimiento no se refiere a magnitudes monetarias.

Si se trata de sujetos que presten sus servicios a la administración, o que estén obligados a suministrar información[142], la sanción de multa pecuniaria se calcula de la misma manera (sobre la cifra de negocios del año natural anterior a la infracción), pero incrementa la posibilidad porcentual hasta tres puntos, y el quantum exigido varía de quince mil euros (15000€) hasta sesenta mil euros (60000€), tal como se refleja en el siguiente cuadro:

CUADRO 3

Porcentaje superior al:	Multa pecuniaria proporcional
10%	1%[143]
25%	1,5%
50%	2%
75%	3%

La LGT también toma en cuenta dos casos especiales: Cuando el sujeto infractor atiende el requerimiento antes de concluir el procedimiento sancionador, en cuyo caso procede una sanción de multa pecuniaria fija por la cantidad de seis mil euros (6000€); y cuando la infracción se refiere al quebrantamiento de medidas cautelares, donde procede una multa pecuniaria proporcional del dos por ciento (2%) de la cifra de negocios del sujeto infractor en el año natural anterior a aquel en el que se produjo la infracción, con un mínimo de tres mil euros (3000€).

c. *Infracciones leves*

En el nuevo sistema adoptado por la Ley General Tributaria, constituyen infracciones leves las señaladas taxativamente por la Nueva LGT, principalmente cuando su cuantía sea menor de tres mil euros (3000€), y cuando que carezcan de las circunstancias determinantes de calificación muy grave. Como hemos dicho anteriormente, son condicionadas principalmente por la utilización de medios fraudulentos que no constituyan delito y grave, primordialmente determinada por la existencia de ocultación, aunque advertimos que es muy difícil que no exista ocultación pues, entre otras causas, existe cuando se omita algún dato en la declaración.

Se tratan este tipo de infracciones del incumplimiento de deberes y obligaciones vinculadas con la gestión tributaria. Corresponden con las infracciones omisivas nace de la imprudencia, en la mayoría de las ocasiones[144].

La importancia de llevar a cabo correctamente los deberes formales a que haya lugar, radica en la indirecta finalidad mediata de la determinación de la deuda tributaria.

---

142 LGT, Artículos 93 y 94.

143 Aplica si la sanción no alcanza el mínimo o el requerimiento no se refiere a magnitudes monetarias.

144 Morillo Méndez, A., *Infracciones, Sanciones Tributarias y Delitos contra la Hacienda Pública*, Dirección de la Colección Monografías Fiscales Ildefonso Tecles Montoro, Editorial Cisspraxis, S.A., Valencia, 2000, p. 20.

Para continuar con la metodología hasta ahora empleada, clasificaremos cada mío de los artículos en supuestos de infracciones leves cuyo importe no supere los tres mil euros (3000€), o no alcance determinado porcentaje de la base de la sanción.

Supuesto 1) Dejar de ingresar una deuda tributaria es una infracción, y cuando la Ley no indica específicamente el supuesto, se produce una infracción leve. Poco probable, resulta calificar una conducta como infracción leve por esta causa, debido a la abundancia de especificaciones y el cuidado que demuestra el legislador en la descripción de los tipos.

De igual forma, existiendo la rúbrica de infracción leve, la base de la sanción a aplicar es la cuantía no ingresada, y no medien las circunstancias determinantes de calificar como grave a un comportamiento antijurídico: falsedad o falseamiento en documentos de respaldo contable, y un quantum superior a 3000€.

El elemento definidor es la falta de información sobre el hecho imponible que la declaración supone para la liquidación; ya que debe darse por supuesto que no se ha producido la autoliquidación.

La base de la sanción, cuando no se hubiera presentado declaración, o la diferencia entre la cuantía que resulte de la adecuada liquidación del tributo y la que hubiera procedido de acuerdo con los datos determinados de oficio.

Supuesto 2) Una vez presentadas las declaraciones y documentos requeridos para practicar liquidaciones por deudas tributarias de oficio, deben observar corrección y exactitud, en caso contrario, se produce infracción leve. En concurrencia de circunstancias, tomamos en cuenta las que procedan, y efectuamos las graduaciones de sanción a las que haya lugar. El elemento definidor es la inexacta información que consta en la declaración, determina la incorrecta liquidación. A este supuesto corresponde una multa equivalente al cincuenta por ciento (50%) de la infracción.

Supuesto 3) La infracción leve por obtención de devoluciones indebidas, se produce también por defecto, en el caso de no estar especificada en alguna de las situaciones especificadas en la Ley. A este supuesto, igual que en el anterior, también corresponde una multa equivalente al cincuenta por ciento (50%) de la infracción.

Supuesto 4) Infracción leve se producirá cuando la incidencia de la llevanza incorrecta de los libros o registros represente un porcentaje inferior al diez por ciento (10%) de la base de la sanción. La sanción por infracción leve consistirá en multa pecuniaria proporcional del uno por ciento (1%) al cuarenta y nueve por ciento (49%).

Supuesto 5) El incumplimiento de obligaciones formales en cuanto a identificación fiscal u otro número establecido en la normativa tributaria o aduanera será una infracción leve, digno de multa pecuniaria fija por la cantidad de ciento cincuenta euros (150 €), salvando la previsión de infracción grave, para lo cual, el sujeto infractor debe ser una entidad de crédito y refiera el manejo del número de identificación fiscal en las cuentas u operaciones o en el libramiento o abono de los cheques al portador.

Hasta aquí, los supuestos taxativamente enumerados por la Ley como infracciones muy graves, graves o leves, presentado en un entramado complejo, lleno de muchas especificaciones, que hace perderse entre tanto intento de limitar la discrecionalidad del funcionario. La corrupción, el abuso y la desviación del poder sancionador se producirán, probablemente, en presencia de otros factores.

Como ideas principales al punto correspondiente a las clases de infracciones, obtenemos las siguientes:

En la LGT las infracciones muy graves de nueva data, se distinguen por el empleo de medios fraudulentos; mientras las infracciones graves atienden principalmente por la ocultación y falsificación de documentos y por razón de la cuantía del perjuicio económico causado por la infracción; y las infracciones leves por su carácter formal, nacidas del incumplimiento de deberes y obligaciones vinculadas con la gestión tributaria. Estas últimas se corresponden con las infracciones omisivas de la imprudencia, en la mayoría de las ocasiones.

La importancia de llevar a cabo correctamente los deberes formales a que haya lugar, radica en la finalidad mediata de la determinación de la deuda tributaria.

2. *Ilícitos Tributarios en Venezuela*

En Venezuela, los ilícitos tributarios se encuentran en el vigente Código Orgánico Tributario. Un instrumento que se caracteriza, además, por establecer una serie e ilícitos tributarios anteriormente no contemplados; a diferencia de la normativa española, por medir las determinaciones pecuniarias en UT: unidades tributarias ajustables según el incremento patrimonial per cápita e índice inflacionario correspondiente a cada demarcación geográfica particular. Aspecto que exige al contribuyente un seguimiento oportuno en cuanto al cumplimiento de estas obligaciones impositivas. Cabe destacar que en Venezuela no existe una, diferenciación entre infracciones y delitos, por lo que ambos se incluyen en el término ilícito, que los abarca de manera general.

Algunos ejemplos de las conductas consideradas ilícitas, son los ilícitos formales por faltas, como por ejemplo no inscribirse en los registros de la administración tributaria, hacerlo fuera de los plazos establecidos, no llevar los libros y registros contables y especiales, hacerlo sin cumplir las formalidades y condiciones establecidas o con atrasos superiores a un mes. También son conductas ilícitas no llevar los libros de contabilidad o registros especiales en idioma castellano o en moneda nacional, con excepción por supuesto de los que estén autorizados para ello.

Otro ejemplo que merece la pena mencionar es la penalización que implica no facilitar los equipos electrónicos para la revisión de la documentación tributaria micrograbada. La no-utilización de la metodología de precios de transferencia o la resistencia al inicio o desarrollo de las fiscalizaciones.

Estos son algunos ejemplos, puesto que la precisión de ilícitos y sanciones comprende un importante número de artículos del Código Orgánico Tributario.

Los ilícitos en Venezuela tienen una clasificación que si bien conserva los mismos criterios esenciales para diferenciar los ilícitos y poder calcular las sanciones que se ajusten a ellos, varía en cuanto a la agrupación, denominación, y gravedad de la sanción que, a diferencia que en España, comienza desde las contravenciones de menor gravedad. En Venezuela, encontramos las siguientes clases de ilícitos:

A) Formales, B) Materiales, C) Relativos a especies gravadas y fiscales, que comprenden determinadas materias, D) Y por último, los ilícitos sancionados con penas privativas de libertad.

El escaso desarrollo doctrinario y jurisprudencial, que en Venezuela tiene el tema concerniente al ilícito tributario, se debe a que hasta hace poco, prácticamente no había sido regulado de manera positiva; punto de partida en dicho país, para dedicar atención por las controversias interpretativas que de ello se derive. Es este sesgo, sobrevenido por un clima de bonanza petrolera donde otros medios de financiación eran innecesarios, el que determina la apatía del legislador por implementar un régimen legal sistemático aplicable a las conductas antijurídicas en el ámbito tributario.

Sin embargo, dos factores llamaron la atención, despertando el dormido interés antiguamente demostrado por el legislador; la caída de esa principal fuente de ingresos, aunado al incremento de los requerimientos financieros por la necesidad de cubrir el déficit fiscal, vital para el cumplimiento de sus fines, decantan en la necesidad de crear mecanismos que aseguren el cumplimiento voluntario de las obligaciones, con la implementación de políticas eficaces de administración y control, o de coacción con la advertencia de la posibilidad de sanción.

Como consecuencia, de este nuevo interés[145], marcado por tres factores como son la reforma tributaria, las sucesivas promulgaciones y la creación del Servicio Integrado de Administración Tributaria (SENIAT)[146], comienzan los primeros pasos en el camino de establecer alternativas fiscales como fuente de ingresos[147].

---

145 A mediados del año 1994, se estructuró un programa de reforma tributaria, dentro de un esfuerzo de modernización de las finanzas públicas, por el lado de los ingresos. El «Sistema de Gestión y Control de las Finanzas Públicas» (conocido por las siglas SIGECOF), fue estructurado, en Venezuela con el apoyo del Banco Mundial, propiciando la actualización del marco legal y funcional de la Hacienda Pública Nacional. Dicha reforma, seguía las tendencias que, en ese mismo sentido, se habían generalizado en América Latina, como consecuencia de la crisis de deuda pública de la década de los años ochenta, junto con los programas de reforma del Estado, y de ajuste fiscal, entendidos como posibles soluciones a dicha crisis. Con esta reforma, se pretendió la introducción de ciertas innovaciones importantes, como la simplificación de los tributos, el fortalecimiento del control fiscal, y la introducción de normas que convirtieran una más productiva, y más progresiva carga fiscal. Dentro del marco así creado, también se consideró importante dotar al Estado venezolano de un servicio de formulación de políticas impositivas, y de administración tributaria, cuya finalidad declarada por el primer Superintendente Nacional Tributario en el año 1996, consistía en reducir drásticamente los elevados índices de evasión fiscal, y consolidar un sistema de finanzas públicas; fundamentado básicamente en los impuestos derivados de la actividad productiva, y menos dependiente del esquema rentista petrolero. Ese cambio tan relevante, se logró a través de la creación, mediante decreto presidencial, del Servicio Nacional Integrado de Administración Tributaria (en lo adelante SENIAT) hoy por hoy, Servicio Nacional Integrado de Administración Aduanera y Tributaria, que cuenta con autonomía financiera y funcional, y con un sistema propio de personal.

146 En concordancia con la Ley del Servicio Nacional Integrado de Administración Aduanera y Tributaria, el SENIAT es un servicio autónomo sin personalidad jurídica, con autonomía funcional, técnica y financiera, adscrito al Ministerio de Finanzas. Constituye un órgano de ejecución de la administración tributaria nacional. Le corresponden las funciones de aplicación de la legislación aduanera y tributaria nacional, así como, el ejercicio, gestión y desarrollo de las competencias relativas a la ejecución integrada de las políticas tributaria, y aduanera, fijadas por el Ejecutivo Nacional. Entre sus principales funciones se encuentra la definición y ejecución de políticas administrativas, tendentes a reducir los márgenes de evasión fiscal y, en especial, prevenir, investigar, y sancionar administrativamente los ilícitos tributarios.

Debemos reconocer que el sistema de «ilícitos» y sanciones padecen los mismos defectos que todo el sistema jurídico venezolano: duplicidad normativa, dependencia, confusión, lo que exige un gran esfuerzo clasificador e interpretativo.

Dado que la política fiscal (que obviamente comprende a los entes locales) persigue determinados objetivos en el marco normativo que no necesariamente se corresponden con los fines de la política criminal del Estado, no es aconsejable que se opte por evitar llevar estas conductas al Código Penal, generando una innecesaria saturación.

Recordemos que, como hemos apuntado, una de las especiales distinciones de la legislación venezolana es la utilización del término ilícito tributario, englobando todas las conductas antijurídicas en el ámbito tributario, con lo cual se evita, de inicio su separación de los delitos, figura propias del ámbito penal e infracciones o contravenciones administrativas.

La terminología empleada tiende a destacar su unidad en cuanto configura el género de conductas que por acción u omisión derivan en el cumplimiento de relaciones tributarias, y en la regulación de sus sanciones. Igualmente a los términos de delito e infracción se les ha querido dar sentidos diferentes que les separan totalmente de lo que etimológicamente podría considerarse una relación de género a especie.

Para interpretar las disposiciones de las infracciones a las Leyes tributarias, debemos comenzar por revisar el ámbito general de aplicación del COT, que se extiende a todos los tributos nacionales y a las relaciones por ellos generados, para pasar luego a la interpretación de los conceptos contenidos en el texto legal, y desarrollar el régimen represivo de la violación de las normas tributarias.

La primera parte del Artículo 1 del COT, establece su aplicación plena para todas las infracciones a las Leyes tributarias[148]; excluyendo la generalidad de dispo-

---

[147] Hasta la promulgación del primer Código Orgánico en el año 1982, la Legislación venezolana solo contaba con normas aisladas sobre contravenciones, y faltas, sancionadas con penas administrativas en las distintas leyes especiales creadoras de tributos. Con la entrada en vigencia de ese primer Código Orgánico Tributario en el año 1983, se unificó el régimen previsto para el ilícito tributario. Reservaba a sus disposiciones la tipificación, y la penalización de las violaciones a las normas impositivas, establecía la aplicación supletoria de los principios de derecho penal y refería su ámbito de aplicación por vía principal a todas las infracciones tributarias con excepción de las relativas a la materia aduanera. En las dos subsiguientes reformas al COT, promulgadas en el año 1992, el título relativo a las Infracciones y Sanciones, ha sido modificado parcialmente, para ajustar los tipos penales, a los supuestos de infracción de los tributos indirectos creados en el proceso de reforma tributaria, y también con el objetivo de agravar las penas previstas para algunos tipos de infracción. En este punto, se abordará de manera general el régimen represivo a la violación de normas tributarias en la legislación venezolana vigente, y haremos un análisis que facilite la interpretación de las incongruencias del texto legal, que dificultan la delimitación de los ilícitos administrativos de otros tipos de infracciones, lo que en la práctica crea conflictos de interpretación sobre la aplicación plena o supletoria de los principios del derecho penal común al ilícito tributario, a la materia aduanera, y a los ilícitos relativos a los tributos emanados del Poder Municipal y Estadal. Igualmente trataremos de buscar un sentido lógico a la confusa referencia que contiene el COT al ilícito común, y su penalización.

[148] COT, Artículo 1: «Las disposiciones de este Código Orgánico son aplicables a los tributos nacionales y a las relaciones jurídicas derivadas de esos tributos.

siciones aplicables a materia aduanera[149], en lo que se refiere a hechos punibles por otras trasgresiones de carácter diferente al tributario; el resto de las violaciones relativas al cumplimiento de obligaciones tributarias surgidas de leyes emanadas del Poder Público, de aplicación subsidiaria en relación con las normativas municipales (tal y como ya hemos venido señalando), donde las propias ordenanzas son quienes determinan las infracciones a sus contenidos y las sanciones correspondientes, en concordancia con lo que les permite la orgánica compilación, y la Ley Orgánica de Procedimientos Administrativos (LOPA) aplicable a la articulación de la Potestad Sancionadora.

El alcance del COT cesa su aplicación en muchos contenidos, de éstos se encargará la Ley Orgánica de Hacienda Pública Nacional[150], que en la mayor parte de las situaciones refiere, nuevamente, a las leyes especiales, es decir, al COT.

Es importante determinar el carácter de lo que se considera ilícito tributario en Venezuela. Para descubrir el sentido de la normativa, conviene analizar la verdadera naturaleza, y así determinar el carácter de las sanciones aplicables[151], para tratar de ubicarla entre las tres corrientes que reclaman para sí la ubicación del ilícito tributario.

---

149 Respecto de la materia aduanera, se rige por el Código Orgánico Tributario de manera principal, en cuanto a las disposiciones relativas a los medios de extinción de las obligaciones, los recursos tanto administrativos como judiciales, la determinación de intereses, y lo relativo a las normas para la administración de los tributos.

150 Ley Orgánica de Hacienda Pública Nacional, (*Gaceta Oficial* N° 1.660 de fecha 21 de junio de 1974), y un artículo de la entonces Ley Orgánica de la Corte Suprema de Justicia (*Gaceta Oficial Extraordinario* N° 1.893 de 30 de julio de 1976), establecen que, aún cuando la Ley Orgánica del Tribunal Supremo de Justicia de la República Bolivariana de Venezuela (Gaceta Oficial N° 37.942 de fecha 19 de mayo de 2004), ha sido modificada, en este preciso punto, se ha seguido aplicando la misma normativa.

151 El COT, Artículo 1, trata del ámbito de aplicación nacional e internacional. Centrándonos en el ámbito nacional, le encontramos aplicable a los tributos nacionales y relaciones jurídicas derivadas de ellos, como el incumplimiento a la normativa: «Artículo 1. Las disposiciones de este Código Orgánico son aplicables a los tributos nacionales y a las relaciones jurídicas derivadas de esos tributos (...)»; precisa las especialidades dentro de la materia aduanera, en las cuales interviene como principal aplicación, y deja abierta su aplicación supletoria a efectos indeterminados: «(...) Para los tributos aduaneros el Código Orgánico Tributario se aplicará en lo atinente a los medios de extinción de las obligaciones, a los recursos administrativos y judiciales, a la determinación de intereses y lo relativo a las normas para la administración de tales tributos que se indican en este Código; para los demás efectos se aplicará con carácter supletorio». Ante la especial referencia que hacemos al municipio, podemos apuntar que también establece supletoriedad respecto de algunos aspectos en la gestión directa del tributo: «(...) Las normas de este Código se aplicarán en forma supletoria a los tributos de los (...) municipios (...). El poder tributario de los (...) Municipios para la creación, modificación, supresión o recaudación de los tributos que la Constitución y las leyes les atribuyan, incluyendo el establecimiento de exenciones, exoneraciones, beneficios y demás incentivos fiscales, será ejercida por dichos entes dentro del marco de la competencia y autonomía, que le son otorgadas de conformidad con la Constitución y las Leyes dictadas en su ejecución», aún cuando para determinar expresamente el régimen sancionador que le corresponde aplicar, guarda un silencio interrumpido por el Artículo 79: «(...) Las disposiciones de este Código se aplicarán a todos los ilícitos tributarios, con excepción a los previstos en la normativa aduanera, los cuales se tipificarán y aplicarán de conformidad con las leyes respectivas.» Según se puede observar, la autonomía municipal quedaría relegada ante la aplicación del referido

La terminología utilizada en los textos legales, lamentablemente no siempre obedece a posiciones doctrinarias del legislador, en más ocasiones de las deseadas, responden a un descuido del significado jurídico del término, o al decir de la doctrina, un descuido en la aplicación del idioma castellano, «para dar claridad a la norma jurídica[152]». La importancia de la ubicación doctrinal radica en cuanto a que la referencia al tema penal en la Constitución podría permitir una interpretación *stricto sensu* del ilícito penal común, o una explicación lata al considerar penal toda la legislación sancionadora.

Quienes postulan la ubicación del delito fiscal en el ilícito penal, considerarían esa referencia constitucional a la legislación penal, indicativa de la reserva del Poder Nacional, respecto de toda la materia referente a los ilícitos, descripción de tipos punibles, establecimiento de sanciones, criterios de graduación; cualquiera que sea la naturaleza del precepto infringido, incluso, las infracciones tributarias, consideradas pertenecientes a una categoría especial, planteamiento que se basa en tres razonamientos:

A) La restricción de la libertad de acción del individuo, se produce en aras del bien público, con el objetivo de proteger los intereses superiores de índole moral,

B) La facilitad de recaudar los impuestos constituye un derecho pecuniario del Estado y los ingresos por tal concepto corresponden a la fortuna de la comunidad, de modo que las infracciones a las normas fiscales constituyen verdaderos delitos contra el patrimonio, de naturaleza análoga a los del derecho común y,

C) La intención del presunto infractor no es perturbar el funcionamiento del organismo estatal, sino evitar una disminución de su riqueza personal, de modo que lo impulsan los mismos móviles que justifican penalidades ordinarias.

Sin embargo, consideramos que si nos regimos por el principio de la autonomía del Derecho Penal Tributario, este principio ordinario no puede ser aplicado a los ilícitos fiscales, los ilícitos fiscales deben someterse a una Ley Penal Tributaria o especial, independientemente del Derecho Penal común. El segundo aspecto a considerar es que la Ley o el Código Penal Tributario no deben ser tomados como una Ley Penal en blanco, o Ley de remisión. Es necesaria la unificación de criterios para la aplicación del Derecho Penal, ya sea como materia ordinaria o especial, siempre y cuando esta Ley no se aplique con fines distintos.

La corriente predominante instala a los ilícitos dentro del Derecho Tributario, de aparente acogida por el legislador venezolano. Parte de afirmar que el ilícito

---

Código, que a su vez, refiere la aplicación supletoria de principios, y normas de materia penal: «(...) A falta de disposiciones especiales de este Título, se aplicarán supletoriamente los principios y normas de Derecho Penal, compatibles con la naturaleza y fines del Derecho Tributario.» Opinamos que, principios y normas penales, deben ser observadas, siempre y en todo momento, y si son compatibles con la materia tributaria, es porque son de directa aplicación, no de manera «subsidiaria».

[152] Moreno de Rivas, A., «La Infracción Tributaria», AA.VV., *El sistema Tributario Venezolano,* XXI Jornadas «J. M. Domínguez Escovar», Editorial Horizonte, Barquisimeto, 1995, pp. 149-193.

tributario y la especificidad de su naturaleza, no puede dejar de estar integrados por el aspecto sancionatorio propio de toda norma jurídica. Se rige por normas propias, específicas, distintas de las del resto del derecho, y admiten solamente la aplicación de los principios del Derecho Penal Común (no del Derecho Administrativo) cuando la Ley tributaria omita regular un aspecto o efecto del orden sancionatorio o sus efectos, y, además, no sean los principios penales aplicados subsidiariamente, contradictorios u opuestos a la naturaleza, características o especificidades del Derecho Tributario.

Aunque considerar que el Derecho Penal Tributario es una disciplina autónoma, separada del derecho penal común y del derecho administrativo no es un criterio distintivo, ya que no es excluyente una cosa de la otra, admitiendo la autonomía, se puede considerar que el ilícito tributario tiene una naturaleza especial.

Respecto de los Ilícitos Tributarios en Venezuela, quisiéramos enfatizar que:

El instrumento análogo a la LGT es el Código Orgánico Tributario venezolano donde, a diferencia de la normativa legal española incluye un práctico y actualizable mecanismo de tasación estimativa en Unidades Tributarias del quantum que aplica tanto a los llamados ilícitos (en un intento por incluir infracciones y delitos, en un mismo término que las abarca de manera general), como a las sanciones.

A diferencia de España, en Venezuela la regulación de las infracciones tributarias engloba tanto a los delitos de naturaleza penal como a las faltas y a las infracciones o contravenciones administrativas. Su clasificación atiende al órgano competente para apreciar e imponer la sanción, tanto es así que los delitos y las faltas remiten a la jurisdicción penal el juzgamiento del ilícito y la aplicación de la sanción. Dentro de las prescripciones del COT, la Administración Tributaria puede imponer todas las sanciones previstas en aquél, salvo la remisión administrativa expresa al órgano jurisdiccional cuando se trate de penas restrictivas de la libertad o determinadas inhabilitaciones para el ejercicio de profesiones u oficios.

Respecto a las disposiciones, aplicables con carácter subsidiario a los Entes Locales venezolanos; nos llama la atención la remisión que hace el COT a ciertas disposiciones contenidas en vetustas Leyes especiales; examinando cada una de ellas, observamos como estas también remitían al COT, derogado por el actual, de manera que incurre en constantes reenvíos resultando un clima de confusión normativa. Por razón de la subsidiariedad en su aplicación respecto de los Municipios, para la determinación de tributos, y régimen sancionador es necesario tener en cuenta la dispersión normativa, y la desactualización de la Ley Orgánica de Régimen Municipal, lo que hace necesaria una revisión de dicha Ley.

A. *Clases de Ilícitos Tributarios en Venezuela*

Las infracciones se clasifican en formales, materiales, relativos a especies gravadas y fiscales, que comprenden determinadas materias y por último, los ilícitos sancionados con penas privativas de libertad.

Se distinguen de los delitos, según el órgano competente para aplicar las sanciones, en principio, serán aplicadas por la Administración Tributaria, salvo las restrictivas de libertad e inhabilitación para el ejercicio de oficios y profesionales, las cuales serán aplicadas por los órganos jurisdiccionales, de acuerdo con lo previsto en el Código Orgánico Procesal Penal.

La regla general es considerar objetivamente como delictual, una acción u omisión que viole la normativa, siendo así, estamos en presencia de un ilícito en el que la intención o negligencia poco tienen que ver.

Referiremos cada tina de las conductas que constituyan infracción normativa por acción u omisión, aunado a la sanción que le corresponda. Consideramos pertinente ilustrar la lectura con cuadro sinóptico a través del cual pensamos que se podría apreciar de una manera clara y sencilla las correspondencias entre las infracciones y sus sanciones correspondientes en los cuadros anexos que hemos incluido a manera de apéndice (Anexo 2).

La ampliación de las penas y la severidad de las sanciones contra delitos de evasión fiscal fue uno de los requisitos exigidos en la Disposición Transitoria Quinta de la Constitución, desarrollado en la reforma del Código Tributario, según los cuatro tipos de ilícitos que hemos señalado y cuya clasificación se prevé en Artículo 80.

Todos los ilícitos tipificados en el Capítulo I (Parte Especial del COT), son desarrollados de separada:

a) Ilícitos formales (Sección Primera, Artículos 99 al 107), b) Ilícitos relativos a las especies fiscales y gravadas, (Sección Segunda, Artículo 108), c) Ilícitos materiales (Sección Tercera, Artículos 109 al 114), y d) Ilícitos sancionados con pena restrictiva de libertad (Sección Cuarta, Artículos 115 al 120).

a. ***Ilícitos formales***

Constituye incumplimiento de los deberes formales toda acción u omisión de sujetos pasivos o terceros que en su nombre violen alguna de las normas contenidas en el COT, en Leyes especiales, sus reglamentaciones o disposiciones generales de los organismos administrativos competentes. Referido al incumplimiento de obligaciones formales, la Sección I del COT (Artículos 99 a 106).

Las prestaciones formales tienen por objeto, al igual que en España, cumplir los deberes de hacer, no hacer o soportar que las leyes tributarias establecen como instrumento necesario para la aplicación de tributos y que prestan como característica común, no consisten en prestaciones de dinero, aunque no dejan de significar una carga onerosa para los llamados a satisfacerlas, y qué para la Administración suponen un instrumento necesario para la gestión de los tributos.

Como característica común, los ilícitos formales pueden involucrar a sujetos pasivos de las prestaciones materiales, como a cualesquiera administrados no sujetos a la obligación tributaria principal, ya que se trata de obligaciones autónomas que presentan su propio presupuesto de hecho. Los deberes formales cuyo incumplimiento representan infracciones formales o leves responden al estadio inicial del control inmediato de la Administración.

Los ilícitos formales se encuentran relacionados con las obligaciones de:

1) El deber de inscripción: La primera determinación es conocer quiénes son los sujetos obligados con la Administración, por consecuencia con su vinculación o referencia con los hechos imponibles. El primer paso para quienes estén obligados, es inscribirse en los registros exigidos, condicionado por la veracidad en las informaciones.

Lo que parece poco menos que una falta de incentivo es que proceda casi la misma sanción de multa pecuniaria por el correspondiente a cincuenta unidades tributarias (50 UT), [Con posibilidades de incremento de hasta cincuenta (50 UT) por cada nueva infracción hasta un máximo de doscientas unidades tributarias (200 UT)] para quien haya realizado el trámite de inscripción en tiempo, y obvie datos referidos a los antecedentes u otra información relacionada, y para quien haya omitido la inscripción, directamente.

Para la Administración representa de vital importancia llevar una actualizada base de datos, que incluya a los nuevos contribuyentes, y con la mayor cantidad de información requerida, pero también es importante incitar la colaboración de quienes deben proporcionar comunicaciones relativas a su inscripción. La oportunidad de hacerlo es algo que no se pone en discusión, sin embargo, sancionar casi por igual a quien no lo haga y a quien lo haga, aunque sea sin una aportación de datos, es quizá desmotivar a quienes no posean la información completa.

El legislador suaviza la multa de sanción pecuniaria, partiendo de la mitad de la anterior situación, ya que, encontrándose fuera del lapso indicado para la inscripción o proporcionando la información requerida (aunque sea de manera incorrecta), disminuye la exigencia de sanción consistente en multa pecuniaria por la cantidad ajustada a veinticinco unidades tributarias (25 UT), la cual se incrementará en veinticinco unidades tributarias (25 UT) por cada nueva infracción hasta un máximo de cien unidades tributarias (100 UT).

Conviene, para quien deba inscribirse, hacerlo, en el tiempo y oportunidad apropiados, de otra manera, al menos, inscribirse y aportar los datos, aunque sea de manera equivocada y extemporánea; datos estos que también deben suministrarse oportunamente en casos de cambios, de lo contrario, se impondría tina sanción de multa pecuniaria que partiendo de la base de cincuenta unidades tributarias (50 UT), podría alcanzar las doscientas unidades tributarias (200 UT).

La contabilidad tiene su fundamento en soportes o documentos contables. Quien quiera hacer valer un derecho debe probar los elementos constitutivos del mismo, pero la carencia de facturas recibidas, de copias de facturas recibidas y de datos bancarios permiten la aplicación del régimen de estimación indirecta de bases imponibles. Si se produce alguna anomalía en la emisión» o exigencia de comprobantes, se traduce en una imposibilidad práctica para la comprobación de la veracidad de las anotaciones contables de ingresos. Las secuelas a este tipo de ilícitos varían según la gravedad:

2) Emisión y exigencia de comprobantes: La falta de emisión de facturas u otros documentos exigidos, implica multa de una unidad tributaria (1 UT) por cada documento, hasta un máximo de doscientas unidades tributarias (200 UT) por cada período o ejercicio fiscal, a lo que podría unirse sanción de clausura de local, extensible desde un día hasta cinco días continuos, siempre se cumplan dos condiciones: que se trate de impuestos al consumo, y que el monto total de las facturas, comprobantes dejados de emitir exceda al equivalente de doscientas unidades tributarias (200 UT).

2.1) De la misma manera, dejar de entregar las facturas y otros documentos exigidos, o emitir facturas u otros documentos obligatorios con prescindencia de los requisitos previstos, o emitir los documentos obligatorios a través de máquinas fiscales u otros medios tecnológicos que no reúnan los requisitos respectivos, acarrea multa de una unidad tributaria (1 UT) por cada documento emitido, hasta un máximo de ciento cincuenta unidades (150 UT) por cada período;

2.2) La no exigencia de facturas a los vendedores o prestadores de servicios o los comprobantes de las operaciones realizadas, podrían resultar en la aplicación de una multa pecuniaria, por una cantidad, equivalente a una hasta cinco unidades tributarias (5 UT);

2.3) Si se emiten o se aceptan facturas cuyo monto no coincida con el correspondiente a la operación real, podrá ser sancionado con multa pecuniaria por una cantidad, equivalente a cinco unidades tributarias (5 UT), incrementables hasta cincuenta unidades tributarias (50 UT).

Ahora bien, la falta de emisión de facturas, o emisión y posterior entrega, de manera incorrecta prescindiendo de alguno de los requisitos a los que haya lugar, ya sea por deficiencias manuales o en el uso de medios tecnológicos expendedores de facturas, o pasiva de quien debe exigir una factura, llevan la misma penalización, que es una unidad tributaria (1 UT) por cada una de las facturas omitidas o insuficientes. La diferencia en cuanto a graduaciones se produce en el tope máximo, ya que para la falta de emisión es de doscientas unidades tributarias (200 UT), para la falta en la entrega, o el incumplimiento parcial es de ciento cincuenta unidades tributarias (150 UT), y para la no-exigencia a los vendedores o prestadores de servicios las facturas, recibos o comprobantes.

Una diferencia tan marcada se produce, posiblemente, porque es mayor la probabilidad de llevar los gastos a la partida de costes de quien contablemente asuma haber realizado la descarga del bien.

Alterar las facturas, debería motivar de otra calificación, y un aumento en la sanción relativa. Aunque parte de una base mayor, [cinco unidades tributarias (5 UT)], el máximo de facturas que pueden sancionarse es cincuenta, aunque se encuentren alteradas muchas más.

En lo que respecta al Impuesto al Valor Agregado (Añadido), la factura constituye un engranaje fundamental en la mecánica de todo el sistema tributario, apartando su función principal de percibir el impuesto al consumo, aporta información muy útil para determinar y luego comprobar la contabilidad; ya que se produce en cada una de las etapas del proceso productivo y de comercialización.

La falta total de registros o anotaciones en los libros contables y especiales, presenta una grave situación, ya que imposibilita el control que realiza el organismo recaudador en la determinación del gravamen a ingresar y la verificación del cumplimiento de otras obligaciones fiscales. Dichos registros deberán ser adecuados al idioma y moneda nacional, pudiendo solicitarse excepciones al respecto. El grado de las sanciones por la comisión de ilícitos relacionados con la obligación de llevar los libros y registros especiales y contables, se incrementa según su gravedad, y en caso de los ilícitos relativos a impuestos indirectos, acarreará, además, la sanción de clausura automática de local comercial, industrial o de servicios.

3) Llevar libros y registros: Llevar la contabilidad es un deber, analizando las características de las situaciones con carácter general, y contrastándolas con la regulación de la llevanza de la contabilidad en el ámbito mercantil y tributario.

La sanción pecuniaria de multa sobrevenida por este ilícito corresponde a cincuenta unidades tributarias (50 UT), la cual se incrementará en cincuenta unidades tributarias (50 UT) por cada nueva infracción hasta un máximo de doscientas cincuenta (250 UT), pudiendo incluso acarrear la clausura del establecimiento.

Llevar los libros, se entiende como llevarlos correctamente, y sobre este planteamiento, se distingue el siguiente su-grupo. La contabilidad inexacta, ya sea por falta de actualización mensual (en este caso un mes, tres menos que lo tipificado como infracción en España), o por irregularidades que la llevanza de los libros impone para favorecer la unificación de criterios, igualdad de moneda, e igualdad en el idioma, el castellano. Conservar los libros es un deber cuyo incumplimiento ha sido incluido en los ilícitos que refieren la obligación de llevar libros y registros contables, inclusive se otorga el mismo tratamiento sancionador para quien lleve libros que no se encuentren actualizados, quien lo haga en otro idioma o moneda (sin estar autorizado), y para quien no conserve los libros el tiempo que ordenan las leyes especiales.

En el último de los supuestos de hecho, la conservación de los libros según las leyes especiales; estas leyes ordenan guardarlos una cantidad de tiempo de diez años[153]. Ha debido haber una separación de los tipos, pudiendo encontrar en la práctica a una fábrica, comercio, o cualquier empresa cuyo movimiento genere una alta movilidad contable y haya eliminado de sus archivos los soportes físicos (aún respaldados en formato electrónico), sería objeto de la misma sanción que quien conserve ningún tipo de libros en físico ni con algún soporte computarizado.

Dentro de las distintas situaciones que pueden presentarse por defectos de registro, hay varias que sobresalen tanto por su peligrosidad como por la frecuencia de su comisión, no presentar las declaraciones o presentarlas en forma incompleta o con retraso.

Como hemos señalado, es obligatorio presentar declaraciones y comunicaciones a las que haya lugar, faltar a ello supone un ilícito que contempla una graduación de sanciones de conformidad con su frecuencia. La norma hace especial alusión a la declaración informativa de las inversiones en jurisdicciones de baja imposición fiscal. Una vez realizado el pago del impuesto, la declaración debe conservarse y presentarse a la Administración Tributaria de que se trate. La norma alude a la obligación de presentar «otras declaraciones[154]», lo cual resulta un tanto peligroso, si consideramos la posibilidad que, en una auditoría fiscal el funcionario estaría facultado para solicitar todo tipo de documentación, e incluso a revisar documentos personales no vinculados con el expediente.

Una vez pagado el importe del tributo, sin haber sido presentada la declarativa de determinación, o incurriendo en presentar las declaraciones o comunicaciones que tenga a bien solicitar el auditor fiscal, procede la imposición de una multa pecuniaria por la cantidad equivalente a diez unidades tributarias (10 UT), incrementada al doble por cada nueva infracción hasta alcanzar el tope máximo de cincuenta unidades tributarias (50 UT).

---

153 Código de Comercio de Venezuela, Artículo 44: «Los libros y sus comprobantes deben ser conservados durante diez años, a partir del último asiento de cada libro (...)».

154 COT, Artículo 103: «Constituyen ilícitos formales relacionados con la obligación de presentar declaraciones y comunicaciones: (...) 2. No presentar otras declaraciones o comunicaciones (...)».

4) Presentar declaraciones y comunicaciones: Definitivas u otras comunicaciones a las que haya lugar, originan (o deberían originar) una presunción de veracidad, ello también es importante, respecto a la congruencia con las fechas expresamente indicadas, y la correcta realización; éstas deben completas, según las formas, medios, formatos, o lugares, autorizados por la Administración Tributaria.

La falta de presentación declarativa, así como la falsedad en las declaraciones, entran en un mismo presupuesto sancionador que amerita la imposición de una multa pecuniaria correspondiente a diez unidades tributarias (10 UT) [aumentable hasta cincuenta unidades tributarias (50 UT) por cada nueva infracción] e incluso el cierre temporal en algunos casos. Si presentase más de una declaración sustitutiva, o una primera declaración sustitutiva extemporánea, será sancionado con multa de cinco unidades tributarias (5 UT), la cual se incrementará en cinco unidades tributarias (5 UT) por cada nueva infracción hasta un máximo de veinticinco unidades tributarias (25 UT).

Existe algún mecanismo que permita modificar las declaraciones de tributos ya presentadas. El Código Orgánico Tributario establece en su Artículo 147[155], que las declaraciones pueden ser modificadas espontáneamente, siempre y cuando no se hubiere iniciado el procedimiento de fiscalización y determinación previsto en el Código, o sea, generada a raíz de denuncias u observación de la Administración. No obstante, la presentación de dos o más declaraciones sustitutivas, o la presentación de la primera declaración sustitutiva después de los doce (12) meses siguientes al vencimiento del plazo para la presentación de la declaración sustituida.

Llama la atención la diferencia en el tratamiento sancionador que procede para los ilícitos relacionados con la declaración informativa de las inversiones en jurisdicciones de baja imposición fiscal, lo cual resulta absolutamente entendible, dadas las constantes fugas de capital y el incipiente desarrollo que tiene en Venezuela, el concepto de Renta Mundial y su control.

Se consideran dos posibles situaciones: la ausencia total de presentación y la efectiva presentación retardada, obviando los posibles errores o irregularidades en las mismas. El primero de los ilícitos hace especial alude a la declaración informativa de las inversiones en los llamados paraísos fiscales (jurisdicciones de baja imposición fiscal), motiva para quien no presente la declaración, la imposición de una multa que variará entre mil unidades tributarias (1000 UT) hasta dos mil unidades tributarias (2000 UT); en cambio, será de doscientas cincuenta a setecientas cincuenta unidades tributarias (250 UT a 750 UT) de multa pecuniaria para quien la presente con retardo, en un claro intento por incentivarlas.

La eficacia de la Administración Tributaria podemos enfocarla desde dos puntos de vista: la recaudación (principalmente) es una buena forma de medirla, pues

[155] COT, Artículo 147: «Las declaraciones o manifestaciones que se formulen se presumen fiel reflejo de la verdad (...) Dichas declaraciones y manifestaciones se tendrán como definitivas aun cuando podrán ser modificadas espontáneamente, siempre y cuando no se hubiere iniciado el procedimiento de fiscalización y determinación previsto en este Código, sin perjuicio de las facultades de la Administración Tributaria y de la aplicación de las sanciones que correspondan, si tal modificación ha sido hecha a raíz de denuncias u observación de la Administración. No obstante la presentación de dos (2) o más declaraciones sustitutivas o la presentación de la primera declaración sustitutiva después de los doce (12) meses siguientes al vencimiento del plazo para la presentación de la declaración sustituida, dará a la sanción prevista en el artículo 103».

cuando aumenta o se mantiene consideramos que la Administración Tributaria es eficiente, pero creemos que este análisis no es bastante, pues, las brechas de cumplimiento, de inscripción, de declaración y pago, nos va completar la información que queremos respecto a cual eficientemente está trabajando la Administración, ya que aunque la recaudación sea elevada, si las brechas de incumplimiento son muy amplias, y la Administración es incapaz de ubicar el incumplimiento, determinar la deuda potencial y coaccionar al contribuyente para que cumpla con su obligación tributaria estamos ante una Administración ineficiente.

La hipótesis que planteamos es que el incumplimiento de las obligaciones tributarias por parte de los contribuyentes, y específicamente en los incumplimientos de inscripción, declaración, pago y veracidad se encuentran en relación directa con la eficiencia de la Administración Tributaria, y depende más de la Administración que del Contribuyente, pues ante una Administración eficiente que se encuentre en capacidad de efectuar fiscalizaciones rápidas, tengan los elementos necesarios dentro de su gestión para detectar los incumplimientos y poder coaccionar a los contribuyentes al cumplimiento voluntario no existirá contribuyente que incumpla sus obligaciones tributarias, o al menos será más improbable.

La Administración Tributaria tiene básicamente las mismas funciones en todos los países, pero para ejercer estas funciones se necesita de una estructura determinada en los órganos de la Administración Tributaria. Son justamente estas estructuras las que deben adecuarse al tipo de sociedad en la que se deben aplicar. Por lo tanto, si bien es cierto las funciones son casi siempre las mismas, las estructuras no lo son y deben estar referidas necesariamente a un medio determinado. En consecuencia, es necesario se determinen las funciones de la Administración Tributaria de manera previa, para posteriormente estructurar los órganos de la Administración a fin de que estas cumplan con las funciones encomendadas.

La función de control tiene por objeto comprobar efectivamente el cumplimiento o el incumplimiento de los contribuyentes en relación con su obligación tributaria. Vemos pues que, dentro del universo de potenciales contribuyentes de un impuesto, están aquellos que han sido identificados por la Administración Tributaria, de estos, son informales y por lo tanto no cumplen siquiera con el requisito del registro. Del universo de quienes han cumplido con el requisito del registro se distinguen aquellos contribuyentes que se encuentran registrados pero no comunican a la Administración su obligación tributaria, de quienes comunican en forma incorrecta, y por supuesto aquellos que lo comunican correctamente y cumplen con sus obligaciones tanto sustanciales como formales.

Como se puede deducir de lo señalado anteriormente, ante la heterogeneidad de los casos presentados, la tarea de fiscalización por parte de la Administración Tributaria dependerá de cada caso en concreto, pero deberá orientarse en todos los casos a colaborar con el contribuyente para que pueda cumplir con sus obligaciones en forma voluntaria, efectuando el pago oportuno de sus obligaciones tributarias, lo que motiva el deber de cooperar con el suministro informativo de la Administración.

5) Permitir el control de la Administración: En lo que respecta al contribuyente, responsable o tercero involucrado, también tienen la obligación de colaborar con la Administración Tributaria. Estos ilícitos tratan de las situaciones producidas cuando se realizan labores de verificación y fiscalización del debido cumplimiento que los sujetos pasivos hagan de las obligaciones fiscales a su cargo. Al lado de la obligación fundamental del pago de los tributos, hay otras obligaciones accesorias de dar, cuyo contenido no es patrimonial, que involucran no solamente al deudor, sino a otros sujetos, entre ellas, como permitir las inspecciones y visitas personales domiciliarias por cuenta de los funcionarios autorizados por la Administración.

Suponemos prudencialmente anunciada la visita del funcionario visita y solicitados los documentos a exhibir, previamente en un acto administrativo anterior, ya que en ocasiones, son depositados en oficinas del contador en alguna sucursal o en un depósito.

Una vez en presencia del funcionario actuante de la Administración, es necesario facilitar su labor. Obstaculizarla tiene repercusiones que el COT, que divide en tres grupos según las sanciones que generan.

5.1) La primera consideración gira en torno a mostrar al funcionario los libros, registros u otros documentos que solicite, bajo la amenaza de penalización con una multa pecuniaria por la cantidad de diez unidades tributarias (10 UT), incrementada en diez (10 UT) por cada nueva infracción hasta alcanzar el tope máximo de cincuenta unidades tributarias (50 UT).

5.2) Debe observarse una correcta identificación, de los productos que sean comercializados (en caso de un comercio o industria), del signo de control en la facturación y en el propio local. Un segundo grupo de infracciones, aunado a la imposición de multa pecuniaria [por la cantidad equivalente a diez unidades tributarias (10 UT), con un posible incremento de diez unidades tributarias (10 UT) por cada nueva infracción hasta un máximo de cincuenta (50 UT)], estipula la posibilidad de una revocatoria de licencia.

Encontramos explicación a ello en cuanto consideramos mucho más grave obstaculizar la fiscalización, impidiendo examinar los equipos técnicos de recuperación visual, pantalla, visores y artefactos similares, para revisiones fiscales de la información micrograbada que se realice en el local del contribuyente e imprimir facturas y otros documentos sin la debida autorización fiscal. La obtención de una autorización fiscal, conlleva obliga al cumplimiento de las previsiones en las normas respectivas. Quebrantarla amerita su inclusión en el subgrupo que hemos elaborado, en función de los comunes bienes tutelados (identificación en sentido genérico), y por las sanciones que ameritan.

Haber obtenido la debida autorización, debería tomarse en cuenta para la disminución de sanciones por incumplimientos normativos, ya que sería conveniente incentivar a las solicitudes de autorización, que generan tasas e informaciones, ambas beneficiosas para la, Administración.

La gravedad de la sanción no se aprecia en la imposición de una multa pecuniaria, por la misma cantidad que en el grupo de ilícitos formales, relacionados con la obstaculización a la labor de los funcionarios que fiscalizan el lecaLdel contribuyente, sino en la posibilidad de revocar la respectiva autorización; que a falta de mención temporal, suponemos sería definitiva o transitoriamente, a juicio y discrecionalidad del funcionario actuante.

5.3) Corresponde la más grave de las sanciones, aplicarlas a las infracciones relacionadas con los precios de transferencia. Los montos de imposición en las multas pecuniarias experimentan un ascenso vertiginoso en comparación con las cantidades hasta ahora referidas. Desde trescientas unidades tributarias (300 UT) hasta quinientas unidades tributarias (500 UT).

6) Obligación de informar y comparecer ante la Administración: Los contribuyentes están obligados a brindar información sobre sus actividades o las de terceros con los que guarden relación. Los ilícitos relacionados de información y comparecencia ante la Administración Tributaria, tienen el mismo objetivo de actualizar las bases de datos.

Una base de datos actualizada verazmente es de vital importancia a la hora de establecer el censo de contribuyentes, ya que esa base permitirá realizar un presupuesto estimado para determinar fiscalizaciones, sobretodo redundante en la agilización de trámites. Por todas estas razones, debe ser atendido el llamado a colaborar con la Administración Tributaria para lograr su objetivo, un eficaz y eficiente funcionamiento.

Faltar a la obligación de colaborar en este sentido con la Administración tributaria, implica impulsar la imposición de multas, combinables con algunas otras de carácter no pecuniario, según se trate de un ilícito simple o calificado.

Si lo medimos por la gravedad de la sanción, casi es preferible proporcionar información falsa o errónea, o ser rebelde a los llamados de la Administración, antes que proporcionar informaciones veraces de manera extemporánea u omitir la notificación debida de las compensaciones y cesiones en los términos establecidos en el COT, ya que en los dos primeros supuestos de incumplimiento, proporción falsa o errónea de información o desatender el llamado de la Administración, está prevista una sanción de multa pecuniaria por la cantidad equivalente a diez unidades tributarias (10 UT); y pese a que el suministro de información falsa se encuentra previsto dos veces, en cuanto a los terceros y de manera genérica.

La sanción que corresponde es igual que en las otras dos situaciones referidas, [extemporaneidad en la información, u omisión en la notificación de rubros especiales (compensaciones y cesiones)], pero en la primera previsión con un límite superior que llega hasta las doscientas unidades tributarias (200 UT), frente al tope máximo de los segundos, equivalente a cincuenta unidades tributarias (50 UT).

Las cantidades de unidades Tributarias por concepto de multas aumentan, si el sujeto que comete el ilícito es un funcionario público. Nos referimos a una cuantía comprendida entre doscientas unidades tributarias (200 UT) y quinientas unidades tributarias (500 UT); ahora, si el delito que involucra la revelación, divulgación, o uso indebido, que afecte o pueda afectar una posición competitiva en materia de precios de transferencia, la sanción aumentará mucho más [(desde mi mínimo de quinientas unidades tributarias (500 UT) a un máximo de dos mil unidades tributarias (2000 UT)]; sin perjuicio de otras responsabilidades a las que haya lugar.

Ahora bien, una cosa es dejar de prestar una colaboración mínima e imprescindible, acorde con las necesidades de la Administración, y otra cosa es desacatar sus órdenes, deshonrar su autoridad.

7) Acato de disposiciones de la Administración: Están previstos cuatro supuestos de desacato a las órdenes de la autoridad, ya se manifieste con la reapertura de un establecimiento comercial o industrial o de la sección que corresponda, violando una clausura impuesta por la Administración Tributaria, desvirtuando de alguna manera los sellos, precintos o cerraduras puestos por la Administración Tributaria, o utilizando, sustrayendo, ocultando o enajenando bienes o documentos retenidos en poder del presunto infractor, situaciones que supondrían la imposición de una multa pecuniaria de doscientas unidades tributarias (200 UT), aumentable hasta quinientas unidades tributarias (500 UT).

Una norma en blanco cierra las previsiones de ilícitos fiscales denominados de carácter formal, en cuanto prevé sanciones para ilícitos cuando no estén especialmente tipificados en el COT, pero si en otras leyes tributarias o sus reglamentos, traen una consecuencia pecuniaria, bastante baja. El incumplimiento de cualquier otro deber formal sin sanción específica, establecidas en las leyes y demás normas de carácter tributario, merecen la sanción de multa pecuniaria por la cantidad equivalente a diez unidades tributarias (10 UT) a cincuenta unidades tributarias (50 UT).

Como resumen de los ilícitos formales en el COT, deseamos resaltar que:

- El hecho que proceda la aplicación de la misma sanción para quien haya realizado el trámite de inscripción en tiempo, y haya obviado datos referidos a los antecedentes u otra información relacionada y, para quien haya omitido la inscripción, directamente; no condice con un incentivo al llamado allanamiento, sino más bien al impago del tributo.
- En Venezuela, las fugas de capitales y el incipiente desarrollo del concepto de Renta Mundial, es un problema de antigua data. La tendencia a eliminarla se refleja en la severidad de sanciones.

b. *Ilícitos relativos a las especies fiscales y gravadas*

Una vez tipificadas las conductas ilícitas generadoras de sanciones, la mayor imposición de multas pecuniarias expresadas en Unidades Tributarias, consisten en un equivalente monetario que varía anualmente según los cálculos de IPC (ingreso per cápita), el Código Orgánico Tributario recoge la tipificación y tratamiento sancionador de ilícitos relativos a especies fiscales y gravadas (Sección Segunda, Artículo 108 del COT).

Antes de la existencia del actual COT, la normativa que regulaba lo concerniente a las especies fiscales y gravadas se encontraba dispersa en leyes especiales, Ley de Impuesto sobre Cigarrillos, Alcoholes y Especies Alcohólicas y su Reglamento, en la Ley de Impuesto sobre Cigarrillos y Manufacturas del Tabaco y en la Ley de Timbre Fiscal.

Las sanciones que corresponden a cada uno de los ilícitos que tendremos oportunidad de referir, empiezan a reflejar un poco más del manejo de porcentajes gradual en la imposición de las sanciones. Estas comprenden los límites mínimo y máximo, y por referencia expresa al mandato del Código Penal[156], se deberá tomar

[156] CP de Venezuela, Artículo 37: «Cuando la ley castiga un delito o falta con pena comprendida entre dos límites, se entiende que la normalmente aplicable es el término medio que se obtiene sumando los dos números y tomando la mitad; se la reducirá hasta el límite inferior o se la aumentara hasta el superior, según el mérito de las respectivas circunstancias atenuantes o agravantes que concurran en el caso concreto, debiendo compensárselas cuando las haya de una y otra especie. No obstante, se aplicara la pena en su límite superior o en el inferior, cuando así lo disponga expresamente la ley, y también se traspasara uno u otro límite cuando así sea menester en virtud de disposición legal que ordene aumentar o rebajar la pena correspondiente al delito en una cuota parte, que entonces se

en cuenta el término medio, y, además, tomar en cuenta las agravantes[157] y atenuantes[158] aplicables a cada caso en particular, situación que a medida que van aumentando las sanciones, se va incrementando la frecuencia de uso.

Como nota distintiva de las sanciones que veníamos observando hasta el momento, aparece la sanción de comiso que consiste en la incautación de los bienes y especies relacionadas con las especies fiscales y gravadas. Cabe destacar que todo lo relativo a estas especies, autorizaciones, impuestos, sanciones y todo lo atinente a la recaudación por este rubro, es regulado única y exclusivamente por la Administración Nacional, en cuya máxima autoridad serán confiados los efectos producto del comiso, realizado según lo prevé el procedimiento establecido en el COT[159], y siguiendo el destino legalmente dispuesto[160], respetando siempre las formalidades procedimentales.

---

calculara en proporción a la cantidad de pena que el Juez habría aplicado al reo si no concurriese el motivo del aumento o de la disminución. Si para el aumento o rebaja mismo se fijaren también dos límites, el Tribunal hará dentro de estos el aumento o rebaja respectivo, según la mayor o menor gravedad del hecho». En todos estos casos se tendrá siempre presente no exceder del límite máximo de treinta años la pena restrictiva de libertad que se imponga conforme a la Ley.

157 COT, Artículo 95: «Son circunstancias agravantes: 1. La reincidencia, 2. La condición de funcionario o empleado público que tengan sus coautores o partícipes, y, 3. La magnitud monetaria del perjuicio fiscal y la gravedad del ilícito».

158 COT, Artículo 96: «Son circunstancias atenuantes: 1. El grado de instrucción del infractor, 2. La conducta que el autor asuma en el esclarecimiento de los hechos, 3. La presentación de la declaración y pago de la deuda para regularizar el crédito tributario, 4. El cumplimiento de los requisitos omitidos que puedan dar lugar a la imposición de la sanción, 5. El cumplimiento de la normativa relativa a la determinación de los precios de transferencia entre partes vinculadas, 6. Las demás circunstancias atenuantes que resulten de los procedimientos administrativos o judiciales, aunque no estén previstas expresamente por la Ley».

159 COT: Artículo 217: «Cuando proceda el comiso, los funcionarios competentes que lo practiquen, harán entrega de los efectos decomisados a la máxima autoridad de la respectiva oficina de la Administración Tributaria a través de la cual se vaya a tramitar el procedimiento. En el momento de practicar el comiso, se levantará acta en la que se harán constar todas las circunstancias que concurran y se especificará los efectos del comiso, su naturaleza, número, peso y valor. Dicha acta se emitirá en dos ejemplares, los cuales deberán ser firmados por el o los funcionarios actuantes y por el infractor o su representante legal, si estuvieren presentes. En la misma fecha, el funcionario enviará a la respectiva oficina de la Administración Tributaria, un informe, anexando uno de los originales del acta levantada, junto con los efectos en comiso para su guarda y custodia, a los fines legales consiguientes».

160 COT, Artículo 218: «Cuando el acto administrativo en el que se impuso la pena de comiso haya quedado firme, la Administración Tributaria podrá optar por rematar los efectos, de acuerdo con el procedimiento establecido a tal efecto en la Ley Orgánica de Aduanas y su Reglamento. Cuando las mercancías objeto de remate sean de evidente necesidad o interés social, la Administración Tributaria, previa decisión motivada, podrá disponer de ellas para su utilización por organismos públicos o por privados sin fines de lucro, que tengan a su cargo la prestación de servicios de interés social. En los supuestos de ejercicio clandestino de especies gravadas, distribución de cigarrillos y demás manufacturas de tabaco ingresadas al país de contrabando, o de comercio de especies gravadas adulteradas, la Administración Tributaria, ordenará la destrucción de la mercancía objeto de comiso en un plazo no mayor de quince (15) días continuos contados a partir de la fecha en que el acto administrativo en el que se impuso la pena de comiso haya quedado firme».

Las especies fiscales y gravadas (tabaco y licores etílicos), son artículos de consumo que por su especial circunstancia requieren determinados permisos (principalmente sanitarios, aunque la referencia es a los permisos otorgados por la Hacienda Nacional), tanto para su fabricación como para su comercialización.

Ejercer sin autorización por parte de la Administración Tributaria Nacional alguna de estas actividades comerciales relacionadas con especies gravadas, es sancionado con una multa pecuniaria que varía entre el equivalente a ciento cincuenta unidades tributarias (150 UT) y trescientas unidades tributarias (350 UT), aunado al comiso de los bienes y especies relacionadas con la industria clandestina.

Una vez autorizada la fabricación o exportación de alguna de las especies gravadas, (igual que ocurría con los ilícitos formales), deben respetarse los términos en los cuales fue otorgado el correspondiente permiso, y si éste ha sido solicitado para la exportación, el destino de estas especies debe ser el extranjero. Comercializarlas dentro del territorio nacional constituye un ilícito cuya sanción, menos grave que la anterior, consiste en la imposición de una multa pecuniaria del equivalente a UT entre cien unidades tributarias (100 UT) a doscientas cincuenta (250 UT), dependiendo del caso, aunado a la sanción de comiso de las especies gravadas (casi preferible ejercer la clandestinidad de su comercio antes que tergiversar las condiciones de su autorización).

La ilícita circulación de especies fiscales y gravadas sin autorización por parte de la Administración Tributaria, es sancionada con multa pecuniaria por la misma cantidad de Unidades Tributaria, y el retiro de los bienes controvertidos. Encuentra diferenciación entre las especies fiscales y especies gravadas, en que para las especies fiscales gravadas, el retiro es a título de retención preventiva, y para las especies fiscales, es a título de comiso, teniendo las primeras la posibilidad de devolución una vez que se hayan autorizado debidamente, a menos que transcurran tres meses a esta situación y proceda la aplicación del silencio negativo de la Administración Tributaria, conforme al comiso definitivo.

Las licencias otorgadas para la producción, comercialización y expendio deben ser renovadas con periodicidad, y solicitar una nueva autorización o modificar la existente, si es que ha surgido alguna causa para que las condiciones de la autorización varíen, también trae como consecuencia la sanción de multa pecuniaria por el equivalente a las cantidades comprendidas entre veinticinco (25 UT) a cien unidades tributarias (100 UT), y la suspensión de la actividad respectiva hasta tanto no se obtengan las renovaciones o autorizaciones necesarias, previendo incluso, la revocatoria de registro autorización para el registro de la industria o en el expendio de especies fiscales o gravadas, como la sanción al reincidente.

Lo delicado del control sanitario, es la repercusión que podría traer su ingesta por los compradores, de manera que su elaboración y producción, aunado a la tramitación de los permisos especiales a los cuales nos referíamos anteriormente, deben cumplir ciertos requisitos legales, observando las guías, documentos de amparo e identificadores previstos en la Ley, si se desea evitar la imposición de multa pecuniaria de cien unidades tributarias (100 UT) a doscientas cincuenta unidades tributarias (250 UT), y el comiso de las especies gravadas.

Esto si no hay reincidencia, de haberla, correspondería aplicar la sanción accesoria de suspensión de hasta 3 meses en la autorización para el ejercicio de la industria o el expendio de especies gravadas, previendo incluso la revocatoria de los correspondientes permisos.

Para concluir con lo dispuesto en el apartado que refiere a las especies fiscales y gravadas, tanto el ilícito por el expendio a establecimientos o personas no autorizadas para su comercialización. El expendio, venta de especies fiscales sin valor facial[161], y ocultamiento, acaparamiento o negación injustificada de planillas, irregularidades en los formatos formularios o especies fiscales, sancionadas con la imposición de una multa pecuniaria por la cantidad de cien unidades tributarias (100 UT) a trescientas unidades tributarias (300 UT).

En resumen, como la consecuencia positiva de reunir las especies fiscales y gravadas ha sido:

- La eliminación de dispersas Leyes que las regulen. Se observa un mayor manejo de criterios de graduación de sanciones respecto de estipuladas para la previsión de ilícitos formales. También distingue la sanción de comiso, cuya aplicación se encarga al Poder Nacional.

c. *Ilícitos materiales*

No basta proclamarse como un estado de libertades garantizadas, donde solo unos pocos disfrutan de sus beneficios. La riqueza, la propiedad, el sistema económico, es considerada desde un punto de vista tal, en el cual, no solo se permite, sino que se conmina al Estado, a hacer u orientar su uso y beneficios, a favor de los más necesitados.

El moderno Estado democrático, sufre la tensión constante de estar sustentado por dos pilares, dos visiones políticas, que contienen valores comunes y también distintos: el Estado de Derecho y el Estado Social. En este marco, el Principio de Solidaridad podrían incluir en el marco jurídico, dando paso así a la inclusión de los valores sociales.

De ésta manera, la interpretación del ordenamiento tributario, desde la óptica garantista de la libertad, la igualdad, y la solidaridad frente al Estado, propia del pensamiento liberal, es adoptada con musitada frecuencia en la Constitución venezolana. Es necesario observarla desde el estricto punto de vista del ordenamiento jurídico, y ello conlleva, a interpretar el tributo, como la manera de contribuir con el Estado para que pueda alcanzar los fines perseguidos por la Constitución.

Para acercarnos al estudio del incumplimiento material impositivo, volvemos a la Constitución, para exponer las diversas normas que contemplan la Solidaridad[162]. Lo haremos siguiendo una secuencia, donde el objetivo es demostrar su influencia en el Derecho sancionador, para justificar su inclusión. Omitirle no permitiría una comprensión correcta de la naturaleza del tributo, de la relación tributaria, y del incumplimiento de ésta, que se manifiesta en singularidades pro-

161 Recordemos que, el valor facial, es el que figura como valor nominal de cualquier título valor.

162 CBRV, Concepto de solidaridad para con el Estado, citado en el preámbulo, y en los artículos 2, 4, 70, 84, 123, 135, 274, 299, 326, e incluso en cuanto la solidaridad del sujeto sobre el que debe recaer la responsabilidad en materia de delitos, ampliada por mandato expreso de la Disposición Transitoria Quinta.

pias del ordenamiento tributario, donde ciertas intromisiones en el núcleo de los derechos fundamentales carecen de explicación jurídica razonable si no se tienen en cuenta, otros principios que se manifiestan en el seno mismo de la relación tributaria.

El tributo, razón o naturaleza social, queda evidenciado en el deber de contribuir, deviene de la aplicación del principio de Solidaridad y de generalidad, en el levantamiento de las cargas públicas. La potestad de configuración normativa del tributo responde no solo a la protección de las garantías tributarias, sino también a la protección de la solidaridad en el sostenimiento del Gasto Público, cuando esa libertad de configuración normativa, se manifiesta, en la potestad que tiene legislador de someter a tributación de forma distinta a diferentes clases de rendimientos gravados en el Impuesto, especialmente cuando se encuentra ante la necesidad de evitar que se produzcan posibles actuaciones de los sujetos que vayan en detrimento de la solidaridad de todos, en el sostenimiento de dicho del Estado.

Tenemos que, en cuanto al Deber de Contribuir y su incumplimiento, la elevación del deber de tributar se encuentra en los principios de generalidad, solidaridad, y en la contribución al sostenimiento de los gastos públicos, dentro de un sistema tributario justo, que lleva consigo la necesidad de impedir una distribución injusta de la carga fiscal, ya que la colaboración ausente en algunos, deberá ser cubierta por otros con más espíritu cívico o con menos posibilidades de defraudar. Esa es la justificación profunda de tal obligación, la antijuridicidad material del ilícito fiscal y la sanción correlativa.

La prestación tributaria material o principal, es originada por la realización del hecho imponible[163], y consiste en la obligación de dar dinero a un ente público a título de tributo.

Entendemos por ilícitos tributarios materiales, aquellos que están vinculados con la omisión del pago del tributo o la obtención indebida de reintegros, los incumplimientos por parte de los agentes de retención o percepción y los pagos a cuenta de obligaciones futuras. Estos son ilícitos de resultados.

Para el Código Orgánico Tributario de Venezuela, nace un ilícito de resultado cuando hay demora o impago de tributos, o de los anticipos, total o parcialmente; cuando hay incumplimiento en la obligación de retener o percibir, y cuando haya habido una obtención de devoluciones o reintegros de manera indebida. En cuanto a las consecuencias del nacimiento de este grupo de ilícitos (contenidos en la Sección Tercera, Artículos 109 al 114), el común denominador es la base de la sanción, estimada principalmente, según los porcentajes de incumplimiento observados.

El pago de los tributos, de forma extemporánea, debe ser determinado, para considerar la sanción de multa pecuniaria, en el uno por ciento (1%) de la cantidad adeudada y enterada a destiempo. Se traduce, por tanto, en una omisión que perturba la actividad financiera del Estado, en cualesquiera de los niveles de Gobierno en donde se produzca, ya que el gasto público, tal y como hemos señalado, requiere de ingresos suficientes y necesarios para cumplir los fines que son razón de su existencia.

---

[163] STSJV-SPA N° 1828, de fecha 20 de noviembre de 2003. En el mismo sentido, STSJV-SPA N° 972, de fecha 05 de agosto de 2004.

Se eximen de esta agrupación, quienes hayan obtenido de la Administración una prórroga para el pago del tributo, ya que no sería justo sancionar al que, en un momento determinado y por dificultades económicas no se encuentre en la capacidad de cumplir en plazo con el pago del tributo correspondiente. Sin embargo, es absolutamente condenable, y procede la aplicación de sanciones a quien pretenda retardar el pago mediante utilización de maniobras o artificios tendentes a evitar, el oportuno cumplimiento de la obligación tributaria principal.

Cabe destacar una situación considerada, y es cuando se produce el pago de tributos adeudados, mediando una fiscalización. Esta y otras situaciones, como el disfrute de exenciones, exoneraciones u otros beneficios fiscales, generan una disminución ilegítima de ingresos tributarios. Según la suma a la que ascienda la adulteración de los ingresos tributarios, se estima la multa pecuniaria que corresponde como sanción, cuyo porcentaje variará desde un veinticinco por ciento (25%) por ciento hasta un doscientos por ciento (200%) de la cantidad del tributo cuyo pago ha sido omitido, o de los beneficios ilegalmente percibidos. Si la cantidad dejada de enterar o disfrutada indebidamente es superior a las dos mil unidades tributarias (2000 UT), y su disfrute se ha logrado a partir de medios engañosos, se incurre en fraude fiscal, y se prescribe, incluso penas privativas de la libertad[164].

Los anticipos, como cuotas de un impuesto futuro que son, hacen nacer una obligación antes de haberse configurado, o por lo menos completado el hecho imponible, ya sean por cuenta del obligado principal o por cuenta de agentes de retención o percepción. Como sabemos, los anticipos, se componen de cuotas, cada una de ellas partes de un todo, pero con personalidades distintas, individualizadas, con particulares fechas de vencimiento, capaces de devengar intereses o demandas por cada una de estas cuotas.

Por su especial naturaleza, el pago de las cuotas de anticipos, está siempre subordinado a la liquidación final que se efectúa en la declaración definitiva correspondiente, ya que estas cuotas son adelantadas de una obligación que no está perfeccionada, son provisionales y si bien tienen cierta individualidad, desaparece al momento de verificarse su integración en la obligación principal.

La omisión total en el pago de los anticipos es sancionada con la imposición de una multa pecuniaria, cuyo monto ascenderá al resultado del cálculo porcentual entre un diez por ciento (10%) y un veinte por ciento (20%) de las cuotas omitidas.

---

164 COT, Artículo 116: «Incurre en defraudación tributaria el que mediante simulación, ocultación, maniobra o cualquiera otra forma de engaño induzca en error a la Administración Tributaria y obtenga para sí o un tercero un enriquecimiento indebido superior a dos mil unidades tributarias (2000 U.T.) a expensas del sujeto activo a la percepción del tributo. La defraudación será penada con prisión de seis (6) meses a siete (7) años. Esta sanción será aumentada de la mitad a dos terceras partes, cuando la defraudación se ejecute mediante la ocultación de inversiones realizadas o mantenidas en jurisdicciones de baja imposición fiscal. Cuando la defraudación se ejecute mediante la obtención indebida de devoluciones o reintegros por una cantidad superior a cien unidades tributarias (100 U.T), será penada con prisión de cuatro (4) a ocho (8) años. Parágrafo Único: A los efectos de determinar la cuantía señalada en este artículo, se atenderá a lo defraudado en cada liquidación o devolución, cuando el tributo se liquide por año. Si se trata de tributos que se liquidan por períodos inferiores a un año o tributos instantáneos, se atenderá al importe defraudado en las liquidaciones o devoluciones comprendidas en un año».

Acerca de las irregularidades referidas al pago de los anticipos, ya sean por retraso, falta o disminución en las cantidades a retener o percibir, se considera cometido un ilícito cuyas proporcionales sanciones se aplicarán al cálculo que se haya hecho del ilícito. Las sanciones siempre proceden, proceden aun en los casos donde no nazca la obligación tributaria principal, o que sea generada en una cantidad menor a la que correspondía anticipar.

De igual forma que el impago de los anticipos genera una multa porcentual variable entre el diez y el veinte por ciento. Un retaso en el pago, conlleva una menor sanción porcentual del uno y medio por ciento (1,5%) mensual por cada uno de los anticipos omitidos por cada mes de retraso, frente a una sanción vertiginosamente más alta, que es la desencadenada para los agentes de retención o percepción, por no retener o percibir los fondos a los que esté obligado, variando la sanción porcentual entre un cien por cien (100%) y un trescientos por ciento (300%), de la cantidad dejada de enterar. No obstante, en este caso es viable alegar irregularidades provocadas en el marco de una auditoria fiscal[165].

Llama poderosamente la atención una diferencia sustancial entre los porcentajes aplicables para obtener la base de la sanción, si la omisión se ha realizado reteniendo o no los fondos adeudados. En el primero de los casos (omitir el pago de anticipos) el porcentaje de sanción observa un mínimo del diez por ciento (10%) y un máximo del veinte por ciento (20%), en cambio, la no-retención genera la aplicación de un porcentaje mucho más alto del doble, de cien por cien (100%) a trescientos por ciento (300%) del tributo no retenido o percibido. Quien tenga el ánimo de cometer algún ilícito, siendo retenedor, saldría menos perjudicado si retiene o percibe los fondos, los coloca a manera de inversión, y con el dividendo, cubre el importe de la multa.

Para los sujetos designados; por mandato legal a recibir del deudor tributario, el tributo a que éste se encuentra obligado, debiendo entregarlo a la Administración Tributaria dentro del plazo previsto por la Ley (Agente de percepción), o para la persona responsable que por designación de la ley u órgano que tenga a su cargo la percepción y fiscalización de tributos, por sus funciones públicas o por razón de su actividad, oficio o profesión intervenga en actos u operaciones en las cuales deban efectuar la retención o percepción del tributo correspondiente (Agente de recepción), que no hayan enterado las cantidades retenidas o percibidas en la oficinas retenidas en las oficinas receptoras de fondos nacionales dentro del plazo establecido, procede una multa proporcional, por la cantidad del equivalente al cincuenta por ciento (50%) de los tributos retenidos o percibidos, por cada mes de retraso en su enteramiento hasta un quinientos por ciento (500%).

De igual forma, los agentes de retención o percepción que no hayan enterado las cantidades retenidas o percibidas en la oficinas retenidas en las oficinas receptoras de fondos nacionales dentro del plazo establecido, serán acreedores a una impo-

[165] En estos casos, la determinación de la deuda procede según lo dispuesto en el COT, Artículo 185: «En el Acta de Reparo emplazará al contribuyente o responsable para que proceda a presentar la declaración omitida o rectificar la presentada, y pagar el tributo resultante dentro de los quince (15) días hábiles de notificada. Parágrafo Único: En los casos en que el reparo a uno o. varios períodos provoque diferencias en las declaraciones de períodos posteriores no objetados, se sustituirá únicamente la última declaración que se vea afectada por efectos del reparo».

sición de multa pecuniaria por la cantidad resultante de calcular el cincuenta por ciento (50%) de los tributos retenidos o percibidos, por cada mes de. retraso en su enteramiento hasta un quinientos por ciento (500%).

Las sanciones devienen tanto para quienes enteren, cantidades retenidas o percibidas en las oficinas receptoras de fondos nacionales, como para quienes obtengan devoluciones o reintegros indebidos en virtud de beneficios fiscales, desgravaciones u otra causa sea mediante certificados especiales u otra forma de devoluciones; sin perjuicio de la aplicación de los intereses moratorios correspondientes y de la sanción de pena privativa de libertad para el agente retenedor o de percepción[166].

En resumen, acerca de los Ilícitos materiales:

- La legislación venezolana prevé ilícitos materiales o de resultado, y son aquellos los vinculados a la omisión del pago del tributo o la obtención indebida de reintegros, los incumplimientos por parte de los agentes de retención o percepción y los pagos a cuenta de obligaciones futuras. Las sanciones previstas encuentran como denominador común la estimación porcentual de la base de la sanción.

d. *Ilícitos sancionados con privación de libertad*

Para la legislación venezolana se encuentran en vigencia las disposiciones establecidas en la Sección Cuarta (Artículos 115 al 120 del COT) relativas a los Ilícitos Tributarios Sancionados con Penas Restrictivas de Libertad.

El Artículo 115 del Código Orgánico Tributario, ubicado en la citada Sección Cuarta, hace referencia a los tres tipos de ilícitos tributarios que comportan la pena de prisión. Ellos son: la defraudación tributaria, la falta de enteramiento de anticipos por parte de los agentes de retención o percepción, y la divulgación o el uso personal o indebido de la información confidencial proporcionada por terceros independientes que afecte o pueda afectar su posición competitiva, por parte de los funcionarios o empleados públicos, sujetos pasivos y sus representantes, autoridades judiciales y cualquier otra persona que tuviese acceso a dicha información.

La defraudación como inducción en error a la Administración Tributaria, mediante simulación, ocultación, maniobra o cualquier otra forma de engaño, obteniendo para sí o para un tercero un enriquecimiento indebido superior a determinada cantidad [dos mil unidades tributarias (2000 UT), a expensas del sujeto activo a la percepción del tributo. Como requisito para que exista defraudación tributaria deben concurrir: La presencia de dolo, o la intención de cometer delito, la obtención de un enriquecimiento indebido en beneficio propio o de un tercero a expensas del fisco, que dicho enriquecimiento sea superior al monto equivalente de dos mil unidades tributarias (2000 UT).

Para determinar la sanción que acompaña a los delitos de defraudación fiscal, se atiende a la cantidad defraudada en cada una de las liquidaciones o devoluciones en caso de liquidaciones anuales; el cálculo de los tributos que hayan de liquidarse

---

166 COT, Artículo 118: «Quien con intención no entere las cantidades retenidas o percibidas de los contribuyentes, responsables o terceros, dentro de los plazos establecidos en las disposiciones respectivas y obtenga para sí o para un tercero un enriquecimiento indebido, será penado con prisión de dos (2) a cuatro (4) años».

en períodos inferiores, o los tributos instantáneos, como sería el Impuesto al Valor Agregado (Añadido), habrá de realizarse con base en el importe total, producto de la suma de todas las liquidaciones o devoluciones defraudadas un año.

Sobre la base de una sanción privativa de libertad en régimen de prisión durante un período no menor de seis meses, ni superior a siete años, la pena para quien incurre en defraudación fiscal (cuyo término medio es de cuarenta y cinco meses, que mediante cualquier forma de engaño induzca en error a la Administración Tributaria, obtenga para si o un tercero un enriquecimiento superior a dos mil unidades tributarias (2000 UT). a expensas del sujeto activo a la percepción del tributo, puede ser aumentada de la mitad a dos terceras partes, si al ejecutarla, media la ocultación específica de inversiones realizadas, o inversiones mantenidas en jurisdicciones de baja imposición fiscal (paraísos fiscales).

Y si se trata de una defraudación fiscal ejecutada mediante la obtención indebida de devoluciones o reintegros por una cantidad superior a cien unidades tributarias (100 UT), la pena de prisión que le corresponde, será de cuatro a ocho años, con el mismo posible aumento de la mitad a las dos terceras partes (cuyo término medio es de tres años y nueve meses), si ha habido ocultación específica de inversiones realizadas, o inversiones en paraísos fiscales, ya que el daño patrimonial causado al fisco se traduce, no solamente en evasión tributaria, sino también en obtener una devolución. .

El engaño, el provecho indebido del contribuyente o un tercero, y el perjuicio del sujeto activo constituyen los tres elementos esenciales de la infracción por defraudación. El segundo y el tercer elemento se conocen con el nombre genérico de evasión fiscal o evasión de impuestos. El engaño es el elemento distintivo y exclusivo de ésta infracción, es decir, cuando hay engaño, hay defraudación, si concurren los otros dos elementos.

El provecho indebido y el perjuicio al sujeto activo son fenómenos correlativos y equivalentes, en la medida en que aumente o disminuya el uno, aumentará o disminuirá el otro. La evasión de impuestos favorece al infractor y perjudica en igual medida al sujeto activo.

La Ley sanciona tanto el enriquecimiento indebido como el perjuicio causado al sujeto activo. Pero cuando a estos elementos se une el engaño para dar origen a la defraudación, la pena tiene una mayor severidad.

La evasión del tributo puede ser total, o parcial. Total cuando el infractor oculta totalmente el hecho imponible, o declarándolo de tal manera que no se dé lugar al tributo, o parcial, cuando el ocultamiento solo afecta a una parte del tributo. En este caso, el tributo omitido viene a ser la diferencia entre la cantidad liquidada sobre la base de los datos del infractor o estimado por éste y la no liquidada, independientemente, con prescindencia de los datos falsos o erróneos. En uno y otro caso, la base de la aplicación de las sanciones y sobre la cual éstas se liquidan, es el tributo omitido.

Con respecto a la prueba de la comisión del hecho punible, por tratarse de un delito de intención, el legislador ha previsto en el Artículo 117 del COT, una serie de indicios que establecen la presunción de existencia de dolo por parte del infractor, violentando principios fundamentales del Derecho Penal, del Derecho Administrativo, del Derecho Procesal y la más elemental lógica jurídica. Ellos son:

1. Declarar cifras o datos falsos u omitir deliberadamente circunstancias que influyan en la determinación de la obligación tributaria;
2. No emitir facturas u otros documentos obligatorios;
3. Emitir o aceptar facturas o documentos cuyo monto no coincida con el correspondiente a la operación real;
4. Ocultar mercancías o efectos gravados o productores de rentas;
5. Utilizar dos o más números de inscripción o presentar certificado de inscripción o falsedad o adulteración identificación del contribuyente en cualquier actuación que se realice ante la Administración Tributaria o en los casos en que se exija hacerlo;
6. Llevar dos o más juegos de libros para una misma contabilidad, con distintos asientos;
7. Contradicción evidente entre las constancias de los libros o documentos y los datos consignados en las declaraciones tributarias;
8. No llevar o exhibir libros, documentos o antecedentes contables, en los casos en que los exija la ley;
9. Aportar informaciones falsas sobre las actividades o negocios;
10. Omitir dolosamente la declaración de hechos previstos en la ley como imponibles o no se proporcione la documentación correspondiente;
11. Producir, falsificar, expender, utilizar o poseer especies gravadas cuando no se hubiere cumplido con los registros o inscripción que las leyes especiales establecen;
12. Ejercer clandestinamente la industria del alcohol o de las especies alcohólicas;
13. Emplear mercancías, productos o bienes objeto de beneficios fiscales, para fines distintos de los que correspondan;
14. Elaborar o comercializar clandestinamente con especies gravadas, considerándose comprendidas en esta norma la evasión o burla de los controles fiscales, la utilización indebida de sellos, timbres, precintos y demás medios de control, o su destrucción o adulteración; la alteración de las características de las especies, su ocultación, cambio de destino o falsa indicación de procedencia;
15. Omitir la presentación de la declaración informativa de las inversiones realizadas o mantenidas en jurisdicciones de baja imposición fiscal.

Tanto en el caso de la defraudación, como en el de los delitos relativos a los agentes de retención y percepción, la acción penal consiste en prisión de dos (2) a cuatro (4) años. Se extingue si el infractor acepta la determinación realizada por la Administración Tributaria y paga el monto de la obligación tributaria, sus accesorios y sanciones, en forma total, dentro del plazo de veinticinco (25) días hábiles de notificada la Resolución Culminatoria del Sumario. Dicho beneficio no es procedente en los casos de reincidencia.

El infractor puede ser el sujeto pasivo de la relación tributaria o un tercero. Cuando el tercero es un funcionario público que, por su cargo, interviene en los hechos constitutivos de la infracción, se trata de una circunstancia agravante que incidirá forzosamente en la aplicación de la sanción.

Con referencia al último tipo penal, los funcionarios o empleados públicos, los sujetos pasivos y sus representantes, las autoridades judiciales y cualquier otra persona que directa o indirectamente revele, divulgue o haga uso personal o indebido, a través de cualquier medio o forma, de la información confidencial proporcionada por terceros independientes que afecte o pueda afectar su posición competitiva, serán penados con prisión de tres meses a tres años.

La divulgación de información confidencial, para lo cual debemos tener presente, que todos los datos y documentos solicitados por la Administración Tributaria al contribuyente, o que ésta obtenga mediante el cruce de información con otros organismos o de tercero, son confidenciales.

Quien viole esta disposición, puede ser penalizado con restricción de su libertad. Tiene como finalidad salvaguardar la situación patrimonial, la situación dentro del mercado empresarial y su integridad personal, evitándole ser objeto de estafas o extorsiones. Es claro que no tiene sentido incorporar estos tipos penales específicos, ya que constituyen tipos penales tipificados en su especial normativa.

Deseamos apuntar el rechazo enfático en la aplicación de penas privativas de la libertad que presenta la técnica legislativa venezolana respecto de infracciones tributarias, y apostamos por un cambio de mentalidad, donde a las infracciones tributarias se impliquen consecuencias de carácter Administrativo.

Y como resumen de las Clases de Ilícitos en Venezuela, encontramos que:

- Se encuentran divididos en cuatro (4) categorías: Formales (consistentes en prestaciones no pecuniarias); Materiales; Especiales o Relativos a Especies gravadas y fiscales, que comprenden determinadas materias; y por último, los ilícitos sancionados con penas privativas de libertad, por la adopción de corriente autonómica que instala a los ilícitos dentro del Derecho Tributario.

V. SANCIONES TRIBUTARIAS EN ESPAÑA

En cuanto se produce un incumplimiento, se ha producido una trasgresión administrativa cuyos efectos apuntan al cumplimiento forzoso, el resarcimiento y la sanción[167]. En materia tributaria, la sanción es la consecuencia de la mencionada trasgresión, y por esta razón dedicaremos las siguientes líneas a su estudio.

La sanción entendida como un mal «inflingido», es consecuencia de una conducta no ajustada a la normativa que protege el derecho de percibir de los contribuyentes, las prestaciones tributarias destinadas a cubrir el normal funcionamiento de la administración. Es allí donde la autoridad interviene para tomar las medidas correctivas necesarias, respaldada de su competencia represiva legítima, y al margen de una posible penalización o represión judicial en el caso de infracciones cualificadas[168]. Dichas sanciones se inscriben en lo que en materia administrativa ha

[167] González Pérez, J. y otro.: *Procedimiento Administrativo* (...), *op. cit.*, pp. 157 y ss.
[168] García de Enterría, E. y otro: *Curso de Derecho* (...), *op. cit.*, p. 151.

sido definida como un mal infligido por la Administración a un administrado, opinión que ha sido retomada posteriormente por algunos autores[169].

Varios son los autores y varias las disciplinas jurídicas que se ocupan del tema, y que han ensayado una serie de elementos para clasificarlas y diferenciarlas de otras figuras afines, aunque todavía falta mucho por depurar para obtener un concepto válido de sanción administrativa, aplicable al orden tributario, que prescinda de la dogmática penal.

Por todos conocida, la doctrina de Kelsen. Una serie de propiedades necesarias y suficientes al concepto de sanción, y es por ello que debemos analizarlas, antes de proponer alguna posible noción sobre su naturaleza jurídica. El conocido autor[170], entiende la sanción como un acto coercitivo (efectivo o potencial), impuesto por la autoridad competente, que procurará la privación de un bien o imposición de un mal, todo en consecuencia de la conducta contraria al orden jurídico de un individuo[171].

La adaptación de dicho concepto a la sanción administrativa aplicada al ámbito tributario positivo, exige una serie arreglos o ajustes que nos permitan eliminar algunas ideas innecesarias, matizar las adecuadas e incorporar algunas otras.

Podríamos mostrarnos de acuerdo en hallar una nota distintiva y esencial de la sanción en la coacción, podríamos incluso encontrar algunas notas diferenciadoras que parten del elemento temporal determinante de su nacimiento[172]. Mientras que

---

169 García de Enterría, E., *La problemática* (...), *op. cit.*, p. 662 y 399; sostiene lo dicho en García de Enterría, E. y otro: *Curso de Derecho* (...), *op. cit.*, p. 159; opinión compartida por Suay Rincón, J., *Sanciones* (...), *op. cit.*, p. 55 y por Lozano Cutanda, B., *La extinción* (...), *op. cit.*, pp. 40 y ss.

170 Kelsen, H., *El Método y los Conceptos Fundamentales de la Teoría Pura del Derecho* /Kelsen, H.; Traducción del alemán por Luis Legaz y Lacambra, I Edición, Editorial Revista de Derecho Privado, Madrid, 1933, p. 24 y ss. El profesor vienés Kelsen, H., (año 1881 Praga-año 1973 California), expuso la Teoría Pura del Derecho por primera vez en el año 1911. Para Kelsen, el derecho no debía tener otro fundamento de validez y ordenación, que la propia teoría del derecho, entendida como pura en cuanto a que habría de sostenerse por sí misma, y no depender de valores extralegales. No existiría, pues, un derecho natural, sino que toda norma se basaría en otra anterior; aceptada por una proposición sustantiva de la comunidad. En este sentido, admitía el importante papel de la sociología y de la ética, en el proceso de elaboración del derecho, y en el contenido de las leyes. Su método jurídico estricto, pretende eliminar toda influencia psicológica, sociológica y teológica en la construcción jurídica, y acotar la misión de la ciencia del derecho, al estudio exclusivo de las formas normativas posibles, y a las conexiones esenciales entre las mismas. El punto principal lo constituye la norma. La estructura de la norma jurídica, consiste en una proposición hipotética. De ahí que, al implicar la norma jurídica a un deber ser, el derecho pertenezca a la esfera del deber ser, y no a la del ser. La norma jurídica es explicada, no aisladamente, sino en el marco de un complejo unitario, llamado ordenamiento jurídico, según el cual, todas las normas del conjunto, se derivan de una única norma suprema o fundamental. Si bien la unidad del ordenamiento jurídico postula su exclusividad, cabe la coexistencia de ordenamientos, que Kelsen explica, del mismo modo que con las distintas normas, y la norma fundamental, mediante un orden jerárquico entre los ordenamientos, de modo que, el inferior es autorizado por el superior, hasta llegar al ordenamiento internacional.

171 Kelsen, H., *Teoría pura del Derecho*, Traducción del alemán por Roberto J. Vemengo, Editorial Porrúa, VIII Edición, Ciudad de México, 1995, p. 123 y ss.

172 Espósito, C., *Lineamienti di una dottrina del Diritto*, Edizione Cedam, Padova, 1932, p. 62. También sostiene que, la coacción, es constitutiva de las sanciones jurídicas, y representa, por así decir, su esencia.

la coacción pertenece al mundo del ser, la sanción expresa un nuevo deber-ser que emerge como consecuencia de la situación de incumplimiento anterior. La coerción es un elemento del cual carece la sanción por sí misma, debido a que expresa un nuevo ser[173].

En un primer momento, podríamos pensar que la sanción en general, lleva implícito el uso de la coacción. Sin embargo, parecería más asertivo señalar que una unión entre sanción y coacción, consiste en la garantía que ésta última aporta a la sanción, que se apoya, en última instancia en el uso de fuerza.

Una sanción administrativa en el ámbito tributario no consiste casi nunca en un acto de fuerza, sino en una obligación de dar o hacer, en sustitución de una previa obligación incumplida[174].

Tal como hemos señalado, las sanciones administrativas en materia tributaria no suponen en sí mismas el uso de la coacción, suponen un deber-ser. El incumplimiento de ellas, al igual que cualquier otro acto administrativo, está garantizado por los principios y medios de ejecución forzosa[175] de que dispone la Administración en virtud del principio de autotutela[176], es a esto se debe que la coerción, aplicada a la multa, se presente como una especie entre los medios de ejecución forzosa.

---

173 Espósito, C., *Lineamienti* (...), p. 61, considera, como se acaba de señalar, que la coacción es un elemento constitutivo y esencial de la sanción jurídica. *La discrecionalidad administrativa (La estructura normativa, control judicial y límites constitucionales de su atribución)*, Editorial Marcial Pons, Madrid, 1997, p. 86 y 87. Las coacciones, se ha dicho también «(...) no castigan al derecho, sino que imponen un determinado hacer ordenado. Las medidas represivas, por el contrario castigan el incumplimiento de una obligación y son las que integran el poder sancionador de la Administración» (...).

174 Bobbio, N., *Sanzione*, Tomo XVI, Edizione Utet, Torino, 1969, p. 537 y 538. Para Bobio, una vez pagada la multa, se ha cumplido la correspondiente sanción. La consecuencia de la violación es de carácter patrimonial. Lo que caracteriza a las sanciones en el ordenamiento jurídico es «(...) el hecho de que su incumplimiento esté garantizado, en última instancia con la amenaza del uso (en el caso de que la amenaza no logre su finalidad) de la fuerza, más exactamente de la amenaza de poner en funcionamiento primero, y de hacer efectivo después, un aparato dotado de medios coactivos que son o tienden a hacer irresistibles, al objeto de constreñir al obedecimiento o impidiendo la resistencia, el cumplimiento de la obligación secundaria o un cumplimiento alternativo o sustitutivo». En cualquier caso, reconoce que puede haber sanciones que consistan, exclusivamente, en el uso de la fuerza (p. 538). La tesis que plantea la coacción como un elemento esencial de las sanciones, ha sido negada también por García de Enterría, E., y otro, *Curso de* (...), *op. cit.*, p. 763 y ss.; Carro Fernández-Valmayor, J., «El Debate sobre la autonomía municipal», en *Revista Española de Derecho Administrativo*, N° 147, Madrid, 1998, p. 60 y ss.; Suay Rincón, J., *Sanciones* (...), *op. cit.*, p. 60 y ss.; Lozano Cutanda, B., *La extinción* (...), *op. cit.*, p. 40.

175 Entendemos por «ejecución forzosa» la definición contenida en la Ley 30/1992; cuyo artículo 95, nos indica que «Las Administraciones Públicas, a través de sus órganos competentes en cada caso, podrán proceder, previo apercibimiento, a la ejecución forzosa de los actos administrativos (...)». Mecanismo al cual se recurre, una vez agotadas las instancias previas correspondientes, y que pueden consistir, según el Artículo 96 *ejusdem*, en mi apremio sobre el patrimonio, ejecución subsidiaria, multa coercitiva o compulsión sobre las personas.

176 Entendemos por «ejecución forzosa» la definición contenida en la Ley 30/1992; cuyo artículo 95, nos indica que «Las Administraciones Públicas, a través de sus órganos competentes en cada caso, podrán proceder, previo apercibimiento, a la ejecución forzosa

Primero que todo, es importante determinar si la competencia de la autoridad que impone la sanción es la correcta. En el caso de las sanciones administrativas, deben ser impuestas por los órganos a quienes haya sido expresamente atribuido[177], por disposición legal, reglamentaria o incluso delegada[178] del ejercicio de la Potestad Sancionadora.

Desde un punto de vista, la sanción lato sensu, gravita sobre la imposición de un mal por cuenta del Poder público[179]. Ese efecto desfavorable en que la sanción, casi con absoluta certeza se convertirá en la privación de un derecho (como el derecho al trabajo, en la suspensión de licencias municipales, en la clausura del establecimiento), en la imposición de una obligación de dar (una cantidad determinada de dinero), o en un deber de soporte (una sanción de apercibimiento)[180].

El contenido de la imposición del mal que representa la sanción, debe estar previamente señalado, en una Ley, de forma clara y precisa; en concordancia con lo sostenido.

Más que un elemento, el que la sanción sea consecuencia de una conducta ilícita o contraria a derecho (antijuridicidad), se toma en un presupuesto, un elemento externo a ella[181]. Toda sanción lleva implícito el incumplimiento normativo, sin embargo, cualquier conducta ilícita o antijurídica lleva aparejada una sanción administrativa, siempre se haya que constituido el presupuesto necesario.

El seguimiento de un determinado procedimiento, resulta inherente a la esencia de las sanciones administrativas, con lo cual, hacemos abstracción de las antiguas sanciones de plano, que en el pasado operaban al margen de todo procedimiento, ahora prohibido expresamente por la Ley que rige el Procedimiento Administrativo, que garantiza a los administrados la observancia de un proceso legal o reglamentariamente establecido, donde se respetan los derechos de quienes se vean incursos en aquellos procedimientos de presunción de inocencia, separación entre órganos de instrucción y decisión vista del expediente, formulación de alegaciones

de los actos administrativos (...)». Mecanismo al cual se recurre, mía vez agotadas las instancias previas correspondientes, y que pueden consistir, según el Artículo 96 *ejusdem*, en un apremio sobre el patrimonio, ejecución subsidiaria, multa coercitiva o como pulsión sobre las personas la libertad individual y de acuerdo con el principio de proporcionalidad (...)».

177 Ley 30/1992, Artículo 127.

178 Ley 4/1999, de modificación de la Ley 30/1992, de 26 de noviembre, de Régimen Jurídico de las Administraciones Públicas y del Procedimiento Administrativo Común, Artículo 139. Con el objeto de favorecer la descentralización en aras del principio de eficacia, se suprime la prohibición de la delegación del ejercicio de la potestad sancionadora, cuando se trate de entidades locales, de conformidad con lo dispuesto en el Título XI de la LRBRL, para la cual, en beneficio de la ordenación y falencia normativa, es posible el establecimiento de infracciones e imposición de sanciones derivadas del incumplimiento de deberes, prohibiciones o limitaciones, contenidos en las ordenanzas que rijan en la jurisdicción municipal de que se trate.

179 Kelsen, H., *Teoría* (...), *op. cit.*, p. 121. Expresamente, señala que «(...) las sanciones consisten en irrogar coactivamente un mal o, expresado negativamente, en la privación coactiva de un bien (...).

180 Diccionario de la Real Academia Española. «(...) 2. Der. Apercibimiento: «Corrección disciplinaria que consiste en anotar una infracción al culpable y que en caso de que se repita dará lugar a una sanción más grave».

181 Suay Rincón, J., Sanciones (...), *op. cit.*, p. 56.

y proposición de pruebas, entre otros[182]. En materia tributaria dicho procedimiento, se ventila conforme a lo regulado en la LGT[183].

Ahora corresponde remitirnos a la teleología de la sanción administrativa. Se afirma, que tiene una finalidad represiva o preventiva, tema de radical importancia en tanto en cuanto justifica su esencia y sirve de ayuda para adoptar la adecuada política sancionadora. Opinión no pacífica en el ámbito doctrinal, ya que en algunos casos, la tendencia es a sostener que se trata de «(...) reprimir una conducta contraria de derecho y restablecer el orden jurídico previamente quebrantado por la acción del trasgresor (...)[184]».

Concordamos más con quienes piensan que la finalidad esencial de las sanciones, debe ser prevenir los comportamientos a los cuales se aparejan las amenazas de sanción, ya que «(...) el objetivo de una buena política represiva no es sancionar sino cabalmente lo contrario, no sancionar, porque con la simple amenaza se logra el cumplimiento efectivo de las órdenes y prohibiciones cuando el aparato represivo oficial es activo y honesto (...)[185]».

Todo lo anterior nos lleva a definir la sanción administrativa como un acto de contenido desfavorable previamente determinado por la Ley y dictado por la Administración como consecuencia de una conducta reprochada jurídicamente y con una finalidad preventiva o disuasiva.

Respecto a la regulación de sanciones, se percibe el afán por armonizar con el orden Administrativo General, tanto en adecuar las cuantías de las sanciones al perjuicio económico que las conductas infractoras comportan, cómo en superar la inconsistencia de diferenciar entre infracciones graves (como aquellas que implican una falta de ingreso o exceso de devolución, cuando tal característica no concurre en algunos casos), e infracciones simples, (entendidas como aquellas que no provocan esa omisión del pago).

La revisión del sistema de reducción de las sanciones por conformidad o acuerdo del contribuyente, tiene como consecuencia la reducción del número de recursos contra sanciones, y del porcentaje adeudado por concepto de sanción pecuniaria. Resumida en un tres puntos específicos: mantiene la reducción del 30 por ciento (30%) de la sanción para el caso de conformidad con la propuesta de regula-

182 En cuanto a la interpretación doctrinal, ha sido consecuente en su aplicación. En cuanto a la parte formal del procedimiento sancionador, ver STSJ de Cataluña Número 1953/1995, Sala de lo Contencioso-administrativo, de 4 de febrero de 1995. Se declara nulo un procedimiento en el cual, la biblioteca universitaria impone una sanción por incumplimiento de formalidades, más, al producirse indefensión del interesado, el Fallo consiste en anular el procedimiento. En el mismo sentido, se pronuncia la jurisprudencia, en STS Número 8381/1998, de 16 de julio de 1998. En este caso se trata la responsabilidad disciplinaria, aún cuando, sirve de ejemplo en cuanto a la inobservancia del debido proceso, que no observa la normativa adecuada, por lo que debe ser ajustada la sanción.

183 LGT, Capítulo IV, Procedimiento Sancionador en Materia Tributaria, Artículo 207. Regulación del procedimiento' sancionador en materia tributaria, «el procedimiento sancionador en materia tributaria se regulará: a) por las normas especiales establecidas en este título y la normativa reglamentaria dictada en su desarrollo; y b) en su defecto, por las normas reguladoras del procedimiento sancionador en materia administrativa».

184 Suay Rincón, J., *Sanciones* (...), *op. cit.*, p. 55 y ss.

185 Nieto, A., *Derecho Administrativo* (...). *op. cit.*, p. 30 y 43; igualmente, Santamaría Pastor, J., *Principios de Derecho Administrativo*, Volumen I, Editorial Ceuta, Madrid, 1999, p. 375.

rización; incluye una reducción del cincuenta por ciento (50%) para la nueva modalidad de actas con acuerdo, siempre que no se impugne la liquidación ni la sanción en vía contencioso administrativa y se ingrese antes del período voluntario si se ha aportado aval o certificado de seguro de caución (lo que implica un alivio en el congestionado tránsito de causas llevadas en la vía jurisdiccional).

También se incluye una reducción del veinticinco (25%) por ciento para todos los casos, salvo las actas con acuerdo, en que el importe de la sanción se ingrese dentro del plazo voluntario pautado para ello, y no se interponga recurso alguno, ni contra la liquidación, ni contra la sanción.

La doctrina ha aportado los elementos perfiladores del concepto de sanciones, y diferentes propuestas de clasificaciones, aplicables en todas sus manifestaciones como: el carácter administrativo de la autoridad de la que emanan; el efecto aflictivo de la medida en que se exteriorizan; la realización de una conducta contraria a derecho, con carácter previo; la finalidad represiva que persigue (a nuestro juicio también persuasiva), el carácter administrativo del procedimiento que debe observarse.

Todos elementos de gran utilidad para la determinación de la naturaleza jurídica de las sanciones, y de esta manera, establecer diferenciaciones que vislumbren con efectividad el órgano competente, normativas y procedimientos aplicables.

Las medidas que toma la administración pueden tener diferentes finalidades, las preventivas tratan de impedir una infracción o incumplimiento jurídico; las resarcitorias, buscan reparar el daño causado por el impago de una cantidad, las coercitivas, atienden al incumplimiento acaecido como consecuencia de una trasgresión normativa previa. En materia tributaria, la finalidad de las medidas que adopta es obtener el pago de la contribución que le corresponde, de acuerdo al Principio de Solidaridad.

Para algún sector de la doctrina[186], la naturaleza preventiva y represiva de las sanciones, nunca será indemnizatoria. En efecto, se ha llegado a acusar de la dificultad para encontrar una homogeneidad en los Principios que la rigen a una divergencia interpretativa existente en doctrina y jurisprudencia[187].

Si bien en ocasiones, la sanción en sentido amplio se ha considerado como una finalidad, más bien debería ser una herramienta con la cual los municipios puedan exigir el cumplimiento de su normativa y garantizar la percepción de sus tributos, ello en el marco de la autonomía que la Constitución garantiza a los entes locales, como Administraciones Públicas que conforman el Estado.

El carácter reparador por causa de un incumplimiento, determina la articulación de distintos tipos de medidas que implican la privación de determinados derechos[188], de igual forma que el carácter compensatorio de la revocación de licencias,

186 Martín Queralt, J. y otros: *Curso* (...). *Op. cit.*, p. 496.

187 Suay Rincón, J., *Sanciones* (...), *op. cit.*, pp. 70-72. Seguimos al autor recomendado en cuanto a las magníficas disertaciones relacionadas con el carácter indemnizador de las sanciones que realiza en su obra.

188 Como sería el caso de los retractos a favor de la Administración, aunque se produce una excepción en materia de Sucesiones y Donaciones establecido en la Ley 29/1987, de Impuesto de Sucesiones y Donaciones, Artículo 19, desarrollado en el Real Decreto Legislativo 3050/1980, Artículo 49.5, sobre el Impuesto de Trasmisiones Patrimoniales.

concesiones o multas previstas en los propios contratos, o en la legislación de Contratos del Estado, escapa de una finalidad reparadora[189].

Se había encontrado incluso explicación a la estimación indemnizatoria en las cláusulas en blanco de las multas, cuyo límite máximo, en ciertas ocasiones, carece de indicación. Por tanto, que la sanción pecuniaria abarque la cuantía comprendida por concepto de multa, y una cantidad adicional del estimado resarcitorio del importe ilícito obtenido por el culpable «(...) no es una verdadera facultad sancionadora estrictamente tal (...)», la cual hay que entender necesariamente limitada, en su estricto sentido, a la cifra inicial de la que se parte[190].

Esta explicación juega acaso, en contra de la validez en el servicio que presta la Administración, separando e independizando las cosas, un poder sancionador y un poder especial para la tasación y estimación de las correspondientes indemnizaciones, en cuyo caso el contenido resarcitorio quedaría perfectamente detectado, aunque si comprende también el resarcimiento por el daño causado, explicaría el incomprensiblemente elevado importe de la multa; debiendo ser repudiado por razones de la elemental justicia en procurar un reparo por el perjuicio producido o beneficio dejado de percibir.

Realmente, la estimación alzada del importe en algunas sanciones, hace que la relación de la Ley con el crédito tributario perjudicado por la infracción, haya suscitado la explicación de su naturaleza como la de una pena civil o sanción de daños y perjuicios. Sin embargo, en contra de ello es sobresaliente la naturaleza sancionatoria y aflictiva, cuya expresión pecuniaria es común con otras muchas administrativas y judiciales[191].

La tendencia doctrinal[192], acerca de la finalidad represiva en las sanciones tributarias ha sido de gran aceptación, aunque en realidad, las sanciones fiscales deben ser de aplicación lo suficientemente efectivas para no recurrir a ellas.

Volviendo a nuestro punto, si clasificáramos las sanciones en general de acuerdo a su contenido, podrían implicar tanto la privación de libertad[193], como de pecu-

---

189 Nos referimos a las multas que prevén los propios contratos, no al carácter represivo que poseen, ya que la multa, como sanción pecuniaria que es, afecta inmediatamente al patrimonio del trasgresor de una norma administrativa, cuya justificación está unánimemente admitida, como medio represivo en manos de la administración, ver Garrido, Falla, F., *Tratado* (...), p. 156.

190 La posible explicación de las cláusulas en blanco, ha sido desarrollada por García de Enterría, E. y otro: *Curso de Derecho* (...), *op. cit.*, p. 152.

191 Acerca de los distintos tipos de articulación, ver García de Enterría, E. y otro: *Curso de Derecho* (...),*op. cit.*, p. 152.

192 Pérez Royo, F., *Infracciones y sanciones* (...), *op. cit.*, p. 131 y 133.

193 Las penas de privación de libertad, no son usadas en el Derecho Sancionador Tributario español, y, aunque estén prescritas no son verdaderas sanciones tributarias, sino penas en sentido estricto. Se encuentran recogidas en el Código Penal, artículos 305 y siguientes, en el Título «De los delitos contra la Hacienda Pública». Es importante recalcar que la CE, en su artículo 25.3, establece la falta de potestad de la administración para imponer sanciones que, directa, o subsidiariamente, impliquen la privación de libertad, en ningún caso, ni dictar reglamentos en los cuales determinadas infracciones administrativas se castiguen con tales sanciones, ni siquiera una ley puede establecerlas ni habilitar a la Administración para imponerlas, o serán declaradas inconstitucionales. Sin embargo, encontramos excepción en materia de Administración Militar, donde ha sido declarada por el mismo Tribunal la potestad para imponer sanciones que directa o indirectamente impliquen privación de la libertad, en la STC18/1981, de 15 de junio de 1981.

lio (sanciones pecuniarias), o la privación de otros derechos o facultades, como licencias para el comercio. Aún cuando lo correcto en materia tributaria sería el criterio aplicado, únicamente las dos últimas.

No podemos dejar de hacer alguna alusión de las conocidas clasificaciones, sin llegar a entrar en de lleno en un tema cuya profundidad escapa de la finalidad de este estudio, sino más bien con el ánimo de ofrecer una visión generalizada en el conocimiento de la esencia contenida en cada una de ellas, y de esta manera establecer su propia naturaleza. En este entendido, encontramos clasificaciones fundamentadas en el contenido propio de las sanciones[194], a diferencia de quienes se basan en la motivación perseguida al estatuirlas[195]. Punto de vista distinto, los criterios clasificadores en atención al sistema de regulación y régimen jurídico, que enmarcan el funcionamiento de las Corporaciones Locales[196]. La finalidad y contenido de las sanciones ha sido el elemento determinante para otras sistematizaciones[197], y otros, menos taxativos, permiten deducir sanciones contractuales disciplinarias y tributarias[198].

También merecen mención, las consideraciones distintivas, en cuanto al sentido amplio y estricto de las sanciones[199].

De acuerdo con la relación entre el sancionado y la Administración pueden clasificarse en:

1) Sanciones de orden público, cuya competencia se atribuye al Gobierno, Ministerio del Interior, Gobernadores y Alcaldes, según los dictámenes de la LBRL[200];

2) Sanciones sectoriales a cargo de la Administración especializada, en donde se sitúa la Administración Tributaria, y

3) Sanciones que traen causa o se enmarcan en una relación de supremacía especial[201], como las sanciones disciplinarias.

De la Ley 30/1992, de 26 de noviembre, la Ley General Tributaria toma la tripartita clasificación de sanciones por infracciones muy graves, graves y leves, dejando atrás la distinción entre la infracción grave, generadora de perjuicio económico para la Hacienda Pública, sancionada con multa porcentual, y la infracción simple, sancionada con multa fija.

---

194 Garrido, Falla, F., *Tratado de Derecho* (...), *op. cit.*, p. 156 y ss.

195 García de Enterría, E. y otro: *Curso de Derecho* (...), *op. cit.*, p. 148 y ss.

196 Bosch y Salom, B., *La potestad correccional en la administración local: sanciones, estudio, en especial, de las multas municipales y gubernativas*; formularios a cargo de la redacción del Consultor de los ayuntamientos y de los juzgados. Publicaciones Abella, Madrid, 1968, p. 118 y ss.

197 Lozano Cutanda, B., *La extinción* (...), *op. cit.*, p. 42 y ss.

198 Suay Rincón, J., *Sanciones* (...). *Op. cit.*, p. 59, 68 y ss.

199 Bacigalupo, E., *La discrecionalidad administrativa (La estructura normativa, control judicial y límites constitucionales de su atribución)*, Editorial Marcial Pons, Madrid, 1997, p. 31 y 32.

200 Llama la atención que la Exposición de Motivos de la mencionada LRBRL, adolezca de referencias explícitas a las competencias sancionatorias que posee el municipio, por cuanto trata de cumplir su función de garantía de la autonomía, a favor de una ordenación común.

201 Nieto, A., *Derecho* (...), *op. cit.*, p. 27 y ss.

La actual clasificación de las sanciones les distingue teniendo en cuenta el grado de culpabilidad del presunto infractor, en leves, graves o muy graves. En el primer caso, por descarte de las anteriores, o por razón de la cuantía de la deuda descubierta; en el segundo caso, las sanciones se consideran graves, si ha existido ocultación, se han utilizado facturas falsas o existen anomalías contables que no superen una determinada proporción; y muy grave si se han utilizado medios fraudulentos.

En la inmensa categoría de sanciones que agrupan actos de gravamen, proponemos agruparlas en cinco elementos, donde distinguimos dos grupos, uno conformado por los elementos subjetivo y objetivo, y otro conformado por tres elementos.

El primero, referido a los elementos subjetivos, la autoridad de la cual emana, es decir, por el órgano a través del cual la administración expresa su voluntad (el activo carácter administrativo); y el segundo, elemento objetivo (el pasivo elemento aflictivo).

Sin embargo, estos elementos no son los únicos. Es necesario apuntar el elemento antijurídico, elemento teleológico y elemento formal. El elemento antijurídico: El hecho en sí, la conducta que ha vulnerado una normativa por acción u omisión, siempre que ésta sea de carácter previo; «(...) sin ilícito o hay sanción (...)[202]». El elemento teleológico: La finalidad represora de las sanciones es otro de los puntos referidos, la finalidad de protección es el presupuesto necesario para su existencia; la potestad para reprimir, incluso de manera preventiva, la conducta contraria Derecho, y una vez cometida, restablecer el orden jurídico quebrantado. Finalmente, el elemento formal, al que ya nos hemos referido anteriormente en las consideraciones generales de las sanciones.

Las sanciones administrativas, principalmente y en cualesquiera de sus instancias, se tramitan por ante el órgano administrativo competente, representado por los funcionarios a cargo de efectuar tal gestión, éste es un procedimiento administrativo. Aunque cabe destacar, distinto del ordinario, por cuanto requiere de estructuras y etapas aptas para el tipo de poder que pretende ejercitarse a través de él. Se trata de un procedimiento jurisdiccionalizado, procurador de la incorporación de los esquemas con una máxima imparcialidad y rectitud de ejercicio.

Por tal motivo, las distintas fases del procedimiento se confían a sujetos distintos y se les otorga un número de poderes superiores a los ordinarios, necesarios para el esclarecimiento de los hechos y la determinación de las responsabilidades pertinentes, y a los sujetos inculpados, en contrapartida, a fin de restaurar el equilibrio entre poderes y garantías esencial a todo procedimiento, unos derechos de defensa mucho más amplios de los usuales.

En fin, para calificar como tal una sanción administrativa en el orden tributario, deben concurrir todos los elementos que hemos examinado.

Debemos ahora detenernos un poco en las consideraciones hacia las multas, ya que representan la más conocida y eficaz manera de sanción. Acerca de la naturaleza jurídica de la multa como sanción pecuniaria, cierta parte de la doctrina es de la opinión que la multa coercitiva, tan popular como útil, debe ubicarse

---

202 Suay Rincón, J., *Sanciones* (...), *op. cit.,* Autor a quien seguimos respecto a los elementos pp. 55-58.

entre las potestades administrativas de ejecución, por lo que los principios informadores del Derecho Penal no le son aplicables, entre ellos se encuentra el non bis in ídem, que impide la concurrente imposición de una multa coercitiva con una que sancione la trasgresión jurídico administrativa, en que haya podido incurrir el obligado[203]. Regulada en la LRJPA[204], se implementa para forzar al cumplimiento de una normativa.

Las multas encuentran su finalidad en llevar al destinatario a abandonar su resistencia a la normativa, mediante la utilización de un medio de doblegamiento a cuya utilización puede acudirse tan a menudo, que lejos de la utopía, debe cesar en cuanto la disposición haya sido cumplida o resulte de imposible cumplimiento[205].

En España, el máximo intérprete constitucional realiza un importante aporte al definir la multa como una medida de «(...) constreñimiento económico (...)», superado previamente el apercibimiento oportunamente, y guardando los plazos necesarios que hayan favorecido un comportamiento en el interesado del acto a la disposición administrativa previa, al respecto, «(...) las multas coercitivas no se inscriben en el ejercicio de la potestad administrativa sancionadora, sino en el de la autotutela administrativa de la administración (...)[206]».

Las multas son las sanciones más populares, pero no son las únicas, algún otro tipo de sanciones inhabilitan para el ejercicio de derechos reconocidos y reglamentados por el propio ordenamiento administrativo, como el cierre de establecimientos, pérdida de la carrera funcionarial, inhabilitación temporal o definitiva, entre otras.

En resumen de las Sanciones Tributarias en España, señalamos que:

- La legislación española clasifica las sanciones legalmente en dos clases, aquellas sanciones principales, que serán de carácter pecuniario, y las sanciones accesorias, cuyo carácter es no pecuniario.

VI. SANCIONES TRIBUTARIAS EN VENEZUELA

Son seis (6) los tipos de sanciones que encontramos previstos por la legislación venezolana:

1) Multa pecuniaria: medida impuesta como consecuencia de una falta, ya sea delictiva, administrativa, o por incumplimiento contractual es quizá la que prima al momento de establecer una sanción, por varios motivos, porque el daño causado es patrimonial en la mayoría de los casos, por lo que resulta de mayor eficacia de cara a su reparación, por cuestiones de competencia e imposibilidades de aplicación en todos los niveles de gobierno, tomando en cuenta sobretodo el lamentable sistema penitenciario venezolano.

---

203 González Pérez, J., *Procedimiento* (...), *op. cit.*, p. 600 y 601.

204 La LRJPA establece que, cuando así lo autoricen las leyes, en la forma y cuantía que éstas determinen, las Administraciones públicas pueden, para la ejecución de determinados actos, imponer mutas coercitivas, reiteradas por lapsos que sean suficientes para cumplir con lo ordenado.

205 Forsthoff, E., *Tratado de Derecho Administrativo*; Traducción a cargo de José Puente Egido de la V Edición alemana, Editorial Instituto de Estudios Políticos de Madrid, Madrid, 1958, p. 404.

206 Acerca de la finalidad de las multas, ver la STC 239/1988, de 14 de diciembre de 1988.

2) Clausura del Establecimiento: consistente en el cierre temporal, parcial o definitivo del local comercial perteneciente a la persona natural o jurídica que comete un ilícito tributario, emana de una ordenanza administrativa del ente recaudador del tributo.

3) Revocatoria o suspensión de licencias, como decisión administrativa de la autoridad tributaria, se revoca (dejar sin efecto), o suspende la licencia de una persona natural o jurídica para que continúe comercializando o prestando sus servicios en el espacio donde esa autoridad, ejerce su jurisdicción.

4) Inhabilitación para el ejercicio de oficios y profesiones, sin perjuicio de la posibilidad de inhabilitación para el ejercicio de la profesión por un término igual a la pena impuesta, es una sanción aplicable a quienes en el ejercicio de su actividad profesional participen en la comisión del ilícito de defraudación tributaria[207]. Cabe resaltar que el Orgánico Código olvida especificar los oficios para los que no existe un Colegio, ni Comité Disciplinario.

5) Suspensión de la posibilidad para participar en licitaciones y solicitar subvenciones u otro tipo de ayudas económicas.

6) Penas privativas de libertad, aplicables por órganos jurisdiccionales competentes al respecto, habrán de cumplirse en cualquier establecimiento de carácter penitenciario en donde se cumplan penas consistentes en privación de libertad, por detención, proceso o condena. Para la penalización de personas jurídicas, el Código Orgánico Tributario prevé como directos responsables a quienes hayan participado personalmente en la ejecución del ilícito penado con privación de libertad[208].

La aplicación de sanciones por parte de la Administración Tributaria Municipal aplica principalmente las multas como sanción pecuniaria devenida al incumplimiento de la obligación del infractor, aún cuando no siempre procede la misma sanción para cada uno de los impuestos municipales.

Para la contravención de las disposiciones relativas al Impuesto sobre Actividades de Industria y Comercio, se aplican las multas pecuniarias, suspensión o cancelación de licencias, y cierre temporal o clausura del establecimiento.

Las infracciones al impuesto de bienes inmuebles, cuya importancia ha sido de muy poco desarrollo en Venezuela, se sancionan con multas pecuniarias. Por medio de un trámite de oficio, el bien inmueble será valuado para determinar el impuesto a pagar, tomándose como índice de precio final, el correspondiente al penúltimo mes en que se realiza la autoliquidación, cantidad que determinará la base de la sanción.

---

207 COT, Artículo 89: «Sin perjuicio de lo establecido en el artículo anterior, se les aplicará la inhabilitación para el ejercicio de la profesión por un término igual a la pena impuesta, a los profesionales y técnicos que con motivo del ejercicio de su profesión o actividad participen, apoyen, auxilien o cooperen en la comisión del ilícito de defraudación tributaria».

208 COT, Artículo 90: «Las personas jurídicas responden por los ilícitos tributarios. Por la comisión de los ilícitos sancionados con penas restrictivas de la libertad, serán responsables sus directores, gerentes, administradores, representantes o síndicos que hayan personalmente participado en la ejecución del ilícito».

El impuesto sobre propaganda y publicidad comercial, competencia municipal, al ser trasgredido, es motivo de la imposición de una multa pecuniaria fija, que en la actualidad puede oscilar entre los diez mil Bolívares (Bs. 10.000) y los cincuenta mil Bolívares (Bs. 50.000) y la remoción del medio publicitario. Su aplicación es acumulativa a otras sanciones, dependiendo del caso.

Un poco más adecuada y persuasiva resulta la sanción correspondiente a infracciones al impuesto de espectáculos públicos, al establecer una multa que varía entre la equivalencia a un salario mínimo, dependiendo de la gravedad de la violación normativa.

Multa pecuniaria y cierre del establecimiento, dependiendo del tipo de infracción cometida, es la sanción que procede para las infracciones al Impuesto de Rifas y Apuestas Lícitas.

El carácter represivo de las sanciones fiscales de naturaleza penal, en un sentido genérico y no referido a las disposiciones penales del Código, en efecto debería derivar del propio Poder Penal estatal, ya que su vinculación es con el tributo, y el sistema sancionador no responde a ser un accesorio de este. Los beneficios de su aplicación se evidenciarían de una manera más palpable en un sistema político distinto, un sistema descentralizado que faculte a los entes integradores a establecer sanciones tendientes al aseguramiento de percepción de los tributos que garanticen el funcionamiento del Estado[209].

En este contexto, surgen algunas dudas, ¿Cabe la afirmación que la organización político territorial de los entes autónomos venezolanos está facultados constitucionalmente para crear un sistema tributario penal propio? Más aún, ¿prevé la Constitución venezolana parcelar el derecho sancionatorio? Ubicar a la legislación venezolana dentro de alguna de las dos contrapuestas posturas doctrinarias, de penalización del ilícito o de autonomía sancionadora, que afirma, el carácter represivo que en Venezuela tiene el derecho sancionador en materia tributaria, determina la penalización del ilícito, basando nuestra apreciación en la referencia a la legislación penal contenida en el citado Artículo 156, Numeral 32 abarca no solo el ilícito común, sino cualquier legislación que tenga por objeto reprimir los hechos u omisiones antijurídicas, incluido el ilícito tributario[210].

---

209 Aún cuando, en la presente investigación, hemos tratado de emplear una metodología ceñida, lo más posible, a las citas de autores venezolanos y españoles, nos permitimos hacer otra pequeña excepción, debida principalmente, a lo interesante que nos resulta alguna referencia pertinente de algunos autores extranjeros. La cita, ya justificada, corresponde a Giuliani Fonrouge, C., *Derecho Financiero*, Editorial Depalma, Tercera Edición, Buenos Aires, 1995, p. 635. Este destacado autor argentino, ha sido un gran defensor de la autonomía del Derecho Tributario. Si bien, encuentra la proveniencia de las sanciones en el poder estatal: «(...) las sanciones fiscales derivan del propio poder tributario estatal, más no obstante su vinculación es con el impuesto, es erróneo pretender que constituyen un accesorio a éste, responden a finalidades y esquemas jurídicos distintos y se rigen por normas separadas (...)». No duda en sostener que, el parcelamiento del derecho sancionatorio, debe aceptarse como un hecho positivo, y propio de cada sistema de Gobierno. Sin embargo, debemos tener en cuenta que esta afirmación está hecha sobre el análisis un sistema federal, en el cual las provincias están facultadas para establecer sanciones tendientes a asegurar la exacción de sus tributos.

210 CBRV, Acerca de la Competencia del Poder Público Nacional, el Artículo 156: «Es de la competencia del Poder Público Nacional: (...), Numeral 32: La legislación en materia de derechos, deberes y garantías constitucionales; la civil, mercantil, penal».

Esta afirmación parte de la especial forma de Estado Federal que constituye Venezuela[211]; en franca contradicción normativa. Mientras por un lado es proclamada la federación nacional; por el otro lado, las normas que la integran, la entienden y la refieren en sus propios términos, en la práctica cotidiana observan una gran concentración de materias en el Poder Central de casi todas las potestades normativas, a la vez que promueven la descentralización mediante facultades que otorga el Poder Nacional para definir el marco legislativo de esta descentralización.

Debemos insistir en que cuando hacemos alusión a los incentivos descentralizadores, lo hacemos en virtud del respaldo constitucional que ofrece la asignación de competencias del Poder Público Nacional[212], en determinadas materias con carácter abierto, que permiten un mayor margen competencial al obviar el ámbito del encargo, y algunas bases rectoras que orienten el tipo de competencias al momento de elaborar la Ley Especial que habrá de regularle.

En cuanto al alcance de ésta disposición, podemos señalar que la raíz de su desarrollo ha sido el proceso de descentralización que se inició con la Ley Orgánica de Descentralización, Delimitación y Transferencia de Competencias del Poder Publico[213]. La apertura en estos términos ha posibilitado cubrir límites que en el aspecto político rayan en los dominios de la Reserva Legal, cuando se refiere a las disposiciones constitucionales acerca de la atribución de potestad legislativa a los descentralizados entes estadales[214].

Ahora, la interpretación de la voluntad del legislador, mal puede llegar a pretender que la flexibilidad de la Constitución considere posible la potestad de penalizar a los Estados o Municipios en materia tributaria. Recordemos que ambas materias son reguladas por diferentes principios de Reserva Legal, que en la propia Constitución se ubica positivamente la centralización en la potestad para tipificar y sancionar hechos ilícitos[215].

La vía represiva penal no debe ser la vía idónea para sancionar el ilícito tributario, apostamos más bien por implicar consecuencias de carácter administrativo, mediante cuya indemnización no solamente se base en el aporte de recargos tendientes a indemnizar el daño causado al ente acreedor del tributo.

---

211 CBRV, Artículo 4: «La República (...) de Venezuela es un Estado federal descentralizado en los términos consagrados en esta Constitución, y se rige por los principios de integridad territorial, cooperación, solidaridad, concurrencia y corresponsabilidad».

212 Dentro de las Competencias del Poder Público Nacional, la CBRV, Artículo 157: «La Asamblea Nacional, por mayoría de sus integrantes, podrá atribuir a los Municipios o a los Estados determinadas materias de la competencia nacional, a fin de promover la descentralización».

213 Ley Orgánica de Descentralización, Delimitación y Transferencia de Competencias del Poder Público, Gaceta Oficial Número 4.153 de fecha 28 de diciembre de 1989.

214 CBRV, Artículo 162: «El Poder Legislativo se ejercerá en cada Estado por mi Consejo Legislativo (...). El Consejo Legislativo tendrá las atribuciones siguientes: 1. Legislar sobre las materias de la competencia estadal. (...)».

215 CBRV, Artículo 156: «Es de la competencia del Poder Público Nacional: (...) 13. La legislación para garantizar la coordinación y armonización de las distintas potestades' tributarias, definir principios, parámetros y limitaciones, especialmente para la determinación de los tipos impositivos o alícuotas de los tributos estadales y municipales, (...)».

216 Bello Rengifo, C., *Ilicitud Penal Colateral*, Ediciones Universidad Central de Venezuela,

Existen, desde luego, algunas posiciones en contra. Una corriente doctrinal, sostiene que es a través de la vía penal, y no de la administrativa a la que se puede confiar la labor de educción, corrección, intimidación o de castigo al infractor[216]. Esta especial opinión podría ser aplicada como una recomendación para la definición de un Sistema Tributario diferente, acompañado de una política fiscal del Estado, determinada en un ambiente de reforma, tanto constitucional como legal.

Otro problema surge al tratar en vano de distinguir la multa de la pena civil. Esta teoría concluye con la necesidad de una respuesta legal, o en todo caso, la aplicación de un criterio cuantitativo, de forma tal que sea la multa más que un simple resarcimiento al daño ocasionado[217].

Dejando atrás cualquiera de las contrapuestas posiciones doctrinarias encontradas, frente a la constitucional e indiscutible obligación moral de contribuir a los gastos públicos del Estado, queda aún pendiente obtener una favorable respuesta acerca del sentido que tienen en Venezuela los ilícitos fiscales, y compaginarla con la sanción que mejor le corresponda.

Respecto de los municipios, la Ley Orgánica de Régimen Municipal dispone que la ordenanza que establezca o modifique un tributo, deberán entre otros asuntos aplicar las penas y sanciones pertinentes[218].

De esta norma, no podemos inferir que al Municipio le haya sido atribuida la potestad para legislar en materia penal y para crear un régimen represivo de la infracción tributaria municipal. Recordemos que no fue dictada en ejecución de la facultad que la Constitución otorga a las Cámaras Legislativas Nacionales para atribuir competencias, ni mediante las formalidades de voto calificado prescritas en el texto constitucional, esa disposición de la Ley Orgánica de Régimen Municipal.

No constituye, por tanto, una atribución de las potestades en una materia reservada al Poder Nacional, no puede exceder de los límites de la potestad norma-

---

Caracas, 1985, p. 204. Según la teoría de este autor: «(...) ante las infracciones fiscales no es de suyo, lo más recomendable recurrir a la sanción criminal como el mejor expediente para educar y sancionar. Al fin y al cabo, un régimen político liberal debe ser moralmente neutro y en consecuencia, no utilizar el Derecho como medio de educación, ni menos de moralización del pueblo. Su fin ha de ser fundamentalmente práctico o técnico y esto, trasladado al sector tributario, significa la mayor y mejor captación de fondos con el menor costo social posible. Si el fraude fiscal está generalizado como conducta, significa que el sistema como tal ha fracasado y recurrir «al terror penal», sería un esfuerzo costoso e inútil. Solo cuando haya la nítida conciencia de la aceptación del sistema fiscal y la conducta transgresora aparezca no solo como un fenómeno relativamente esporádico, sino también como merecedor de rechazo social, podría considerarse la posibilidad de la criminalización de la conducta y siempre que se den estos extremos: a) Daño fiscal, b) Medio Fraudulento.

217 Bello Rengifo, C., *Ilicitud* (...), *op. cit.* para el ya citado autor «(...) la cantidad permite inferir la cualidad y finalidad, los demás criterios, el origen y la índole del acto cometido conducen a un camino sin salida, por a dificultad de hallar una definición ontológica del delito en el derecho positivo (...)».

218 LORM, Artículo 114: «No podrá exigirse el pago de impuestos, tasas o contribuciones municipales especiales que no hubieren sido establecidos por el Concejo o establezca o modifique deberá determinar la materia o acto gravado, la cuantía del tributo, el modo, el término y la oportunidad en que este se cause y se haga exigible, las demás obligaciones a cargo de los contribuyentes, los recursos administrativos en favor de estos y las penas y sanciones pertinentes (...)».

tiva tributaria que confiere la Constitución a los municipios. Cuando hace referencia a las multas, como ingresos municipales[219], lo hace en el sentido de la competencia que los municipios tienen para aplicar sanciones pecuniarias, y del derecho al ingreso del producto de las penas pecuniarias que la Ley asigna al Fisco Municipal, como es el caso de las multas impuestas por faltas del Código Penal[220].

En línea con lo que hemos venido comentando, no nos extraña el texto final del Artículo 114 de la Ley Orgánica de Régimen Municipal (LORM). En todo caso solo podemos admitir que esa referencia a «penas y sanciones pertinentes[221]» que según la disposición citada deben determinarse en las ordenanzas municipales, no pueden tener otro sentido que el de habilitar al Municipio para establecer sanciones administrativas en las ordenanzas tributarias, pero de ningún modo esta disposición está habilitando a los Concejos Municipales para tipificar delitos penales tributarios ni contravenciones que impliquen penas privativas de libertad. Si en el sentido o la intención de la norma es otra, estaría en abierta colisión con los Artículos 156, numeral 32 de la Constitución[222], y 79 del Código Orgánico Tributario[223].

Como punto de atención de las Sanciones Tributarias en Venezuela, encontramos que:

- Es tal la desobediencia del contribuyente venezolano, que se han hecho necesarias, además del establecimiento de penas cada vez más severas, y la eliminación de la figura de la prescripción liberatoria en materia tributaria, cuatro (4) previsiones para el desacato a las órdenes provenientes de la Administración Tributaria.

---

219 CBRV, Artículo 179: «Los Municipios tendrán los siguientes ingresos: (...) 5: El producto de las multas y sanciones en el ámbito de sus competencias y las demás que les sean atribuidas (...)».

220 CP de Venezuela, Artículo 30: «La pena de multa consiste en la obligación de pagar al Fisco del respectivo Estado, o a las Rentas Municipales del Distrito Metropolitano de Caracas en sus casos o al Fisco Nacional si el juicio se inició en un Territorio Federal, la cantidad que conforme a la ley determine la sentencia».

221 LORM, Artículo 114.

222 CBRV, Artículo 156. «Es de la competencia del Poder Público Nacional: (...) 32. La legislación en materia (...) penal, (...)».

223 COT, Disposiciones Generales, Artículo 79: «Las disposiciones de este Código se aplicarán a todos los ilícitos tributarios, (...) Parágrafo Único: Los ilícitos tipificados en el Capítulo II de este Título, serán sancionados conforme a sus disposiciones (...)».

CONCLUSIONES

1. El Derecho Sancionador en general encuentra su finalidad última en percibir de los contribuyentes, las prestaciones tributarias destinadas a cubrir el normal funcionamiento de la administración.

2. Siempre es necesaria una optimización del aparato sancionador para que la sola posibilidad de ponerle en marcha desaliente la comisión de infracciones, aunque esto requiera un grado de funcionalidad mayor en algunos países como Venezuela, que no debería ser entendido como una exigencia de mayor represión o de penas más severas.

3. Los Principios Constitucionales que informan la materia sancionadora tienen un doble propósito: uno dirigido a los ciudadanos que consiste en salvaguardar sus derechos ante la Administración, y otro, la delimitación que representan para la actuación del órgano administrativo en su actividad sancionadora.

4. En España, la competencia local en materia normativa, es atribuida por Ley o por el Pleno del Ayuntamiento y se limita a adecuar o a desarrollar la legislación a sus propias necesidades e idiosincrasia. Mientras que, en Venezuela la autonomía normativa está consagrada en la propia Constitución. En virtud de ella, los Municipios pueden regular en sus ordenanzas todo lo concerniente a sus propios tributos, estando ínsita en dicha Potestad la facultad de establecer infracciones y correspondientes sanciones para los casos de impago de aquellos o de falta de cumplimiento de sus disposiciones tributarias. Esta autonomía municipal es mucho más amplia que la reconocida a los Entes Locales en España, ya que sus atribuciones en materia normativa son de mero desarrollo o de adecuación a disposiciones legales nacionales.

5. Al establecer una comparación respecto de las legislaciones en materia tributaria española y venezolana, es fundamental considerar la importante falta de cultura tributaria que se observa en la segunda, pese a los esfuerzos que se han realizado por parte del legislador y de la Administración Tributaria para constreñir al contribuyente al cumplimiento de sus obligaciones.

6. En Venezuela la aplicación supletoria del COT salvaguarda la autonomía municipal. Empero, resulta inadmisible que en virtud de esa autonomía, los municipios pretendan su aplicación directa, por vía de remisión al COT, en lo que respecta al establecimiento de infracciones que comporten penas privativas de la libertad devenidas por la comisión de ilícitos tributarios contra el Fisco Municipal.

7. La determinante importancia de los municipios radica en la cercanía de estos al ciudadano común. Una moderna administración descentralizada, debe actuar con una capacidad efectiva de ordenamiento y gestión en materias en los asuntos que le sean propios, teniendo en cuenta las consideraciones de la Carta Europea de Autonomía Local; y siempre encontrando control en la jurisdicción. La

Potestad Sancionadora de la Administración Municipal a los niveles normativos y de gestión, representa un apoyo para la unidad local, que requiere de un desarrollo legislativo específico, al tiempo que facilite la adaptación a sus propias realidades, y permita una regulación eficaz. La importancia de la Potestad Reglamentaria, radica en posibilitar a los órganos municipales a adecuar, su normativa a sus propias necesidades, en concordancia con los lineamentos legales.

8. La infracción tributaria representa al igual que otras violaciones normativas la necesaria intervención del órgano competente. Deben ser materias separadas de la materia penal, y consideradas según las especificidades propias de la materia. Distinguirles supone acudir a criterios cuantitativos y formales;, toda vez que la tendencia europea es a eliminar el margen discrecional.

9. En cuanto al sistema sancionador, sería interesante que en España las Corporaciones Locales pusieran en práctica las modificaciones que trae la nueva LGT, respecto de la revisión del sistema recaudatorio de las sanciones por conformidad o acuerdo del contribuyente que viole alguna disposición municipal, con objeto de reducir los numerosos recursos interpuestos contra las resoluciones sancionatorias, ya que de esta forma se verifica el cumplimiento de la finalidad recaudatoria. En cambio, en Venezuela, la regulación de las infracciones tributarias engloba tanto a los delitos de naturaleza penal como a las faltas y a las infracciones o contravenciones administrativas. Su clasificación atiende al órgano competente para apreciar e imponer la sanción, tanto es así que los delitos y las faltas remiten a la jurisdicción penal el juzgamiento del ilícito y la aplicación de la sanción.

10. Si bien las innovaciones introducidas por la nueva LGT, en su conjunto, presentan importantes mejoras en el sistema sancionados los supuestos infraccionarios y la respuesta sancionadora que generan muestran un entramado complejo lleno de muchas especificaciones, que hace perderse entre tanto intento de limitar la discrecionalidad del funcionario. Su correcta implementación requiere previamente programas de adecuada capacitación de los funcionarios, así como una amplia difusión dirigida a los contribuyentes.

11. La actualización en la base de datos de la Administración es quizá el principal pilar sobre el que se apoya la actuación administrativa. Las irregularidades en esta materia deben ser motivo de sanciones administrativas en el ámbito tributario, tanto acerca de la propia; condición de contribuyente o responsable, como para las figuras del elemento subjetivo referidas al retenedor o a quien, por razón de su vínculo profesional obligue a prestar algún tipo de información. En más de los casos, a la sanción principal acompañan sanciones accesorias.

12. Las estrategias para optimizar la recaudación no pasan por prever represiones que consistan en sanciones intolerables, sino más bien pasa por el establecimiento de multas razonables, una adecuada gestión administrativa y la implementación de políticas concientizadoras de la importancia que representa el cumplimiento del deber de solidaridad para con las cargas públicas del Estado.

13. En Venezuela se agrupan, en la misma locución de «ilícitos» tanto las infracciones administrativas como los delitos penales, en un intento por manifestar criterios de autonomía en la materia del Derecho Penal Tributario, y entre los ilícitos se distinguen los delitos en razón del órgano competente para aplicar las sanciones, que en principio, serán aplicadas por la Administración Tributaria, salvo la remisión administrativa expresa al órgano jurisdiccional, cuando se trate de penas restrictivas de la libertad o determinadas inhabilitaciones.

BIBLIOGRAFÍAS

BIBLIOGRAFÍA DOCTRINAL CITADA

Aftalión, E., *Derecho Penal Administrativo*, AA.VV., Ediciones Acayú,Buenos Aires, 1955.

Aguirre, L., «Las sanciones administrativas y los derechos fundamentales», AA..VV., *El Derecho Público a comienzos del Siglo XXI*, Estudios en homenaje al profesor Allan R. Brewer-Carías, Tomo I, Editorial Civitas, Madrid, 2003.

Anzola, O., «Naturaleza Jurídica del Ilícito Tributario», *Revista de Derecho Público* N° XXXXXXIII y XXXXXXIV, Editorial Jurídica Venezolana, Caracas, 1995.

Arvelo Villamizar, R., El Estatuto del Contribuyente en la Constitución de 1999, Paredes Editores, Caracas, 2000.

Bacigalupo, E., *La discrecionalidad administrativa (La estructura normativa, control judicial y límites constitucionales de su atribución)*, Editorial Marcial Pons, Madrid, 1997.

Bello Rengifo, C., *Ilicitud Penal Colateral*, Ediciones Universidad Central de Venezuela, Caracas, 1985.

Berdugo Gómez de la Torre, I. y otro, *Manual de Derecho Penal, Parte General I, Instrumentos y Principios básicos del Derecho Penal*, I Edición, Ediciones Praxis, Barcelona, 1994.

Berliri, A., *Principios de Derecho Tributario*, Volumen I, Editorial de Derecho Financiero, Madrid, 1964.

Bermejo Vera, J., *Derecho Administrativo. Parte Especial*, III Edición, Editorial Civitas, Madrid, 1998.

Bobbio, N., *Sanzione* NssDI, Tomo XVI, Edizione Utet, Torino, 1969. .

Brewer-Carías, Alian R.:

- *La Constitución de 1999*, Editorial Arte, Caracas, 2000, pp. 114 a 118.

- *El Derecho Administrativo y la Ley Orgánica de Procedimientos Administrativos*, Editorial Jurídica Venezolana, Caracas, 1982.

Bustos Ramírez, J., *Manual de Derecho Penal, Parte General*, Aumentada, corregida y puesta al día por Hernán Hormazábal Malarée, IV Edición, H. Editorial PPU, Barcelona, 1995.

Calvo Ortega, R., *Curso de Derecho Financiero 1. Derecho Tributario. Parte General*, IV Edición, Editorial Civitas, Madrid, 2000.

Carro Fernández-Valmayor, J., «El Debate sobre la autonomía municipal», en *Revista Española de Derecho Administrativo*, N° 147, Madrid, 1998.

Casado Ollero, G. AA.VV., *Código Orgánico Tributario*, IX Edición, Colección Códigos Básicos, Editorial Aranzadi, Navarra, 2002.

Castejón y Martínez de Arizala, F., *Faltas penales, gubernativas y administrativas*, Instituto de Administración Local, C. Bermejo-Impresor, Madrid, 1950.

Cerezo Mir, J., *Derecho Penal Español, Parte General*, Ediciones Tecnos, V Edición (Basada en el nuevo Código Penal de 1995), 2° Reimpresión, Tomo I, Introducción, Madrid, 1998.

Cobo del Rosal, M. y otro: *Derecho Penal, Parte General*, V Edición corregida, aumentada y actualizada, Editorial Tirant Lo Blanch, Valencia, 1999.

Checa González, C., *El Sistema Tributario Local*, Editorial Aranzadi, Navarra, 2001.

Crespo Irigoyen, M.:

- «Legalidad de los Intereses Moratorios en la Importación Temporal de Bienes Muebles», Trabajo de Grado, Universidad Santa María, Caracas, 2000.

- «El Principio de Capacidad Económica: Referencia a España y Venezuela», *Revista de General de Legislación y Jurisprudencia.* III Época-Año CLI. N° 4, Octubre-diciembre, Editorial Reus, S.A., Madrid, 2004.

- «Competencia Local en el ámbito sancionador». *Estudio comparado entre España y Venezuela*, Editorial Reus, S.A., *Revista de General de Legislación y Jurisprudencia*, III Época-Año CLI. N° 4, Octubre-diciembre, Madrid, 2005.

Cuadrado Zuloaga, D., «Desarrollo práctico del procedimiento sancionador tributario: desprecio a la presunción de inocencia». Publicación en *Revista de Actualidad Administrativa La Ley*, N° XXXIII, Madrid, 2002.

Fernández Farrerez, F., «El Principio de colaboración Estado-Comunidades Autónomas y su incidencia orgánica», *Revista de Administración Pública*, N° 6, Madrid, 1983.

Ferreiro Lapatza, J., *Ensayos sobre metodología y técnica jurídica en el Derecho Financiero y Tributario*, Marcial Pons, Madrid, 1998.

De la Morena, L., «De nuevo sobre la Potestad Sancionadora de la Administración en materia de infracciones al régimen horario aplicable a los espectáculos públicos». Publicado en el *Boletín de Documentación de la Secretaría General Técnica del Ministerio del Interior*, N° 117, Madrid, 1989.

Espósito, C., *Lineamienti di una dottrina del Diritto*, Edizione Cedam, Padova, 1932.

Estaba, R., Artículo de Scripta Nova. *Revista Electrónica de Geografía y Ciencias Sociales*, Universidad de Barcelona [ISSN 1138- 9788] Número 54: «La descentralización y la ordenación del territorio en Venezuela: estrategias hacia la modernidad», Ediciones de la Universidad Central de Venezuela, Caracas, 1999.

Ferré Olivé, J., *El Delito Contable. Análisis del artículo 350 bis del Código Penal*, Editorial Praxis, S.A. Barcelona, 1988.

Forsthoff, E., *Tratado de Derecho Administrativo*, Traducción a cargo de José Puente Egido de la V Edición alemana, Editorial Instituto de Estudios Políticos de Madrid, Madrid, 1958.

Fuster Asencio, C., *El Procedimiento Tributario Sancionador*, Editorial Aranzadi, Pamplona, 2001.

Garberí Llobregat, J.:

- *El Procedimiento Administrativo Sancionador*, I Edición, Editorial Tirant Lo Blanch, Valencia, 1988.

- *La Aplicación de los Derechos y Garantías Constitucionales a la Potestad y al Procedimiento Administrativo Sancionador*, I Edición, Editorial Tribium, Madrid, 1989.

García de Enterría, E.:

- «El problema jurídico de las sanciones administrativa», *Revista española de Derecho Administrativo*, N° X, Madrid, 1976.

- «La Problemática puesta en aplicación de la Ley de Régimen Jurídico de las Administraciones Públicas y del Procedimiento Administrativo Común», *Revista española de Derecho Administrativo*, N° X, Madrid, 1998.

- «El Problema Jurídico de las Sanciones Administrativas», en *Revista Española de Derecho Administrativo*, N° X, Madrid, 1976.

- *La Lengua de ¡os Derechos. La formación del derecho Público Europeo tras la Revolución Francesa*, Ediciones Alianza Universal, Madrid, 1995.

- «Revolución Francesa, Derecho Público y Justicia Administrativa», *El Poder Judicial en el bicentenario de la Revolución Francesa*, Ediciones Consejo General del Poder Judicial, Madrid, 1990.

- *Revolución francesa y Administración Contemporánea*, IV Edición, Editorial Civitas, Madrid, 1994.

García de Enterría, E., y otro: *Curso de Derecho Administrativo II*, Tomo II, XI Edición, Editorial Civitas, Madrid, 2002.

Garrido, Falla, F., *Tratado de Derecho Administrativo,* Tomo I, Editorial CEC, Madrid, 1980.

García Gómez de Mercado, F., *Sanciones Administrativas: Garantías, derechos y recursos del presunto responsable*, II Edición, Editorial Comares, Granada, 2004.

Gavara de Cara, «Derechos fundamentales y desarrollo legislativo: La garantía del contenido esencial de los derechos fundamentales en la Ley fundamental de Bonn». Publicación: *Repertorio Aranzadi del Tribunal Constitucional* N° XVI, Editorial Aranzadi, S.A., Pamplona, 2003.

Giuliani Fonrouge, C., *Derecho Financiero*, III Edición, Editorial Depalma, Buenos Aires, 1995.

Gomar Sánchez, J., «La regulación de la potestad sancionadora local, requisito indispensable para una segunda y auténtica descentralización». Publicado por *El Consultor de los Ayuntamientos y de los Juzgados*. Revista N° IX, Madrid, 2003.

González García, E. y otro: *Derecho Tributario*, Plaza Universitaria ediciones, Tomo I, II Edición, Salamanca, 2001.

González Pérez, J. y otro:

- *Procedimiento Administrativo Local*, Tomo II: Parte Especial, II Edición, Ediciones El Consultor de los Ayuntamientos y de los Juzgados, Madrid, 1988. -

- *Comentarios a la Ley de Régimen Jurídico de las Administraciones Públicas y Procedimiento Administrativo Común*, II Edición, Tomo II, Editorial Civitas, Madrid, 1999.

Jarach, D., *El Hecho Imponible: Teoría.General del Derecho Tributario Sustantivo*, II Edición, Editorial Abeledo-Perrot, Buenos Aires, 1971.

Kelsen, H.:

- *El Método y los Conceptos Fundamentales de la Teoría Pura del Derecho/* Kelsen, H.; Traducción del alemán por Luis Legaz y Lacambra, I Edición, Editorial Revista de Derecho Privado, Madrid, 1933.

- *Teoría pura del Derecho,* Traducción del alemán por Roberto J. Vernengo, VIII Edición, Editorial Porrúa, Ciudad de México, 1995.

Legarza, J., *La Actividad de Policía Administrativa,* Cuadernos de la Cátedra Fundacional Allan Brewer-Carías de Derecho Público, N° 4, Editorial Jurídica Venezolana, Caracas, 1977.

Lesmes Serrano, C., *La Potestad Sancionadora de la Administración,* AA.VV. Derecho Penal Administrativo (Ordenación del Territorio, Patrimonio Histórico y Medio Ambiente) Ediciones Colmares, Granada, 1997.

Lewin Figueroa, A., *Principios Constitucionales del Derecho Tributario,* Instituto Colombiano de Derecho Tributario, Bogotá, 2002.

López Nieto y Mallo, F., *Las Sanciones Municipales,* II Edición, Editorial El Consultor de los Ayuntamientos y de los Juzgados, Madrid, 2002.

López Pellicer, J., «Sobre la legalidad y tipicidad de la potestad sancionadora en el ámbito municipal». Publicación: *El Consultor de los Ayuntamientos y de los Juzgados,* Revista N° IX y XXIV, Madrid, 2003.

Lozano Cutanda, B., *La extinción de las sanciones administrativas y tributarias,* Marcial Pons, Madrid, 1990.

Luzón Peña, D., *Curso de Derecho Penal, Parte General* I, Universitarias, Madrid, 1996.

Márquez Márquez, A., «El régimen especial de tributación consolidada». Consideraciones jurídico-tributarias, *Revista La Ley,* N° XXVII, Madrid, 2003.

Martín de la Fuente, P., «Proyecto Docente presentado en el primer ejercicio del concurso convocado por resolución de la Universidad de Salamanca de fecha 20 de julio de 2000, (BOE 28-VIII- 2000) para la provisión de una plaza de Profesor Titular de Universidad en el Área de Conocimiento de Derecho Administrativo (Facultad de Derecho)», Salamanca, 2001.

Martín Fernández, J., «Una visión general del anteproyecto de la nueva Ley General Tributaria», *Revista Jurídica de la Comunidad de Madrid,* N° XXV, Madrid, 2003.

Martín Rebollo, L., *Leyes Administrativas,* VII Edición, Editorial Aranzadi, Navarra, 2001.

Martín Rebollo, M. y otro: *Manual de la inspección del Consumo,* Instituto Nacional de Consumo, Madrid, 1998.

Martín Queralt, J. y otros: *Curso de Derecho Financiero y Tributario,* IX Edición, Editorial Tecnos, Madrid, 1998.

Márquez Barroso, R., «Autonomía Municipal e ilícitos Tributarios. Aportes para su unificación y mejoras», *Revista de Derecho Tributario,* N° 92, Caracas, 2001.

Mendoza, P. A., AA.VV., *Manual del Perfecto Idiota-Latinoamericano y Español,* Editores Plaza & Janes, S.A., Barcelona, 1996.

Mir Puig, S., *Derecho Penal, Parte General,* IV Edición corregida y puesta al día con arreglo al Código Penal de 1995, Impreso por Tecfoto S.L. Barcelona, 1995.

Moles Caubet, A., *Dogmática de los Decretos-Leyes,* Publicaciones del Colegio de Abogados del Distrito Federal, Caracas, 1974.

Moles Caubet, A., *El Principio de Legalidad y sus Implicaciones,* Ediciones Universidad Central de Venezuela, Caracas, 1974.

Moreno de Rivas, A., «La Infracción Tributaria», AA.VV., *El sistema Tributario Venezolano*, XXI Jornadas J. M. Domínguez Escovar, Editorial Horizonte, Barquisimeto, 1995.

Morillo Méndez, A., *Infracciones, Sanciones Tributarias y Delitos contra la Hacienda Pública*, Dirección de la Colección Monografías Fiscales Ildefonso Tecles Montoro, Editorial Cisspraxis, S.A. Valencia, 2000.

Muñoz Conde, F. y otro: *Derecho Penal. Parte General*, IV Edición, Editorial Tirant lo Blanch, Valencia, 1993.

Montoro Puerto, M., *La Infracción Administrativa: Características, Manifestaciones y Sanción*, Editoriales Nauta, S.A., Barcelona, 1965.

Nevado-Batalla Moreno, P., *La Intervención Administrativa en la Industria: Seguridad y Control*, Editorial Comares de Ciencia Jurídica, Granada, 2000.

Nieto García, A.:

- *Derecho Administrativo Sancio*nador, III Edición, Editorial Tecnos, Madrid, 2002.

- *Estudios Históricos sobre la Administración y Derecho Administrativo*, Ediciones Instituto Nacional de Hacienda Pública, Madrid, 1986.

- *Los Primeros pasos del Estado constitucional: Historia Administrativa de la Regencia de María Cristina de Borbón*, I Edición, Editorial Ariel, Barcelona, 1996.

Palacios Márquez, L., «Marco jurídico de la Tributación Local e Venezuela (una aproximación al reconocimiento y declaración constitucional de la Autonomía municipal. Limitaciones directas o explícitas al poder tributario local)». *Revista de la Fundación Procuraduría General de la República*, N° X, Caracas, 1994.

Parada, Vásquez R., *Derecho Administrativo I, Parte General*, VII Edición, Marcial Pons, Ediciones Jurídicas, Madrid, 1995.

Pérez Royo, F.:

- *Derecho Financiero y Tributario: Parte General*, XXII Edición, Editorial Civitas, Madrid, 2002.

- *Infracciones y sanciones tributarias*, Editorial Estudios de Hacienda Pública, Instituto de Estudios Fiscales, Ministerio de Hacienda, Madrid, 1972.

- «Las Fuentes del Derecho Tributario y el Principio de Legalidad», en *Revista de Derecho Financiero y de Hacienda Pública*, N° 121, V. XXVI, Editorial de Derecho Financiero, Madrid, 1976.

- *Los Delitos y las Infracciones en materia tributaria*, Editorial Estudios de Hacienda Pública, Instituto de Estudios Fiscales, Ministerio de Hacienda, Madrid, 1986.

Quintero Olivares, G., «La autotutela, los límites al poder san-cionador de la administración pública», en *Revista Española de Administración Pública*, N° 126, Madrid, 1991.

Rebollo Puig, M., *Potestad sancionadora, alimentación y salud pública*, Ediciones Instituto Nacional de Administración Pública, Madrid, 1989.

Rivero Ortega, R., *Introducción al Derecho Administrativo Económico*, Editorial Ratio Legis Librería Jurídica, Salamanca, 2001.

Rintha Martínez S., «De la infracción Tributaria y sus sanciones», Instituto Colombiano de Derecho Tributario, Santa Fe de Bogotá, 1997.

Mattes, H., *Untersuchungen zur Lehre von der Ordnungswdrigkeiten, T. I Geshichte und Rechstvergleichung*, Dunker & Humblot, Berlín, 1982. / Traducción y notas por Rodríguez Devesa, J., *Problemas de Derecho Penal Administrativo, Historia y Derecho Comparado*, Editoriales de Derecho Reunidas, Madrid, 1979.

Rodríguez Bereijo A., *Introducción al Estudio del Derecho Financiero*, Instituto de Estudios Fiscales, Madrid, 1976.

Romero Muci H.:

- *Jurisprudencia Tributaria Municipal*, Tomo I, Editorial Jurídica Venezolana, Caracas, 1996.

- *La Garantía de la Reserva Legal Tributaria, Deslegalización y exceso reglamentario*, Libro Homenaje a la Dra. Ilse Van der Velde, Editorial Fudena, Caracas, 1998.

Rousseau, J., *El Contrato Social*, Colección de Grandes Obras de la Literatura, Editorial Alba, Madrid, 1996.

Ruíz de la Peña, J., *La Expansión del Fuero de Benavente*, Archivos Leoneses, XXIX, León, 1970.

Sainz de Bujanda, F.:

Hacienda y Derecho: Estudios de Derecho Financiero, Ediciones del Instituto de Estudios Políticos, Madrid, 1975.

- *Origen y Evolución del Principio de Legalidad*, Ediciones del Instituto de Estudios Políticos, Madrid.

Sánchez Morón, M., *Discrecionalidad administrativa y Control Judicial*, Editorial Tecnos, Madrid, 1994.

Santamaría Pastor, J.:

- *Principios de Derecho Administrativo*, Volumen I, Editorial Ceuta, Madrid, 1999.

- *Principios de Derecho Administrativo*, Volumen II, Editorial Ceuta, Madrid, 1999.

Serrano Alberca, J., «Artículo 25», en la Obra Colectiva: Comentarios a la Constitución, Fernando Garrido Falla (Dir.), III Edición ampliada, Editorial Civitas, Madrid, 2001.

Suay Hernández, C., «Los delitos contra la salubridad y seguridad del consumo en el marco de las relaciones entre el Derecho Penal y el Derecho Administrativo Sancionador», AA.VV. *Las Fronteras del Código Penal de 1995 y el Derecho Administrativo Sancionador*, Publicaciones Cuadernos de Derecho Judicial, Escuela Judicial, Consejo General del Poder Judicial, Madrid, 1997.

Suay Rincón, *Sanciones Administrativas*, dirigido por Evelio Verdera y Tuells, Publicaciones del Real Colegio de España, Bolonia, 1989.

Torio López, A., *Injusto Penal e Injusto Administrativo*, AA.VV., *Estudios sobre la Constitución española, un Homenaje al Profesor Eduardo García de Enterría*, Tomo III, Editorial Civitas, Madrid, 1991.

Tornos Mas, J., «Infracción y sanción administrativa: El tema de su proporcionalidad en la jurisprudencia contencioso- administrativa», en *Revista Española de Derecho Administrativo*, N° VII, Madrid, 1975.

Ukcmar, V., *Principi Comuni di Diritto Costituzionale Tributario*, Edizioni Cedam, Padova, 1999.

Vanonni, E., *Natura ed interpretazione delle legge tributarle*, Editorial Dott. A. Giuffrè, Milano, 1961, Traducido por Martín Queralt, J., *Naturaleza e Interpretación de las Leyes Tributarias*, Editorial del Instituto de Estudios Fiscales del Ministerio de Hacienda, Madrid, 1973.

Velásquez, R. *Venezuela, el federalismo y la descentralización*, Editorial Melvin, Caracas, 1998.

Vigilanza García, A., «El poder Sancionador de los Estados y Municipios: incidencia de la aplicación supletoria del COT a la tributación municipal y estadal», VI Jornadas Venezolanas de Derecho Tributario, Asociación Venezolana de Derecho Tributario, Caracas, 2002.

Villegas Moreno, «La autonomía local y su configuración en la Constitución venezolana de 1999». AA.VV. «El Derecho Público a comienzos del Siglo XXI», *Estudios en homenaje al profesor Allan R. Brewer Carías*, Tomo I, Civitas Ediciones, S.L., Madrid, 2003.

Zornoza Pérez, J., *El sistema de infracciones y sanciones tributarias: Los Principios Constitucionales del Derecho Sancionador*, I Edición, Editorial Civitas, Madrid, 1992.

Zúñiga Rodríguez, L., «Relaciones entre Derecho Penal y Derecho Administrativo Sancionador, ¿Hacia una «administración» del Derecho Penal o una «penalización» del Derecho Administrativo sancionador?», en *Homenaje al Doctor Marino Barbero Santos, in memorian, Adán Nieto Martín* (Coord.), Ediciones Universidad de Salamanca y Ediciones Castilla-La Mancha, Cuenca, 2001.

BIBLIOGRAFÍA LEGAL CITADA

• Código de Comercio de Venezuela, *Gaceta Oficial Extraordinario* N° 475, 21 de diciembre 1955.

• Código Orgánico Tributario, Gaceta Oficial N° 37.305,17 de noviembre 2001.

• Código Penal de Venezuela, *Gaceta Oficial Extraordinario* N° 5.954, 20 de octubre 2000.

• Constitución Bolivariana de la República de Venezuela. *Gaceta Oficial* N° 36.860,30 de diciembre 1999.

• Constitución española, de 27 de diciembre 1978. Boletín Especial Extraordinario N° 311, de 29 de diciembre.

• Convenio Europeo de Derechos Humanos, de 04 de noviembre 1950, ratificado por España con fecha 26 de septiembre 1979, y publicado en el Boletín Oficial del Estado de 10 de octubre 1979. Revisado en conformidad con el Protocolo N° 11 (Fecha de entrada en vigor 01 de noviembre 1998).

• Ley 230/1963, de 28 de diciembre. General Tributaria. Boletín Especial Extraordinario N° 313, de 31 de diciembre.

• Ley 30/1992, de 26 noviembre, del Régimen Jurídico de las Administraciones Públicas y del Procedimiento Administrativo Común. Boletín Especial Extraordinario N° 285, de 27 de noviembre 1992.

• Ley 39/1994, de 30 diciembre, por la que se modifica el Artículo 70.2 de la Ley 7/1985, Reguladora de las Bases del Régimen Local, Boletín Especial Extraordinario N° 184, de 2 de abril.

• Ley 4/1999, de modificación de la Ley 30/1992, de Régimen Jurídico de las Administraciones Públicas de 26 de noviembre, y del Procedimiento Administrativo Común. Boletín Especial Extraordinario N° 30, de 13 de enero.

• Ley 58/2003, de 17 de diciembre, General Tributaria. Boletín Especial Extraordinario N° 302, de 17 de diciembre.

• Ley 7/1985, Corrección de errores de la Ley 11/1999, de 21 de abril, de modificación de la Ley 7/1985, de 2 de abril, reguladora de las Bases del Régimen Local, y otras medidas para el desarrollo del Gobierno Local, en materia de tráfico, circulación de vehículos a motor y seguridad vial y en materia de aguas, de 2 de abril; Boletín Especial Extraordinario N° 139,11 de junio.

• Ley 7/1985, reguladora de las Bases del Régimen Local, Boletín Especial Extraordinario N° 184, de 03 de abril 1985.

• Ley 7/1985, Reguladora de las Bases del Régimen Local, Boletín Especial Extraordinario N° 313, de 2 de abril.

• Ley de 281/862, del Notariado, Gaceta de Madrid, de 29 de mayo.

• Ley 1/1998, de Derechos y Garantías de los Contribuyentes, Boletín Especial Extraordinario de 26 de febrero.

• Real Decreto 1398/1993, Boletín Especial Extraordinario de 9 de agosto.

• Ley 30/1992, de 26 de noviembre, de Régimen Jurídico de las Administraciones Públicas y del Procedimiento Administrativo Común. Boletín Especial Extraordinario de 27 noviembre.

• Ley del Servicio Nacional Integrado de Administración Aduanera y Tributaria, publicada en la *Gaceta Oficial* N° 37.320, de fecha 8 de noviembre 2001.

• Ley Orgánica de Descentralización, Delimitación y Transferencia de Competencias del Poder Público, *Gaceta Oficial Extra*ordinario N° 4.153, de fecha 28 de diciembre 1989.

• Ley Orgánica de Hacienda Pública Nacional. *Gaceta Oficial Extraordinario* N° 1.893, de 30 de julio 1976.

• Ley Orgánica de la Administración Pública. *Gaceta Oficial* N° 37.305, de.17 de octubre 2001.

• Ley Orgánica de la Corte Suprema de Justicia *Gaceta Oficial Extraordinario* N° 1.893, de 30 de julio 1976.

• Ley Orgánica de Régimen Municipal, *Gaceta Oficial Extraordinario* N° 4.109 de 15 de junio 1989.

• Ley Orgánica del Poder Público Municipal, *Gaceta Oficial de la República Bolivariana de Venezue*la N° 38.204 de 08 de junio 2005.

• Ley Orgánica de Procedimientos *Administrativos Gaceta Oficial Extraordinario* N° 2.818 de 1 de julio 1981.

• Ley Orgánica del Tribunal Supremo de Justicia de la República Bolivariana de Venezuela. *Gaceta Oficial Extraordinario* N° 37.942 del 19 de mayo 2004.

• Ordenanza de Convivencia Ciudadana y Sanción de Infracciones menores, sancionada por el Cabildo Metropolitano de Caracas.

• Real Decreto 1372/1986, de 13 de junio.

• Real Decreto 1398/1993, 4 agosto, por el que se aprueba el Reglamento del procedimiento para el ejercicio de la Potestad Sancionadora.

• Real Decreto 1398/1993, Boletín Especial Extraordinario 9 de agosto.

• Real Decreto 1930/1998, de 11 de septiembre.

• Real Decreto 1960/1986, de 11 de julio, modificado por Real Decreto, de 11 de diciembre.

• Real Decreto 939/1986, de 25 de abril, por el que se aprueba el Reglamento General de la Inspección de los Tributos. Boletín Especial Extraordinario de 12 septiembre.

• Reforma parcial al Código Orgánico Tributario, promulgada en 1992, Gaceta Oficial Extraordinaria N° 4466, de fecha 11 de septiembre 1992.

• Reforma parcial al Código Orgánico Tributario, promulgada en 1992, *Gaceta Oficial Extraordinario* N° 4727, de fecha 27 de mayo 1994 y Decreto Ley N° 189, de fecha 27 de mayo 1994.

• Reforma parcial al Código Orgánico Tributario, promulgada en 1992, Decreto Ley N° 189 Extraordinario, de fecha 27 de mayo 1994.

• Texto Refundido de Régimen Local, aprobado por Real Decreto Administrativo N° 781, de 18 de abril.

ANEXO

ANEXO

CUADRO SINÓPTICO DE LOS ILÍCITOS FISCALES EN VENEZUELA

I) ILÍCITOS FISCALES EN VENEZUELA

1. ILÍCITOS FORMALES

a. Relacionados con el *deber de Inscripción ante la IAdministración Tributaria.*

Artículo	Ordinal	Ilícito Tipificado	Sanción Multas Indicadas a Continuación:
100	1	Falta u Omisión de Inscripción.	50 U.T. incrementada en 50 U.T por cada nueva infracción hasta un máximo de 200 U.T.
100	2	Inscripción en los registros fuera del Plazo o en forma extemporánea.	25 U.T., la cual se incrementará en 25 U.T. por cada nuva infracción hasta un máximo de 100 U.T.
	3	Proporcionar información en forma parcial, insuficiente o errónea relacionada con la inscripción o actualización en los registros.	
100	4	Proporcionar en forma extemporánea o fuera de los plazos legales la información, cambio de domicilio o actualización en los registros	50 U.T., la cual se incrementará en 50 U.T. por cada nueva infracción hasta un máximo de 200 U.T.

1. ILÍCITOS FORMALES
b. Relacionados con *la obligación de emitir y exigir comprobantes.*

Artículo	Ordinal	Ilícito	Sanción
100	1	No emitir facturas u otros documentos obligatorios	Multa de 1 U.T. por cada factura o comprobante omitido hasta un máximo de doscientas unidades tributarias, por cada periodo o ejercicio fiscal. Clausura de 1 hasta 5 días continuos del establecimiento cuando se trate de impuestos al consumo.
101	2	No entregar las facturas y otros documentos cuya entrega sea obligatoria.	
	3	Incumplimiento parcial o total con los requisitos legales en la emisión de facturas u otros documentos obligatorios.	Multa de 1 U.T. por cada factura, comprobante o documento emitido hasta un máximo de 150 U.T. por cada periodo.
	4	Incumplimiento parcial o total con los requisitos legales en la emisión de facturas u otros documentos obligatorios emitidos a través de máquinas fiscales o medios electrónicos.	
101	5	No exigir a los vendedores o prestadores de servicios las facturas, recibos o comprobantes.	Multa de 1 a 5 U.T.
101	6	Emitir o aceptar documentos o facturas cuyo monto no coincida con el correspondiente a la operacón real.	Multa de 5 a 50 U.T.

1. ILÍCITOS FORMALES

c. Relacionados con *la obligación de llevar libros y registros especiales iy contables.*

Artículo	Ordinal	Ilícito	Sanción
102	1	No llevar los libros y registros contables y especiales.	Multa de 50 U.T. la cual se incrementará 50 U.T. por cada nueva infracción hasta 250 U.T. Clausura del establecimiento por 3 días continuos en los casos de Impuestos indirectos. En los casos de varias sucursales la sanción acarreará la clausura de las mismas, salvo que la empresa lleve libros especiales por cada sucursal.
102	2	Llevar los Libros legales con atraso superior a un mes.	Multa de 25 U.T., la cual se incrementará en 25 U.T. por cada nueva infracción hasta 100 U.T. Clausura del establecimiento por 3 días continuos en los casos de Impuestos indirectos. En los casos de varias sucursales la sanción acarreará la clausura de las mismas, salvo que la empresa lleve libros especiales por cada sucursal.
	3	No llevarlos en castellano o en moneda nacional, excepto los autorizados por la Administración.	
	4	No conservar los libros, registros, comprobantes, sistemas computarizados, magnéticos y electrónicos en los plazos exigidos por la ley tributaria.	

1. ILÍCITOS FORMALES

d. Relacionados con ***la obligación de presentar declaraciones iy comunicaciones.***

Artículo	Ordinal	Ilícito	Sanción
103	1	No presentar declaraciones que contengan la determinación de los tributos exigidos por las normas respectivas.	Multa de 10 U.T. y se incrementará 10 U.T. por cada nueva infracción hasta 50 U.T.
	2	No presentar otras declaraciones o comunicaciones.	
	3	Presentar la declaración que contenga los tributos incompleta o fuera del plazo.	
	4	Presentar otras declaraciones o comunicaciones en forma incompleta o fuera del plazo	
103	5	Presentar más de una declaración sustitutiva, o la primera declaración sustitutiva con posterioridad al plazo establecido en la norma respectiva.	

Artículo	Ordinal	Ilícito	Sanción
	6	Presentar las declaraciones en formularios, medios, formatos, o lugares, no autorizados por la Administración Tributaria.	
103	7	Falta de presentación informativa de las inversiones en jurisdicciones de baja imposición fiscal.	Multa de 1000 a 2000 U.T. por falta de presentación.
		Presentación informativa extemporánea de las inversiones en jurisdicciones de baja imposición fiscal.	Multa de 250 a 750 U.T. quien la presente con retardo.

1. ILÍCITOS FORMALES

e. Relacionados con *la obligación de permitir el control de la Administración Tributaria*

Artículo	Ordinal	Ilícito	Sanción
104	1	No exhibir los libros, registros u otros documentos solicitados.	Multa de 10 U.T., incrementada en 10 U.T. por cada nueva infracción hasta 50 U.T.
104	2	Producir, circular o comercializar productos gravados sin el signo del control visible exigido por la legislación, o sin las facturas o comprobantes de pago que acrediten su adquisición.	
	3	No mantener en condiciones de operación los soportes portdores de microformas gravadas y magnéticos utilizados en aplicaciones que incluyan los datos vinculados con la materia.	

Artículo	Ordinal	Ilícito	Sanción
	4	No exhibir, ocultar, carteles y demás medios utilizados, exigidos o distribuidos por la Administración Tributaria.	
	5	No facilitar los equipos técnicos de recuperación visual, pantalla, visores y artefactos similares, para revisiones fiscales de la información micrograbada que se realice en el local del contribuyente.	
	6	Imprimir facturas y otros documentos sin la debida autorización fiscal.	
	7	Imprimir facturas u otros documentos en virtud de la autorización otorgada por la Administración Tributaria incumpliendo con los deberes previstos en las normas respectivas.	Multa de 10 U.T. y se incrementará 10 U.T. por cada nueva infracción hasta 50 U.T. y revocatoria de la respectiva autorización.
	8	Fabricar, importar y prestar servicios de mantenimientos a las máquinas fiscales en virtud de la autorización fiscal, incumpliendo con los deberes previstos en las normas respectivas.	
	9	Impedir el acceso a locales, oficinas o lugares donde deba iniciarse la fiscalización.	
	10	La no-utilización de la metodología establecida en materia de precios de transferencia.	Multa de 300 U.T. a 500 U.T.

1. ILÍCITOS FORMALES

f. Relacionados con *la obligación de informar y comparecer ante la Administración Tributaria*

Artículo	Ordinal	Ilícito	Sanción
105	1	Proporcionar en forma extemporánea información que sea requerida, relacionada con sus actividades o con terceros.	Multa de 10 U.T. y se incrementará 10 U.T. por cada nueva infracción hasta 200 U.T.
	2	Omisión de la notificación debida de las compensaciones y cesiones en los términos establecidos en el COT.	
105	3	Proporcionar información falsa o errónea.	Multa de 10 U.T. y se incrementará 10 U.T. por cada nueva infracción hasta 50 U.T.
	4	No comparecer ante la Administración Tributaria cuando ella lo solicite.	
105	Parágrafo Único	Funcionarios de la Administración Tributaria que reveln información de carácter resevado o hagan uso indebido de la misma.	Multa de 200 a 500 U.T.
105	Parágrafo Único	Funcionarios de la Administración Tributaria, contribuyentes o responsables, las autoridades judiciales y cualquier otra persona que directamente revelen, divulguen o hagan uso personal o indebido de la información proporcionada por terceros independientes que afecten o puedan afectar su posición competitiva en materia de precios de transferencia.	Multa de 500 a 2000 U.T. sin perjuicio de la responsabilidad disciplinaria, administrativa, civil o penal en que incurran.

1. **ILÍCITOS FORMALES**
g. **Relacionados con *el desacato a las órdenes de la Administración Tributaria.***

Artículo	Ordinal	Ilícito	Sanción
106	1	Reapertura de un establecimiento comercial o industrial o de la sección que corresponda, con violación de una clausura impuesta por la Administración Tributaria, no suspendida o revocada por una orden administrativa o judicial.	Multa de 200 a 500 U.T.
	2	Destrucción o alteración de sellos, precintos o cerraduras puestos por la Administración Tributaria, o la realización de cualquier otra operación destinada a desvirtuar la colocación de sellos, precintos o cerraduras, no suspendidas o revocadas por orden administrativa o judicial.	
	3	La utilización, sustracción, ocultación o enajenación de bienes o documentos que queden retenidos en poder del presunto infractor, en caso de que se hayan adoptado medidas cautelares.	
107	4	Incumplimiento de cualquier otro deber formal sin sanción específica, establecidas en las leyes y demás normas de carácter tributario.	Multa de 10 a 50 U.T.

2. ILÍCITOS RELATIVOS A LAS ESPECIES FISCALES Y GRAVADAS

Artículo	Ordinal	Ilícito	Sanción
108	1	Ejercer la industria o importación de especies gravadas sin la debida autorización de la Administración Tributaria.	Multa de 150 a 350 U.T. y Comiso de los bienes y especies relacionadas con la industria clandestina[1].
	2	Comercializar en el territorio nacional especies gravadas destinadas a la exportación o al consumo en zonas francas, puertos libres u otros territorios sometidos a régimen aduanero especial.	Multa de 100 a 250 U.T. y Comiso de las especies gravadas.
108	3	Expender especies fiscales, cuando sean de lícita circulación, sin la debida autorización.	Multa de 50 a 150 U.T. y Comiso de especies fiscales.
	4	Comercializar o expender especies gravadas, aunque sean de lícita circulación, sin autorización por parte de la Administración Tributaria.	Multa de 50 a 150 U.T. y Retención preventiva de las especies gravadas hasta que obtenga la autorización[2].
	5	Producir, comercializar o expender especies fiscales o gravadas, sin haber renovado la autorización otorgada por la Administración Tributaria.	Multa de 25 a 100 U.T., Suspensión de la actividad respectiva hasta tanto no se obtenga las renovaciones o autorizaciones necesarias[3].

1 Sin perjuicio de la aplicación de la pena prevista en el artículo 106 del COT.

2 Nota 1: Si, dentro de un lapso que no exceda de los 3 meses, el interesado no obtuviere la autorización respectiva, o le fuere denegda por la Administración Tributaria, se procederá conforme a los artículos 217, 218 y 219 del COT.

3 Nota 2: En caso de reincidencia, se revocará el respectivo registro, y autorización para el registro de la industria, o el expendio de especies fiscales o gravadas.

Artículo	Ordinal	Ilícito	Sanción
	6	Efectuar sin la debida autorización modificaciones o transformaciones capaces de alterar las características, índole o naturaleza de las industrias, establecimientos, negocios y expendios de especies gravadas.	Multa de 100 a 250 U.T., Comiso de las especies gravadas[4].
108	7	Circular, comercializar, distribuir o expender de especies gravadas que no cumplan los requisitos legales para su elaboración o producción, así como aquellas de procedencia ilegal o adulteradas.	
	8	Comercializar o expender de especies gravadas sin las guías u otros documentos de amparo previstas en la ley, o que estén amparadas en guías o documentos falsos o alterados.	
	9	Circular especies gravadas que carezcan de etiquetas, marquillas, timbres, sellos, cápsulas, bandas u otros aditamentos o estos sean falsos hubiesen sido alterados en cualquier forma o no hubiesen sido aprobados por la Administración Tributaria.	

[4] Nota 4: En caso de reincidencia, se suspenderá, hasta por 3 mses, la autorización para el ejercicio de la industria, o el expendio de especies gravadas. Se prevé revocatoria dependiendo de la gravedad del caso.

Artículo	Ordinal	Ilícito	Sanción
		Expender especies gravadas a establecimientos o personas no autorizadas para su comercialización o expendio.	Multa de 100 a 300 U.T.
	10	Vender especies fiscales sin valor facial.	
		Ocultar, acaparar o negar injustificadamente las planillas, los formatos formularios o especies fiscales.	

3. ILÍCITOS MATERIALES

Artículo	Ordinal	Ilícito	Sanción
110	--	Pago con retraso de los tributos debidos.	Multa del 1% del tributo debido.
111	--	Quien mediante acción u omisión cause una disminución ilegítima de los ingresos tributarios, inclusive mediante el disfrute de exenciones, exoneraciones u otros beneficios fiscales.	Multa del 25% al 200% del tributo omitido[5].
112	1	Omitir el pago de los anticpios.	Multa 10% al 20% de los anticipos omitidos.
	2	Retraso del pago de los anticipos que esta obligado.	Multa 1,5% mensual por cada uno de los anticipos omitidos por cada mes de retraso.
	3	No retener o no percibir los fondos.	

[5] Nota 5: Sin perjuicio de la sanción establecida en el artículo 116 del COT.

[6] Nota 6: La sanción se reducirá a la mitad, en los casos en los que el responsable, en calidad de agente de retención o percepción, se acoja al reparo en los términos previstos en el artículo 185, Parágrafo 1 del COT.

Artículo	Ordinal	Ilícito	Sanción
	4	Retener o percibir menos de lo que corresponde.	Multa del 50% al 150% de lo no retenido o no percibido[7].
	Parágrafo 1°	Aplicación de las sanciones por omisión de pago de los Anticipos.	Las sanciones proceden aun en los casos que no nazca la obligación tributaria principal o generada en una cantidad menor a la que correspondía anticipar.
113	--	Quien no entere las cantidades retenidas o percibidas en las oficinas receptoras de fondos nacionales dentro del plazo establecido.	Multa de 50% de los tributos retenidos o percibidos, por cada mes de retraso en su enteramiento hasta 500%[8].
114	--	Quien obtenga devoluciones o reintegros indebidos en virtud de beneficios fiscales, desgravaciones u otra causa sea mediante certificados especiales u otra forma de devolución.	Multa 50% al 200% de las cantidades indebidamente obtenidas[9].

7 Nota 7: La sanción se reducirá a la mitad, en los casos que el responsable, en su calidad de agente de retención o percepción, se acoja al reparo en los términos previstos en el artículo 185, Parágrafo 1 del COT.

8 Nota 8: Sin perjuicio de la aplicación de los intereses moratorios correspondientes, y de la sanción establecida en el artículo 118 del COT.

9 Nota 9: Sin perjuicio de la sanción establecida en el 116 del COT.

4. ILÍCITOS SANCIONADOS CON PENAS RESTRICTIVAS DE LA LIBERTAD

Artículo	Ordinal	Ilícito	Sanción
116	--	Incurre en defraudación fiscal el que mediante simulación, ocultación, maniobra o cualquier otra forma de engaño induzca en error a la Administración Tributaria y obtenga para si o un tercero un enriquecimiento superior a 2000 U.T. a expensas del sujeto activo a la percepción del tributo[10].	Prisión de 6 meses a 7 años. Será aumentada de la mitad a dos terceras partes cuando se ejecute mediante la ocultación de inversiones realizadas o mantenidas en jurisdicciones de baja imposición fiscal.
	--	Cuando la defraudación se ejecute mediante la obtención indebida de devoluciones o reintegros por una cantidad superior a 100 U.T.[11].	Prisión de 4 a 8 años.
117[10]	--		
118	--	Quien con intención no entere las cantidades retenidas o percibidas de los contribuyentes, responsables o terceros, dentro de los plazos establecidos en las disposiciones respectivas y obtenga para sí o para un tercero un enriquecimiento indebido.	Prisión de 2 a 4 años.
119	--	Los funcionarios o empleados públicos, los sujetos pasivos y sus representantes, las autoridades judiciales y cualquier otra persona que directa o indirectamente revele, divulgue o haga uso personal o indebido, a través de cualquier medio o forma de la información confidencial proporcionada por terceros independientes que afecte o pueda afectar su posición competitiva.	Prisión de 3 meses a 3 años.

10 Nota 10: V., el Parágrafo único.
11 Nota 11: V., el Parágrafo único.
12 Nota 12: En este artículo se encuentran enumerados los indicios de defraudación, entre otros.

LA POTESTAD SANCIONADORA DE LA ADMINISTRACIÓN TRIBUTARIA,
de MARÍA GABRIELA CRESPO IRIGOYIEN, se imprimió
en la República Argentina en marzo de 2021.

www.ingramcontent.com/pod-product-compliance
Ingram Content Group UK Ltd.
Pitfield, Milton Keynes, MK11 3LW, UK
UKHW042109021026
15589UKWH00001B/281

9 789563 929454